누구나 쉽고 재미있게 배우는

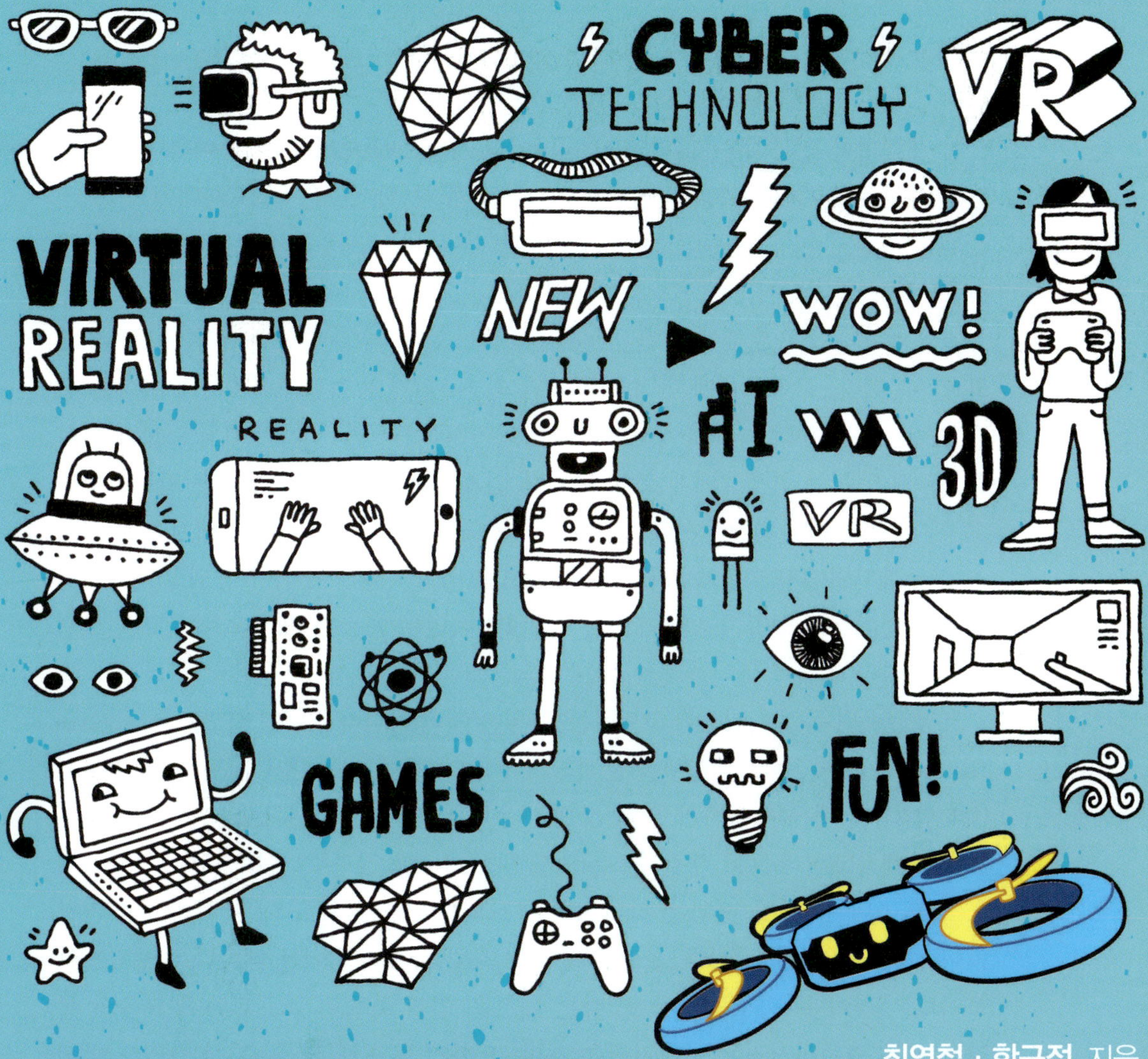

최영철 · 한규정 지음

3D/VR 코딩언어
폴리곤에이드

www.polyade.com

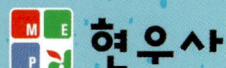

머리말

"VR 게임만 하지 말고 폴리곤에이드로 VR 콘텐츠를 만들어보자"

각 세대마다 인공지능, IoT, VR, 빅데이터, 4차 산업혁명 등의 용어를 바라보는 관점은 다르다. 특히 코딩에 관심이 있는 학부모나 학생들은 이런 시대에 어떤 것을 학습하면서 미래를 준비 하는지 고민이 깊어진다. 교육계에 종사하고 있는 저자들도 마찬가지이다.

지금까지의 소프트웨어 교육 역사를 되돌아보면 매우 다양하며 역동적이었다고 할 수 있다. 코딩교육에 한정하여 보면 최근 5년간의 학교교육에서의 변화는 실로 놀랍다. 특히 학교 교육에서 이루어지는 미국에서 만든 '스크래치(Scratch)'라는 블록코딩 언어는 학생들에게 코딩에 보다 쉽게 접근할 수 있는 계기를 만들어주었고, 우리나라에서 개발된 '엔트리(Entry)'라는 블록코딩 언어는 스크래치와 비교하여 한글화지원, 다양한 교육자료 제공 등으로 공교육에서 많이 활용되고 있다. 최근에는 언어별로 인공지능의 개념을 표현할 수 있는 기능의 제공으로 새로운 코딩 영역이 열리고 있다.

코딩 교육의 목적은 단순이 코딩하는 데 있는 것이 아니라 컴퓨팅 사고(Computational Thinking)와 같이 주어진 문제를 분석하거나 문제 중에 있는 유사 패턴을 발견하고(패턴인식), 문제를 해결하기 위해 작게 나누며(문제분해), 단순화(추상화) 그리고 문제를 단계적(절차적)으로 해결해주는 알고리즘 사고를 길러주는데 있다.

"이제 어떤 언어를 배워야 하나요?" 엔트리나 스크래치를 배운 학생들이 가장 많이 하는 질문중 하나이다. 소프트웨어 교육을 새로운 언어를 배운다는 생각으로 물어보는 것이다. 학생들에게 또 다른 새로운 언어 학습이 소프트웨어 교육의 목적을 모두 만족시키지는 못하지만 현재의 IT 환경과 프로그래밍 특성 그리고 발전 방향을 잘 이해하는데 도움이 된다. 예를 들면 파이썬 언어의 학습은 학생들이 AI 영역 중 머신러닝과 데이터 과학으로의 쉬운 확장성을 이해하는데 도움을 준다.

폴리곤에이드도 언어 자체를 공부함으로써 얻는 이점 역시 뛰어나다.

첫째, 기존의 2차원 개념에서의 코딩 환경을 3차원으로 확장해주는 VR(가상현실) 코딩은 학습자의 코딩의 사고 중 공간 지각 능력을 길러준다.

둘째, 코딩에 대한 흥미, 집중력 등을 높혀 준다. 학습자는 자신이 작성한 코드의 실행이 3차원으로 표현되는 결과를 즉시 확인할 때 코딩의 즐거움과 만족감을 느끼게 된다.

셋째, 엔트리, 스크래치 등의 블록코딩 언어를 배운 학생들은 파이썬, 자바스크립트 등과 같은 텍스트 중심 언어가 어려울 수 있다. 폴리곤 에이드는 코드를 자바스크립트로 확인 할 수 있어서 텍스트 기반 언어 학습 텍스트 기반 언어 학습을 가기 위한 중간 단계의 징검다리 언어가 될 수 있다.

저자들이 몇 년 전 폴리곤에이드를 처음 접했을 때의 느낌은 '뭐 이런 신기한 언어가 있나?', '왜 이런 언어가 스크래치나 엔트리처럼 잘 알려지지 않았나?'이었다. 폴리곤에이드의 효과를 확인하기 위해 진행하였던 초등학교 수업에 참여했던 학생들의 반응은 폭발적이었다. '무엇이 좋은가?'라는 질문에 학생들이 압도적으로 가장 많이 한 대답은 '내가 만든 코딩을 3차원으로 볼수 있어서'이었다.

폴리곤에이드는 국내에서 제작된 언어이다. 비록 유료화되어 판매가 되고 있으나 지금 교재에서 다루고 있는 무료 교육버전으로도 충분히 그 기능을 활용하여 학습자의 아이디어를 설계하고 코딩으로 쉽게 표현할 수 있다. 또한 폴리곤에이드는 지속적인 업데이트를 통해 나날이 발전하고 있다. 폴리곤에이드는 앞으로 인공지능 기능이 보강되고, 사용자가 이해하기 쉬운 인터페이스로 변화될 것이다.

폴리곤에이드는 여러분이 미지의 신세계를 처음 발견하는 것과 같은 기쁨을 줄 것이다. 아무쪼록 차근차근 예제를 따라하면서 생각하기를 거듭하며 여러분만의 VR 코딩 세계로 몰입하길 기원한다.

폴리곤에이드를 개발한 개발자는 ㈜아크로스페이스의 우유원 대표이다. 항상 무언가 골똘히 생각하며 새로운 것을 창조한다. 자신만의 주관이 뚜렷하면서도 다른 사람의 조언도 잘 듣는 유연한 성품을 가진 분이다. 한국의 척박한 코딩 환경에서 옹고집으로 토종 VR 코딩 언어를 개발하고 발전시키는 우유원 대표에게 경의를 표하며 함께 수고하시는 김영환 영업대표에게도 감사를 드린다.

마지막으로 이 책이 출간하는데 아낌없는 지원을 해주신 현우사의 배영환 대표님과 원고의 편집과 교정을 도와주신 현우사 편집자 여러분 모두에게 고마움을 전한다.

최영철, 한규정 드림

이 책의 구성과 교재 활용법

코딩은 생각하는 힘과, 문제 해결력을 키우기 위해 배우고 익히는 도구입니다. 이 책은 초등학교 학생들이 챕터 별로 소개된 내용을 보며 막힘없이 그대로 따라할 수 있도록 만든 교재입니다.

파트 I 폴리곤 에이드 시작하기는 처음 코딩을 만나는 초보자들이 폴리곤에이드를 시작하는 방법과 폴리곤에이드의 다양한 인터페이스를 한 눈에 알아보기 쉽게 설명하고 있습니다.

파트 II 폴리곤 에이드 학습하기는 컴퓨터 프로그래밍을 시작하는 학생들을 위한 과정으로 프로그래밍의 기본 개념인 반복, 판단, 이벤트, 계산, 도구, 문자 등의 기능을 어떻게 활용하는지를 알 수 있습니다. 학생들은 다양한 챕터 내용을 익히며 보다 체계적으로 폴리곤에이드를 쉽게 익힐 수 있습니다.

파트 III 폴리곤 에이드 한 발 더 나아가기는 파트 II에서 배운 내용을 바탕으로 좀 더 도전적인 과제를 제시하고 있습니다. 이 과정을 통해 학생들은 스스로 자신만의 게임과 이야기를 만들어 폴리곤에이드 커뮤니티에 공유할 수 있습니다.

파트 IV 코딩으로 제작하는 가상현실(VR)게임에서는 그동안 배운 지식을 활용해 새로운 산출물을 가상현실(VR)로 만들어 봅니다. 학생들은 가상현실(VR)을 만들면서, 학습의 주인공으로, 그리고 스스로의 힘으로 문제를 해결할 수 있는 역량을 키울 수 있습니다.

본격적으로 폴리곤에이드를 만나보기 전에 어떻게 하면 이 책을 잘 활용할 수 있을지 알아봅시다.

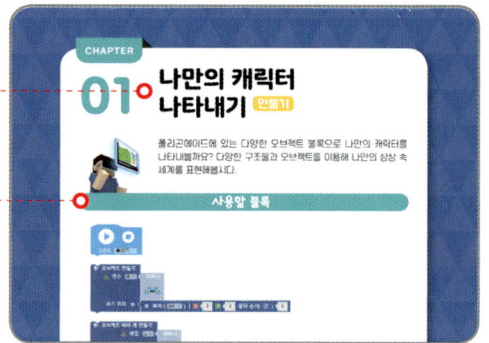

챕터 제목
직접 따라 해볼 주제 이름을 소개합니다. 폴리곤에이드 교재는 4개의 파트, 19개의 챕터로 구성되어 있습니다.

사용할 블록
챕터별로 필요한 프로그래밍 블록을 한 눈에 볼 수 있습니다.

학습 내용

챕터마다 하나의 프로젝트 주제와 프로젝트에 나오는 블록들의 활용법을 익힐 수 있습니다. 챕터 앞부분에는 직접 따라 해볼 프로젝트 주제를 화면과 설명을 보며 만들 수 있습니다.

블록 활용법

학습 내용이 끝나고, 챕터별로 필요한 프로그래밍 블록의 사용법을 하나 씩 자세하게 알아볼 수 있습니다.

생각해보기

챕터에 나온 프로그래밍 블록들을 이용하여 직접 나만의 프로젝트를 만들 수 있습니다. 생각해보기에 소개되는 프로젝트들은 폴리곤 에이드 사이트의 갤러리에서 직접 확인해 볼 수 있습니다.

연습문제

챕터에서 배운 내용을 조금 더 응용해 완성된 프로그래밍 블록과 화면을 보며, 문제를 풀어볼 수 있습니다.

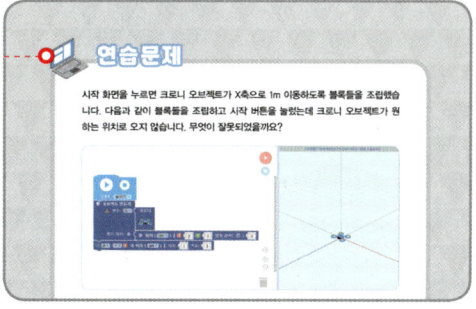

목차

PART I 폴리곤에이드 시작하기

Chapter 01 폴리곤에이드 회원가입하기 ... 2

Chapter 02 폴리곤에이드 둘러보기 ... 5
1. 상단 메뉴 ... 9
2. 툴박스 ... 9
3. 블록코드 편집기 ... 10
4. 설정 ... 10
5. TDV 스페이스 ... 11

Chapter 03 폴리곤에이드 화면 구성요소 알아보기 ... 8

PART II 폴리곤에이드 학습하기

Chapter 01 나만의 캐릭터 나타내기 `만들기` ... 14
1. 만들기 블록으로 나만의 상상 속 세계 만들기 ... 16
2. 만들기 블록의 활용법 ... 24
- 생각해보기 ... 39
- 연습문제 ... 40

Chapter 02 문자로 표현하기 `문자` ... 41
1. 문자 블록으로 한 편의 동화 만들기 ... 42
2. 문자 블록의 활용법 ... 47
- 생각해보기 ... 53
- 연습문제 ... 54

Chapter 03 O, X 퀴즈 맞추기 `판단` ... 55
1. 판단 블록으로 O, X 퀴즈 만들기 ... 56
2. 판단 블록의 활용법 ... 66

📦 생각해보기 · 70
💻 연습문제 · 71

Chapter 04 미로 만들기 반복   72
1. 반복 블록으로 장애물이 움직이는 미로 만들기 · · 73
2. 반복 블록의 활용법 · 83
📦 생각해보기 · 87
💻 연습문제 · 88

Chapter 05 장애물 피하기 이벤트   89
1. 이벤트 블록으로 크로니를 조종해 미로 탈출하기 · 90
2. 이벤트 블록의 활용법 · 98
📦 생각해보기 · 101
💻 연습문제 · 103

Chapter 06 풍선 맞추기 게임 만들기 계산   104
1. 계산 블록으로 풍선 맞추기 게임 만들기 · · · · · · · 105
📦 생각해보기 · 114
💻 연습문제 · 115

Chapter 07 행성 관찰하기, 입체도형
그리기 도구   116
1. 도구 블록으로 VR체험,
  도형 그리기 프로그램 만들기 · · · · · · · · · · · · · · 117
2. 도구 블록의 활용법 · 125
📦 생각해보기 · 130
💻 연습문제 · 132

PART III 폴리곤에이드 한발 더 나아가기

Chapter 01 꼬리잡기 게임 만들기 `변수`   136
1. 변수 블록으로 꼬리잡기 게임 만들기 ········ 137
2. 변수 블록의 활용법 ································ 146
📦 생각해보기 ·· 148
💻 연습문제 ·· 150

Chapter 02 전자계산기 만들기 `함수`   151
1. 함수 블록으로 전자계산기 프로그램 만들기 ···· 152
2. 함수 블록의 활용법 ································ 159
📦 생각해보기 ·· 162
💻 연습문제 ·· 165

Chapter 03 픽셀아트 작품 만들기 `배열`   166
1. 배열 블록으로 픽셀아트 작품 만들기 ········ 167
2. 배열 블록의 활용법 ································ 173
📦 생각해보기 ·· 179
💻 연습문제 ·· 181

Chapter 04 짝수의 합 그림으로 표현하기 `배열`   182
1. 짝수의 합 그림으로 표현하기 ·················· 183
2. 콘솔 출력 블록의 활용법 ························ 186
📦 생각해보기 ·· 187

Chapter 05 두 수의 교환, 크로니의 교환 `변수`   188
1. 두 수의 교환 ··· 189
2. 크로니의 교환 ······································· 191
📦 생각해보기 ·· 193

Chapter 06 세 수 가운데 제일 큰 수 찾기 논리 **195**
1. 세 수 중 가장 큰 수 찾기 ·········· 196
2. 3개의 크로니 중 가장 큰 크로니 움직이기 ·········· 199
📦 생각해보기 ·········· 203

Chapter 07 크로니 개수 맞추기 논리 **204**
1 크로니 개수 맞추기 ·········· 205
2 조건문 블록의 활용법 ·········· 211
📦 생각해보기 ·········· 212

PART IV 코딩으로 제작하는 가상현실(VR) 게임

Chapter 01 볼링게임 만들기 **216**
1. [LEVEL 3] 물리설정 블록의 활용법 ·········· 224
📦 생각해보기 ·········· 227

Chapter 02 드론 비행 시뮬레이터 만들기 **229**

PART I

폴리곤에이드 시작하기

Chapter 01 폴리곤에이드 회원가입하기
Chapter 02 폴리곤에이드 둘러보기
Chapter 03 폴리곤에이드 화면 구성요소 알아보기

CHAPTER 01

폴리곤에이드 회원가입하기

이번 챕터에서는 폴리곤에이드를 사용하기 위한 회원가입 방법과 이메일 인증 절차에 대해 알아봅시다.

01 폴리곤에이드는 누구나 무료로 회원가입이 가능하고 작품을 만들어 볼 수 있습니다. 크롬 브라우저를 실행한 후, 폴리곤에이드(polyade.com)에 접속하고, 오른쪽 상단의 회원가입을 클릭합니다.

✏️ 크롬 브라우저

폴리곤에이드는 웹브라우저  크롬을 기반으로 하고 있습니다. 구글의 크롬 다운로드 페이지 (https://www.google.com/chrome/)에 접속하여 크롬 다운로드를 클릭한 후, 약관에 동의하고 크롬을 설치합니다.

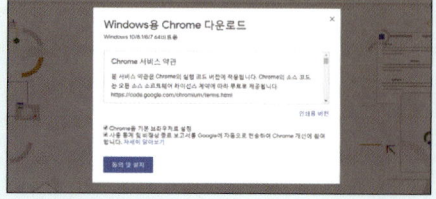

02 회원가입을 클릭한 후, 약관에 동의합니다. 아이디, 이름 또는 별명, 비밀번호, 비밀번호 재입력을 쓰고 확인을 클릭합니다.

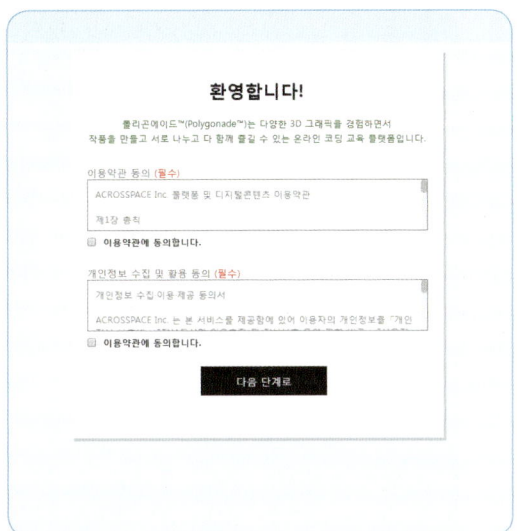 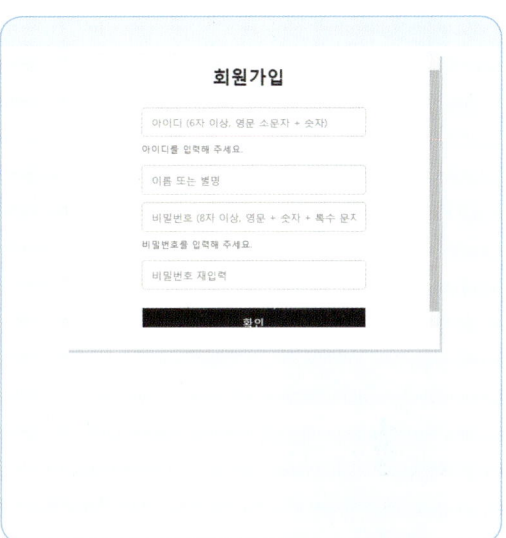

03 회원가입을 완료하면, 폴리곤에이드를 사용할 수 있습니다. 보다 다양한 기능을 이용하기 위해서는 이메일 인증을 해야 합니다. 이메일 인증을 하기 위해서는 오른쪽 위의 마이페이지-내 계정을 클릭합니다.

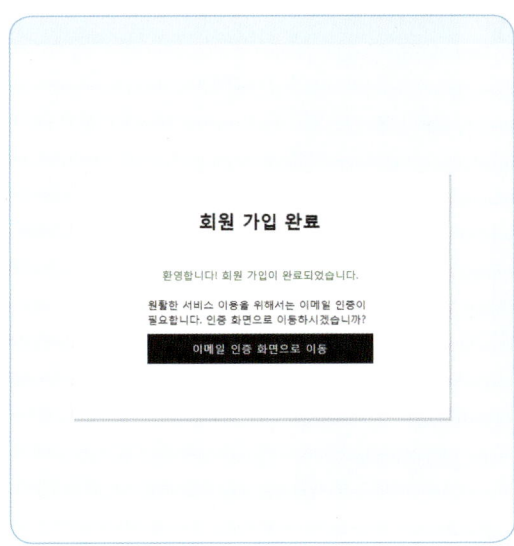 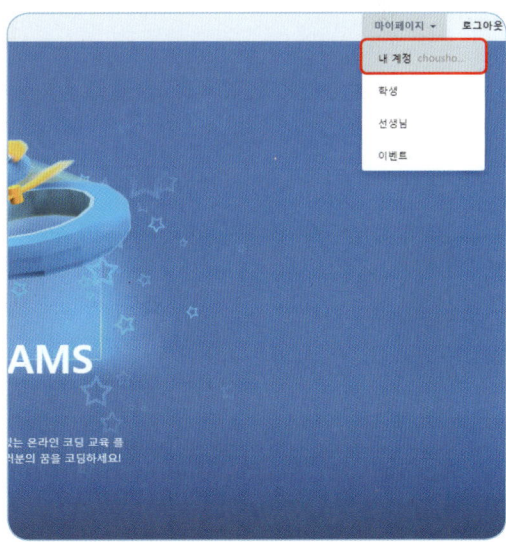

04 내 계정을 클릭하면, 폴리곤에이드에 등록된 내 계정 정보를 확인할 수 있습니다. 내 계정 정보에서 이메일 옆의 관리 버튼을 누르고, 이메일 등록하기 버튼을 클릭합니다.

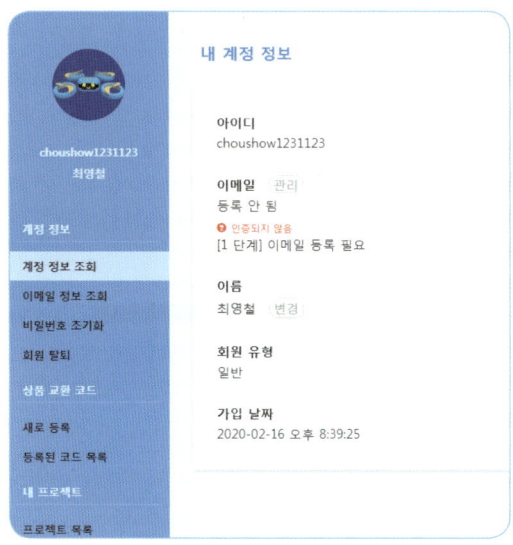 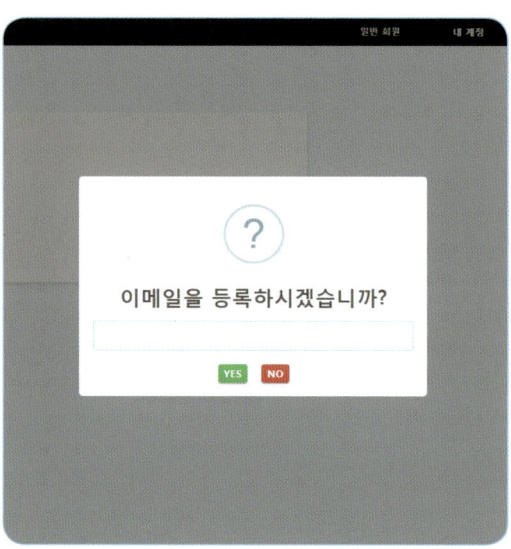

05 이메일을 등록하면 등록된 이메일에서 인증메일을 확인할 수 있습니다. '이메일 인증 완료' 버튼을 클릭하면 이메일 인증이 완료됩니다.

CHAPTER 02 폴리곤에이드 둘러보기

이번 챕터에서는 폴리곤에이드의 상단에 있는 다양한 메뉴에 대해 알아봅시다. 폴리곤에이드로 창작과 나눔의 기쁨을 즐길 수 있는 온라인코딩 플랫폼의 기능을 익힐 수 있습니다.

01 폴리곤에이드에 회원가입을 한 후, 오른쪽 상단의 로그인을 클릭합니다. 회원가입 한 아이디와 비밀번호를 입력한 후, 확인 버튼을 클릭합니다.

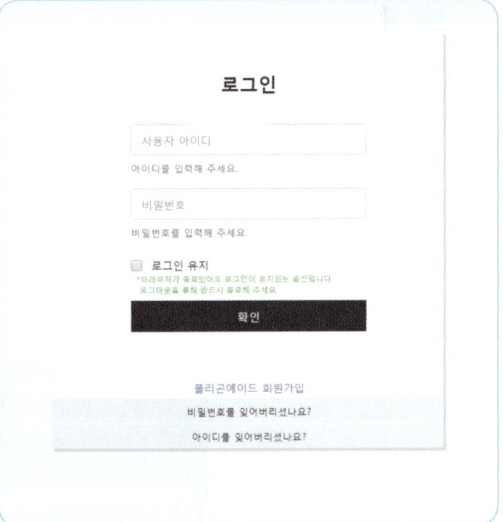

🔖 **TIP**

폴리곤에이드는 창의공간, 배움터, 갤러리, 마이페이지, 로그인-로그아웃의 메뉴가 있습니다. 창의공간에서는 커뮤니티와 무료체험기능이 있어, 폴리곤에이드 플랫폼으로 2D와 3D 코딩을 할 수 있습니다. 배움터 메뉴에서는 창의공간 Level1~4에 있는 폴리곤에이드블록언어 사용법을 단계별로 배울 수 있습니다.

02 폴리곤에이드 상단에 있는 창의공간은 레벨1~레벨4로 이루어져 있고 직접 블록코딩을 하고 결과를 확인할 수 있습니다. 무료체험에서는 레벨1~레벨4를 모두 이용해 볼 수 있지만 사용하는데 제약이 걸려있습니다. 커뮤니티는 레벨2로 이루어져 무료체험보다 많은 기능을 이용해 볼 수 있습니다.

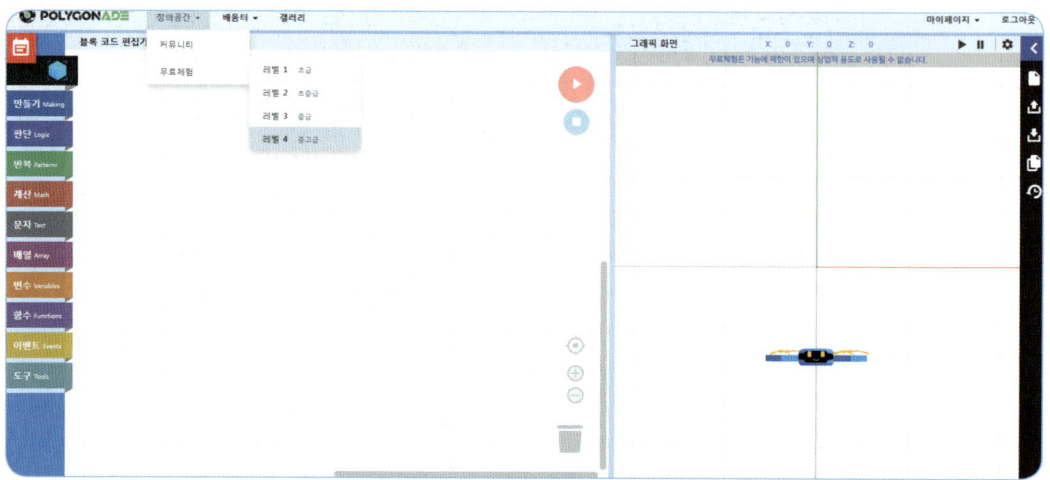

03 배움터에서는 폴리곤에이드에서 제공하고 있는 코스 목록을 확인하고 체험해 볼 수 있습니다.

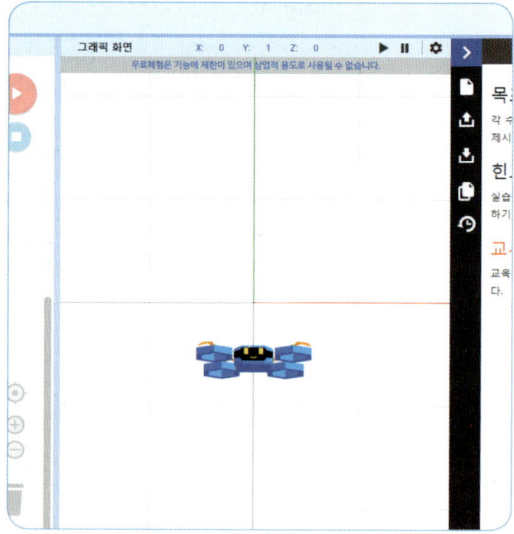

04 배움터에서는 폴리곤에이드를 처음 접하는 사용자를 위한 매뉴얼도 있습니다. 블록 언어 사용법을 배울 수 있는 창의공간 LEVEL1부터 정교한 시뮬레이션을 적용할 수 있는 LEVEL4까지 다양한 매뉴얼을 제공하고 있습니다.

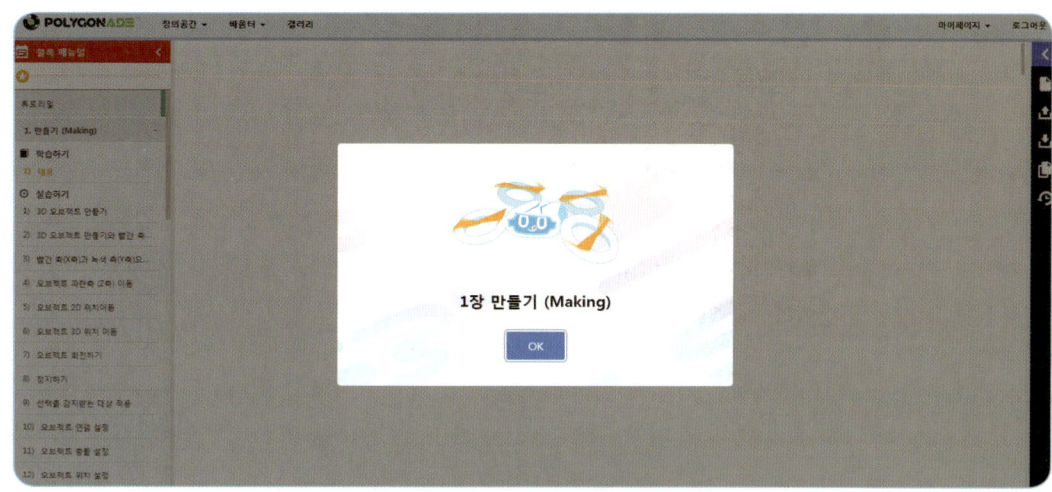

05 오른쪽 위의 마이페이지 메뉴에서는 폴리곤에이드에 가입된 계정 정보와 학생, 선생님 정보를 확인할 수 있습니다. 폴리곤에이드에서는 라이선스를 등록한 후, 등록된 관리자가 학생들에게 디지털 강의실 입장을 허용하고 강의 리소스를 이용하여 그룹 강의를 진행할 수 있습니다.

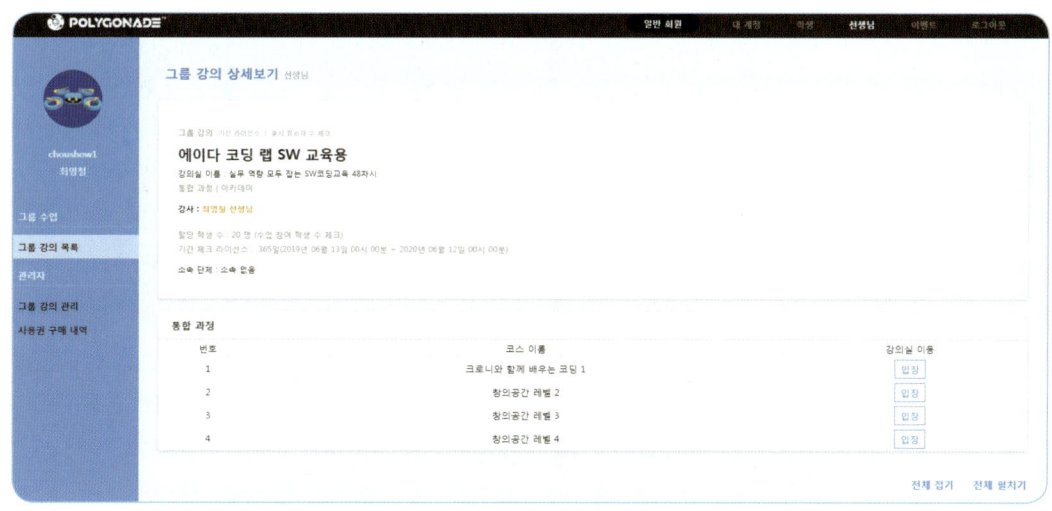

CHAPTER 02 폴리곤에이드 둘러보기 7

CHAPTER 03
폴리곤에이드 화면 구성요소 알아보기

이번 챕터에서는 폴리곤에이드의 기본 화면 구성요소를 알아봅니다. 폴리곤에이드로 코딩을 하기 위해 필요한 기본적인 인터페이스에 대해 알고, 사용하는 방법에 대해서도 알아봅시다.

창의공간 메뉴의 커뮤니티를 클릭하면 폴리곤에이드 화면 구성 요소를 살펴볼 수 있습니다. 폴리곤에이드 플랫폼은 크게 상단메뉴, 블록코드 편집기, TDV로 구성되어 있습니다.

❶ 상단 메뉴
❷ 툴박스
❸ 블록코드 편집기
❹ TDV 스페이스
❺ 설정

1. 상단 메뉴

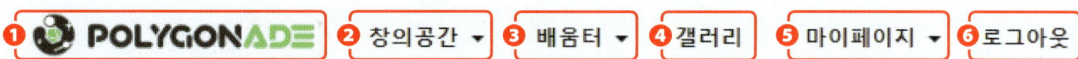

- ❶ **메인**: 폴리곤에이드 메인 화면으로 이동합니다.
- ❷ **창의공간**: 폴리곤에이드 플랫폼으로 2D와 3D코딩을 할 수 있는 공간입니다. 커뮤니티와 무료체험기능을 이용해 볼 수 있습니다.
- ❸ **배움터**: 폴리곤에이드 플랫폼의 블록형 코딩을 연습할 수 있는 코스목록과 매뉴얼기능을 활용할 수 있습니다.
- ❹ **갤러리**: 공모전 수상작과 추천작품, 다른 사람들이 만든 다양한 작품들을 감상할 수 있습니다.
- ❺ **마이페이지**: 로그인한 경우 자신의 계정 정보를 확인할 수 있습니다. 학생은 개인강의목록을 확인할 수 있고, 선생님은 그룹강의목록으로 수업을 관리할 수 있습니다.
- ❻ **로그아웃**: 자신의 계정을 로그아웃합니다.

2. 툴박스

- ❶ **튜토리얼**: 튜토리얼 단계를 열어볼 수 있습니다.
- ❷ **오브젝트 추가**: 새로운 오브젝트를 추가할 수 있습니다.
- ❸ **만들기**: 오브젝트 생성, 조작, 회전을 할 수 있습니다.
- ❹ **판단**: 조건, 관계, 논리연산자 명령어를 내릴 수 있습니다.
- ❺ **반복**: 반복문, 코드묶음, 동시실행과 관련된 블록을 출력합니다.
- ❻ **계산**: 숫자, 사칙연산과 관련된 블록을 조립할 수 있습니다.
- ❼ **문자**: 문자, 숫자, 팝업창, 콘솔 창을 출력할 수 있습니다.
- ❽ **배열**: 변수에 배열을 저장하고, 출력할 수 있습니다.
- ❾ **변수**: 변수를 만들고, 변수에 값을 저장하는 블록입니다.
- ❿ **함수**: 함수를 생성하고 출력합니다.
- ⓫ **이벤트**: 마우스와 키보드 값을 입력하면 메시지 등 다양한 이벤트를 출력합니다.
- ⓬ **도구**: 화면 바꾸기, 화면시점을 조작할 수 있습니다.

3. 블록코드 편집기

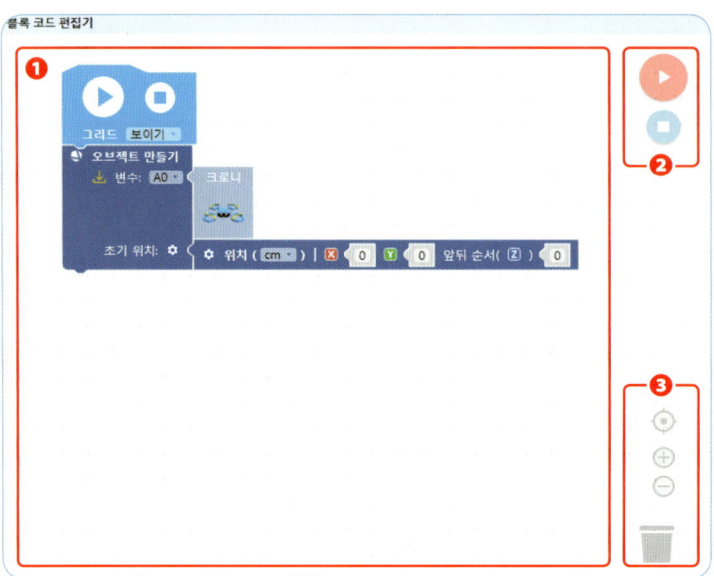

① **블록코드 편집기**: 툴박스에서 블록을 끌어와 블록코드 편집기에서 블록들을 조립할 수 있습니다.

② **재생 멈춤**: 블록들을 조립하고 ▶ 버튼을 누르면 조립된 블록대로 작품을 실행합니다. ⏹ 버튼을 누르면 실행되는 프로그램을 정지할 수 있습니다.

③ **편집기 설정**: ⊕ 버튼을 누르면 블록코드편집기 원래 위치로 화면을 움직입니다. 블록들을 조립하면서 ⊕, ⊖ 버튼으로 블록코드 편집기창을 확대, 축소할 수 있습니다. 삭제할 블록을 마우스로 끌고 버튼으로 오면, 코드가 삭제됩니다.

4. 설정

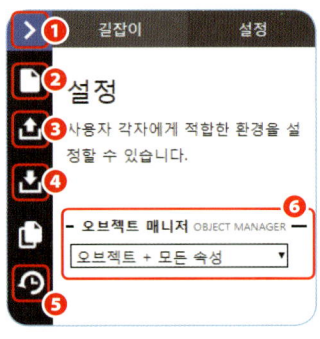

① **길잡이 설정**: 사용자 환경을 설정합니다.
② **새로 만들기**: 새로 프로젝트를 만듭니다.
③ **불러오기**: 기존 프로젝트를 불러옵니다.
④ **저장**: 만들고 있는 프로젝트를 저장합니다.
⑤ **임시파일 불러오기**: 마지막으로 임시 저장된 프로젝트를 불러옵니다.
⑥ **오브젝트매니저**: 화면구성을 바꿀 수 있습니다.

5. TDV 스페이스

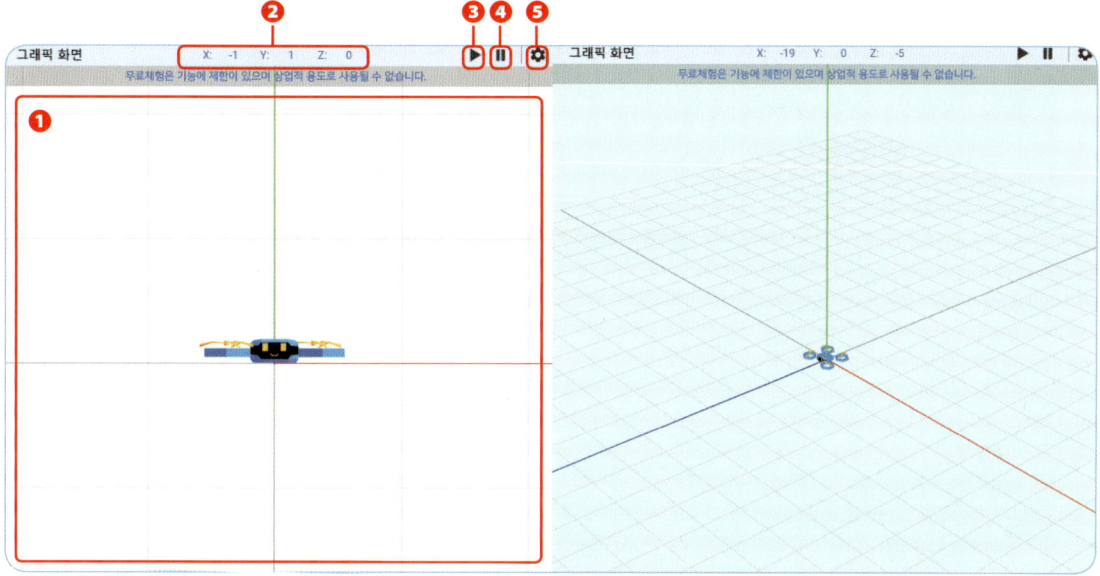

1. **TDV 스페이스**: 실제로 블록들을 조립해 코딩한 결과를 확인할 수 있습니다. 명령어를 통해 오브젝트를 움직이면 결과가 그래픽 화면에 나타납니다.
2. **좌표 위치**: 폴리곤에이드는 2D와 3D화면으로 오브젝트를 조종할 수 있습니다. 2D화면에서 X, Y는 각각 가로와 세로 위치를 나타냅니다. 3D화면에서 X, Z는 가로, 세로 위치를 나타냅니다.
3. **화면재생**: 일시 정지된 작품을 재실행합니다.
4. **화면정지**: 실행중인 작품을 일시 정지합니다.
5. **그래픽 화면 설정**: 폴리곤에이드에서는 블록으로 코딩한 결과를 2D와 3D화면으로 볼 수 있고, 내가 조립한 블록들의 결과물을 STL파일로 저장할 수 있습니다.

✏️ STL파일 활용하기

폴리곤에이드 블록들을 이용해 만든 STL파일을 3D프린터용 소프트웨어로 불러올 수 있습니다. 폴리곤에이드 플랫폼을 이용해 내가 코딩한 오브젝트를 3D프린터로 직접 출력해보세요.

PART II

폴리곤에이드 학습하기

Chapter 01   나만의 캐릭터 나타내기 `만들기`
Chapter 02   문자로 표현하기 `문자`
Chapter 03   O, X 퀴즈 맞추기 `판단`
Chapter 04   미로 만들기 `반복`
Chapter 05   장애물 피하기 `이벤트`
Chapter 06   풍선 맞추기 게임 만들기 `계산`
Chapter 07   행성 관찰하기, 입체도형 그리기 `도구`

CHAPTER

01 나만의 캐릭터 나타내기 만들기

폴리곤에이드에 있는 다양한 오브젝트 블록으로 나만의 캐릭터를 나타내볼까요? 다양한 구조물과 오브젝트를 이용해 나만의 상상 속 세계를 표현해봅시다.

사용할 블록

- `A 설정 ✿ 위치(cm) X 0 Y 0 앞뒤 순서(Z) 0`
- `A 설정 ✿ 각도(°) X 0 Y 0 Z 0`
- `A 설정 ✿ 크기비율(%) X 100 Y 100 Z 100`
- `A 설정 ✿ 시점(m) X 0 Y 0 Z 0`
- `A 설정 ✿ 변화 | 위치(cm) | 왼쪽 1`
- `A 설정 ✿ 회전축: 중앙`
- `A 설정 ✿ 사라짐`
- `A 설정 ✿ 표면 색: | 지정 번호: 빈 값`
- `A 설정 ✿ 불투명도(%): 50`
- `A 설정 ✿ 충돌 | 감지하는 대상 적용`
- `A 설정 ✿ 선택 | 감지받는 대상 적용`
- `A 설정 ✿ A 오브젝트에 연결하기`
- `A 설정 ✿ A 오브젝트에서 분리하기`
- `A 설정 ✿ 속성 | 이름: "P"  정보: 0`

- `A 의 "P" 속성 정보`
- `A 의 X 위치(cm)`
- `A 의 Y 위치(cm)`
- `A 의 Z 위치(cm)`
- `A 의 X (옆면) 각도(°)`
- `A 의 Y (윗면) 각도(°)`
- `A 의 Z (앞면) 각도(°)`

- `A 의 크기(cm³)`
- `A 의 길이(cm) | 높이`
- `A 의 표면 색 지정 번호 최댓값`
- `마우스 커서의 X 위치(cm)`
- `마우스 커서의 Y 위치(cm)`
- `마우스 커서의 Z 위치(cm)`

1 만들기 블록으로 나만의 상상 속 세계 만들기

01 상단에 있는 메뉴 [창의공간]-[커뮤니티]-[레벨2]를 눌러 새 프로젝트를 만듭니다. 창의공간에서는 단계별로 다양한 블록들을 활용할 수 있습니다.

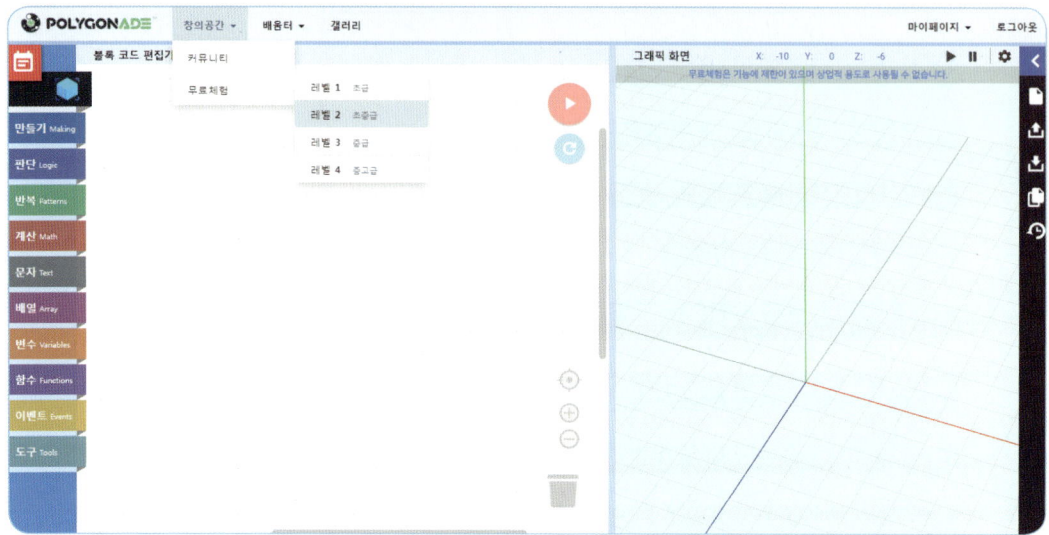

02 툴박스에서 만들기를 눌러 시작 블록과 오브젝트 만들기 블록을 블록코드 편집기 화면으로 가져옵니다. 그래픽화면의 설정버튼을 눌러 2D, 3D모드로 내가 불러오는 오브젝트들을 감상할 수 있습니다.

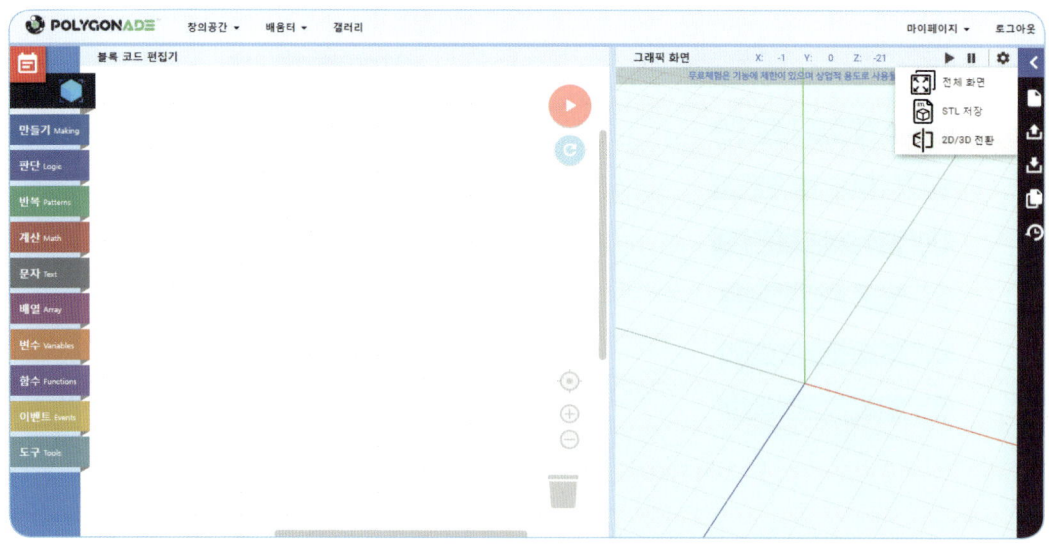

03 툴박스 제일 처음에 있는 ![icon] 오브젝트 아이콘을 누르면 오브젝트 매니저를 열 수 있습니다. 오브젝트 매니저에서 내가 원하는 오브젝트를 골라 만들어 봅시다.

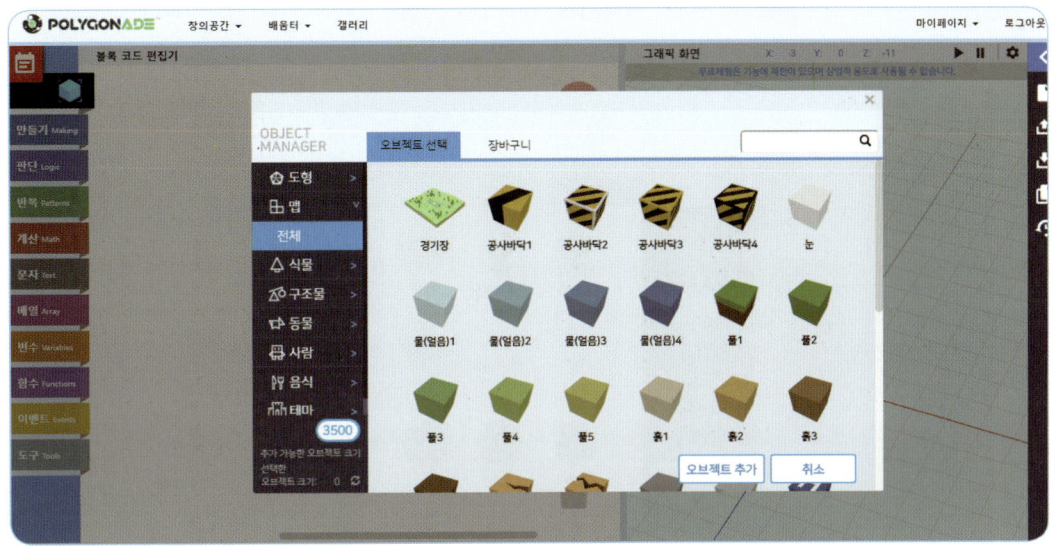

04 오브젝트위에 마우스를 올려놓으면 오브젝트를 장바구니에 담을 수 있는 ♥와 오브젝트 크기를 나타내는 ㉔를 볼 수 있습니다. 오브젝트를 한꺼번에 여러 개를 선택할 수도 있고, 장바구니에 담을 수도 있습니다.

05 한 프로젝트에 추가할 수 있는 오브젝트들의 크기는 모두 합쳐 3500입니다. 오브젝트마다 크기가 각각이므로, 오브젝트 크기를 확인해야합니다. 선택한 오브젝트 크기 옆의 🔄를 눌러 오브젝트 크기를 확인합니다.

06 오브젝트를 고른 후, 우측 하단의 오브젝트 추가 버튼을 클릭하면 폴리곤에이드 프로젝트에 오브젝트들을 추가할 수 있습니다. 화단 오브젝트를 추가해 봅시다.

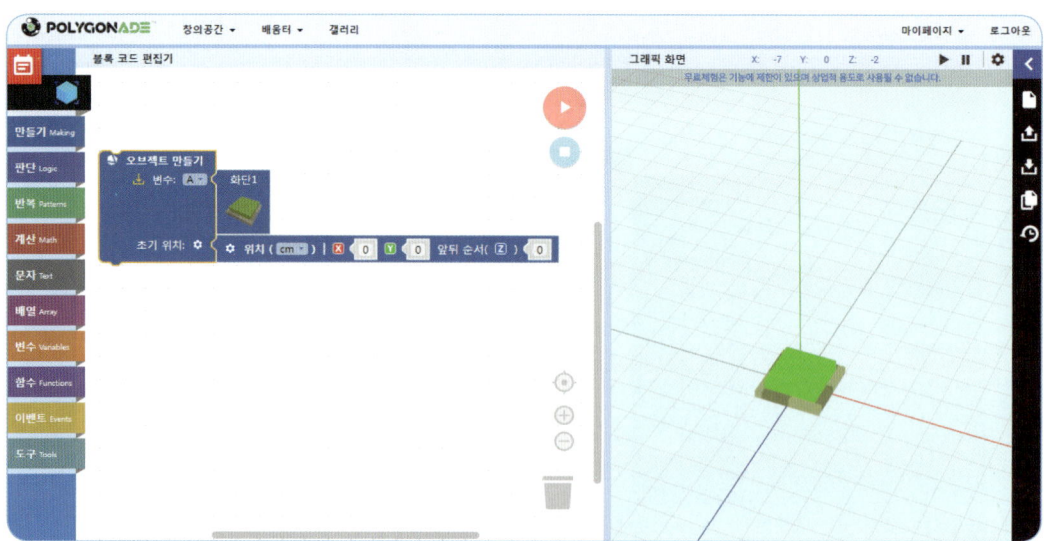

07 화단 오브젝트를 추가했습니다. 화단 오브젝트 밑에 지면을 만들어 줍니다. 흙 오브젝트와 `A 설정 크기비율 (%) X 100 Y 100 Z 100` 블록을 조립해 흙으로 된 지면을 만듭니다.

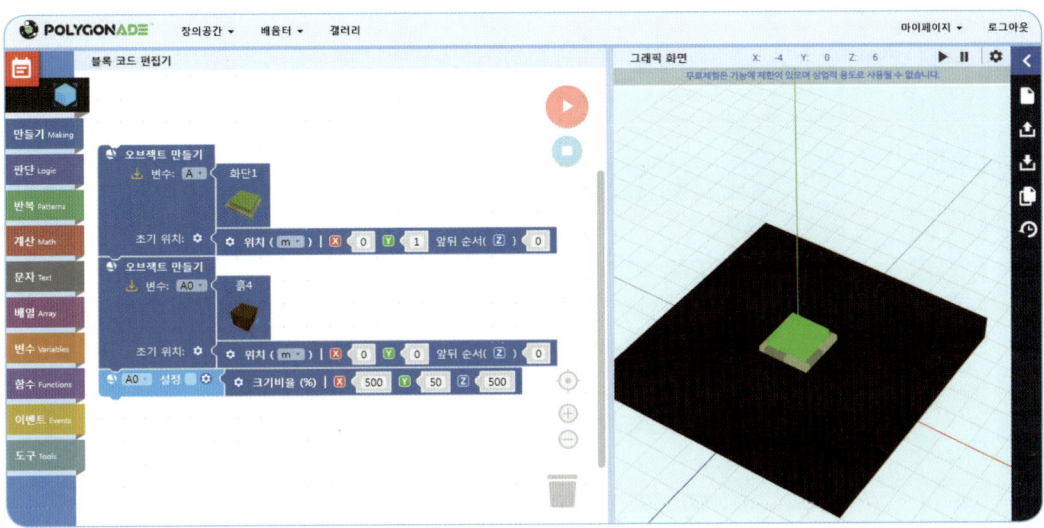

08 이제 화단에 심을 식물 오브젝트를 추가합니다. 식물 오브젝트의 위치는 `위치 ( cm ) X 0 Y 0 앞뒤 순서( Z ) 0` 블록으로 정할 수 있습니다. 이 때, 오브젝트의 변수와 설정 옆의 변수 이름을 같은 이름으로 만듭니다.

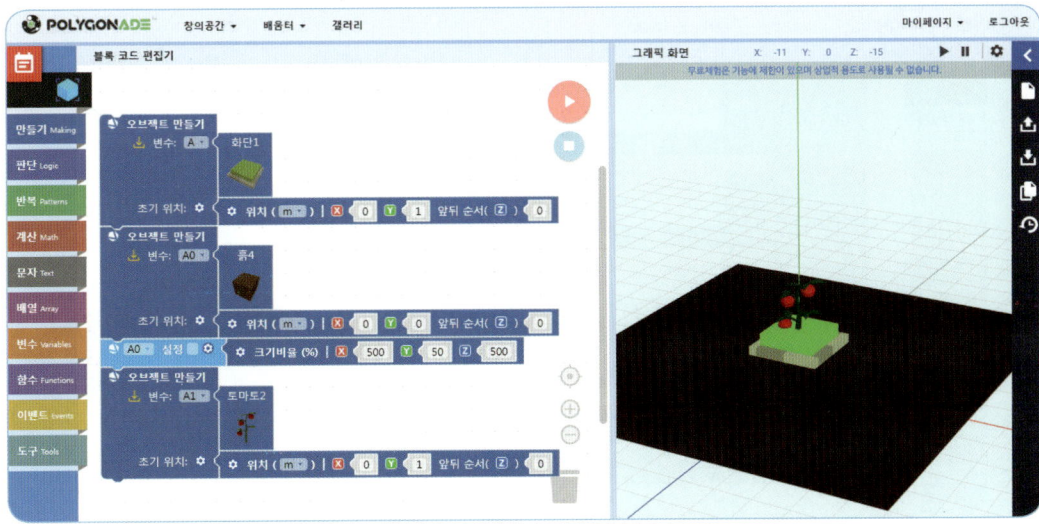

09 화단의 위치와 식물의 위치를 ⟨위치(cm) X 0 Y 0 앞뒤 순서(Z) 0⟩ 으로 조절해 여러 개의 화단을 만들어 줍니다. 여러 개의 오브젝트를 만들 때에는 항상 변수 이름이 같은 지 확인합니다.

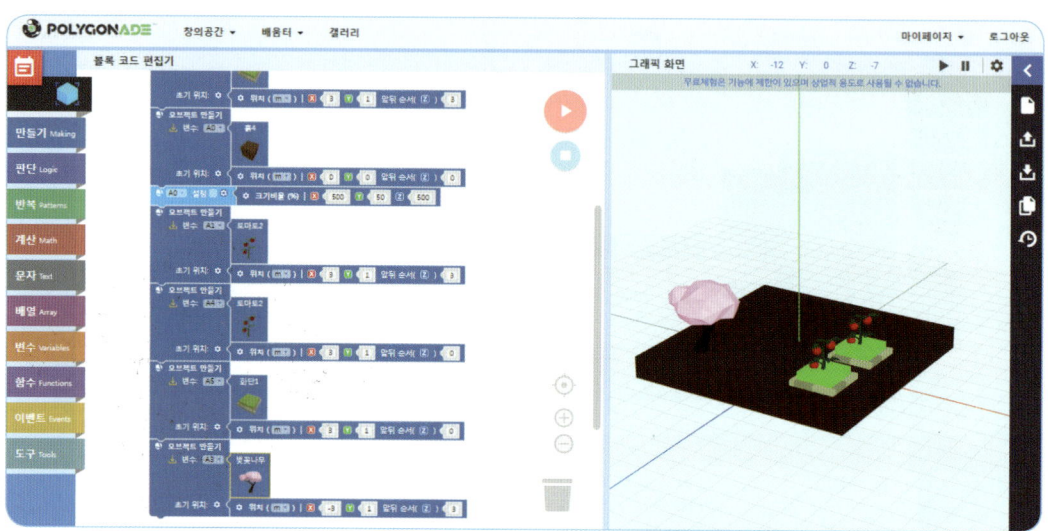

10 남자1-2 오브젝트를 만듭니다. ⟨A 회전(°) 방향: 화면 앞쪽으로 각도: 90 속도: 90⟩ 블록과 ⟨A 설정 크기비율(%) X 100 Y 100 Z 100⟩ 블록으로 회전방향과 크기를 조절합니다.

11 오브젝트의 색깔을 바꿔봅시다. 블록을 불러옵니다. 변수 A를 벚꽃나무 오브젝트 변수 이름으로 바꾸어주고, 표면색을 바꿔줍니다.

12 폴리곤 에이드는 3차원으로 오브젝트를 표현할 수 있습니다. 벚꽃 잎이 공중에서 흩날리도록 오브젝트를 만들어 봅시다. 높이를 나타내는 Y축의 숫자를 조절합니다.

CHAPTER 01 나만의 캐릭터 나타내기 21

13 블록들이 너무 많아서 한 화면에 보기 어려운 경우에는 블록을 축소할 수 있습니다. 마우스를 블록위에 올려놓고 오른쪽 버튼을 누릅니다. 블록 축소를 선택하여 블록의 크기를 줄일 수 있습니다.

14 정지 버튼을 누른 후, 위치 블록의 ⚙ 을 클릭하면 그래픽 입력창의 오브젝트에 화살표 모양의 원뿔모양이 추가됩니다. 그래픽 입력창의 오브젝트를 마우스로 눌러 움직여봅시다. ⚙ 은 위치, 각도, 크기 모두 적용이 가능합니다.

15 [A▼] 3D 이동 | 위치(m▼): X 1 Y 1 Z 1 속도: 1 블록으로 벚꽃 잎이 흩날리며 움직이는 동작을 표현할 수 있습니다. 변수이름을 벚꽃 잎 변수이름(A10)으로 바꾸어 주고 벚꽃 잎이 공중에서 바닥에 떨어질 좌표를 입력합니다.

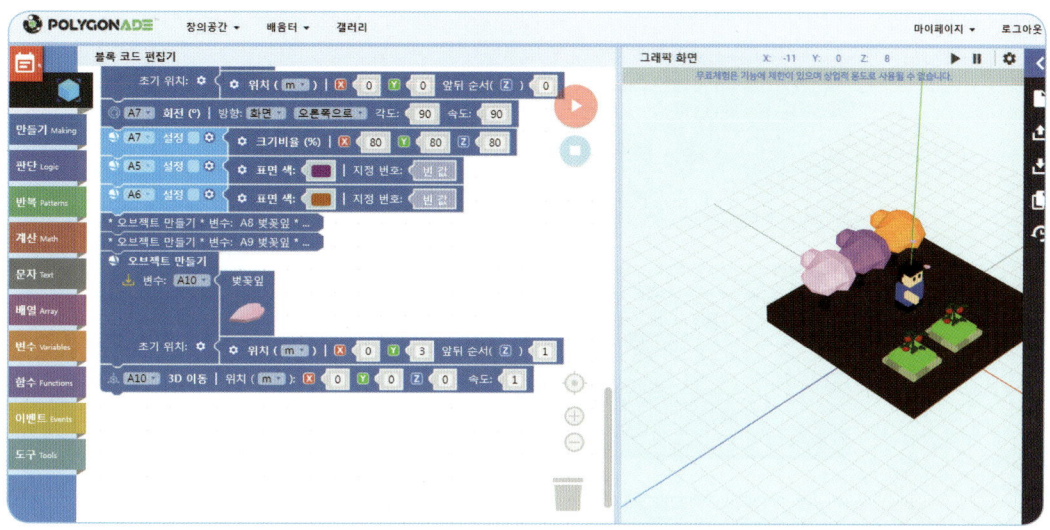

② 만들기 블록의 활용법

01 **시작 블록**: 블록들을 시작하고 정지합니다. 그래픽 화면 창에서 눈금(그리드)표시 여부를 선택할 수 있습니다.

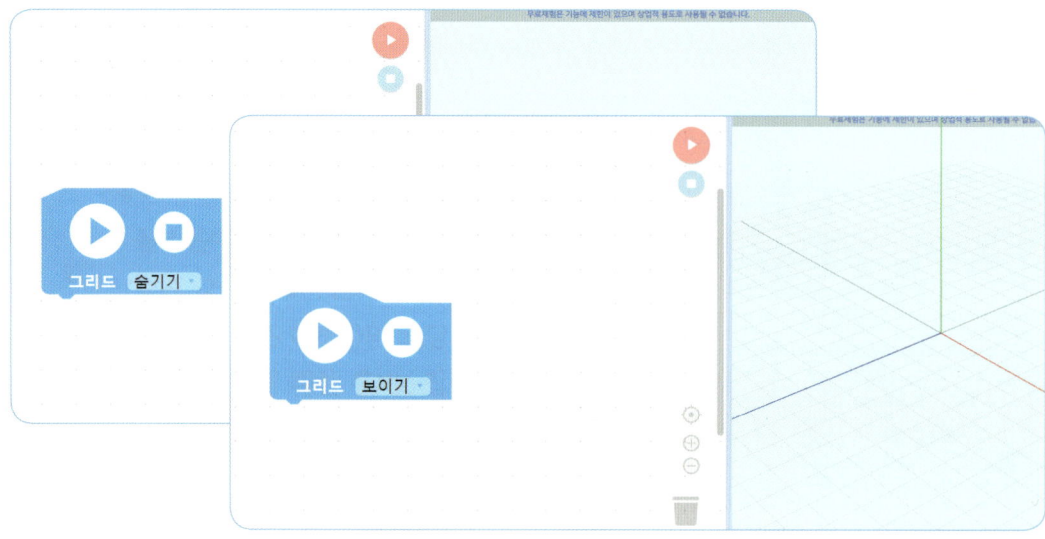

02 오브젝트 만들기: 오브젝트를 만들어 변수에 저장하고 처음 등장하는 위치를 좌표 상에서 설정할 수 있습니다.

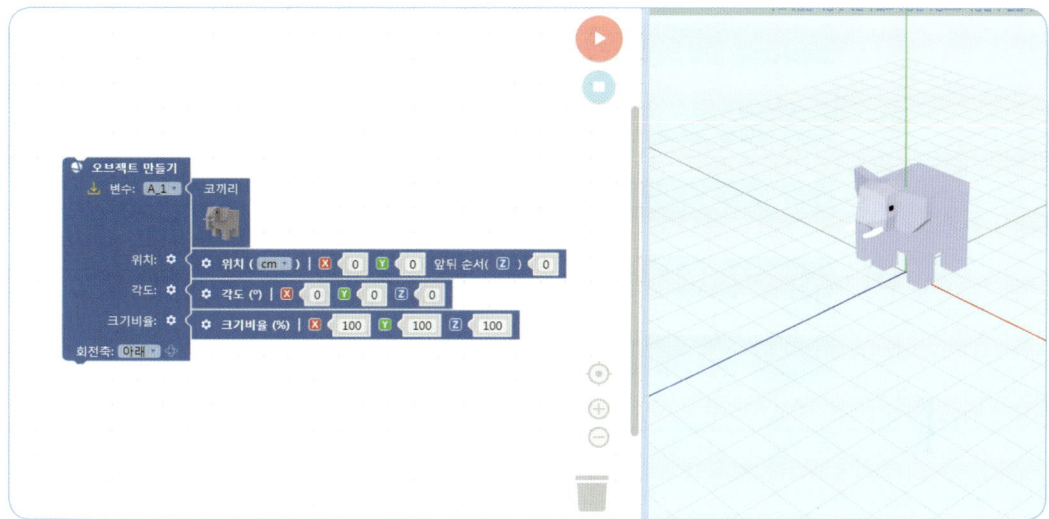

03 오브젝트 여러 개 만들기: 같은 오브젝트를 여러 개 만들어 줍니다. 만들 개수에 변수 혹은 숫자를 넣고 회전축을 설정할 수 있습니다.

04 오브젝트 제거하기: 오브젝트를 제거합니다.

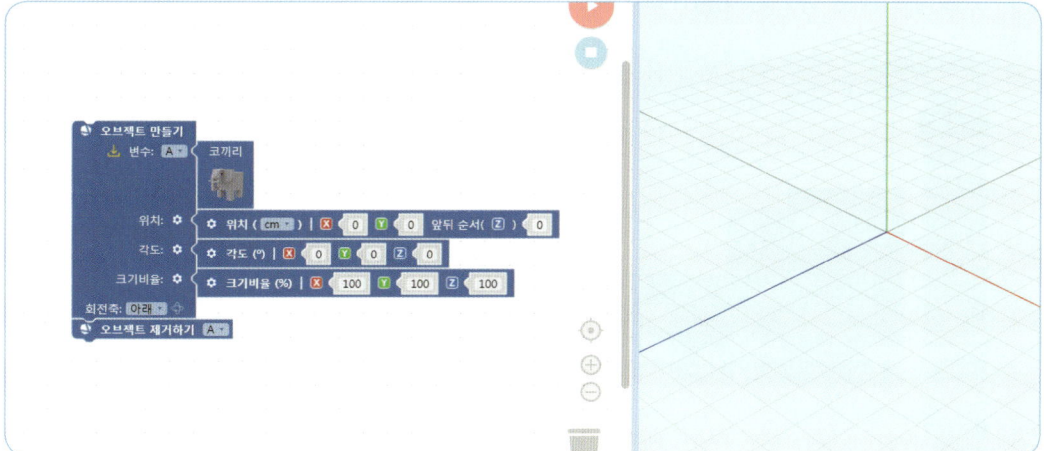

05 오브젝트 빨간 축(X축) 이동: 오브젝트가 빨간 축(X축)에 적힌 거리만큼 이동합니다. 0보다 큰 수를 입력하면 오른쪽으로 이동하고, 0보다 작은 수를 입력하면 왼쪽으로 이동합니다. 100cm는 그래픽 출력 창에서 한 칸을 의미합니다.

06 오브젝트 녹색 축(Y축) 이동: 오브젝트가 녹색 축(Y축)에 적힌 거리만큼 이동합니다.

07 오브젝트 파란 축(Z축) 이동: 오브젝트가 파란 축(Z축)에 적힌 거리만큼 이동합니다.

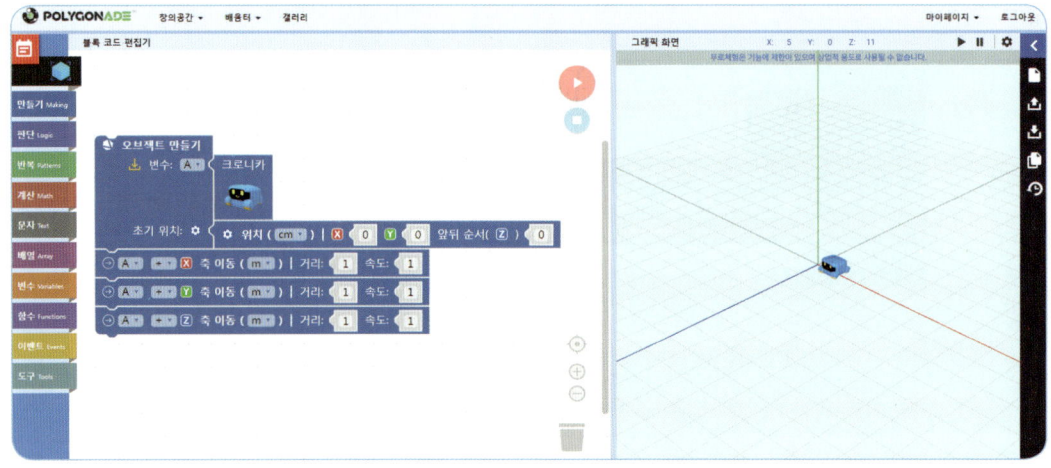

08 **오브젝트 기준으로 이동**: 오브젝트가 바라보는 방향으로 이동합니다.

09 **오브젝트 2D 위치 이동**: 오브젝트의 위치를 이동시켜줍니다. 빨간 축(X축), 녹색 축(Y축)에 입력된 위치로 오브젝트가 이동하는 과정을 보여줍니다.

10 **오브젝트 3D 위치 이동**: 빨간 축(X축), 녹색 축(Y축), 파란 축(Z축)에 입력된 위치로 오브젝트가 이동하는 과정을 보여줍니다. 오브젝트의 속도도 조절할 수 있습니다.

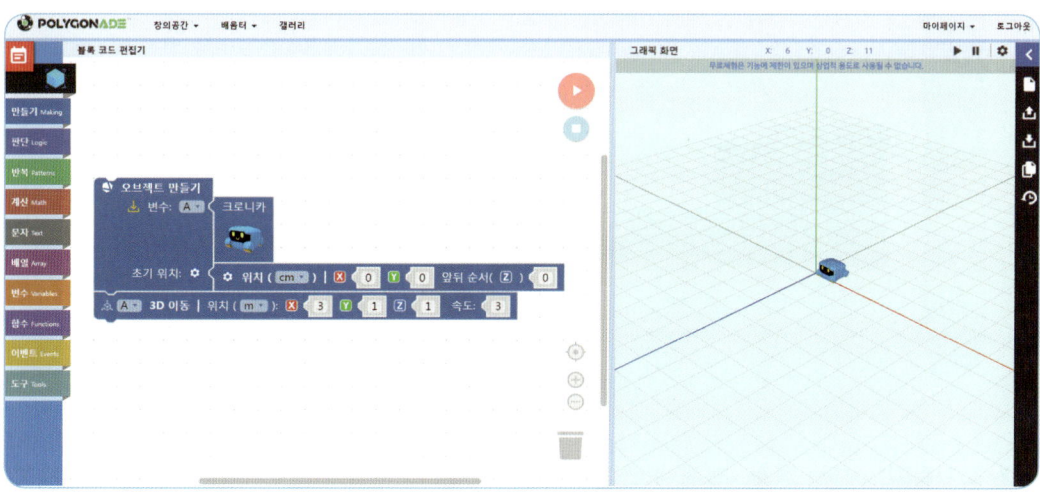

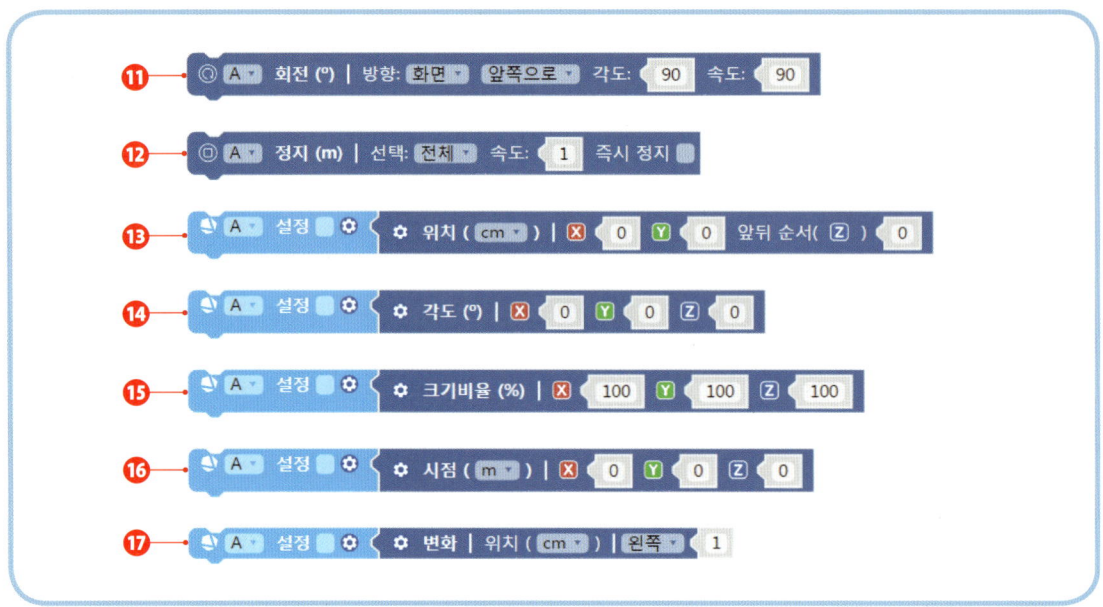

11 오브젝트 회전: 오브젝트를 앞, 뒤, 왼쪽, 오른쪽, 시계 방향, 반시계 방향으로 설정할 수 있습니다. 회전 각도가 '0'보다 작으면 반대 방향으로 움직입니다.

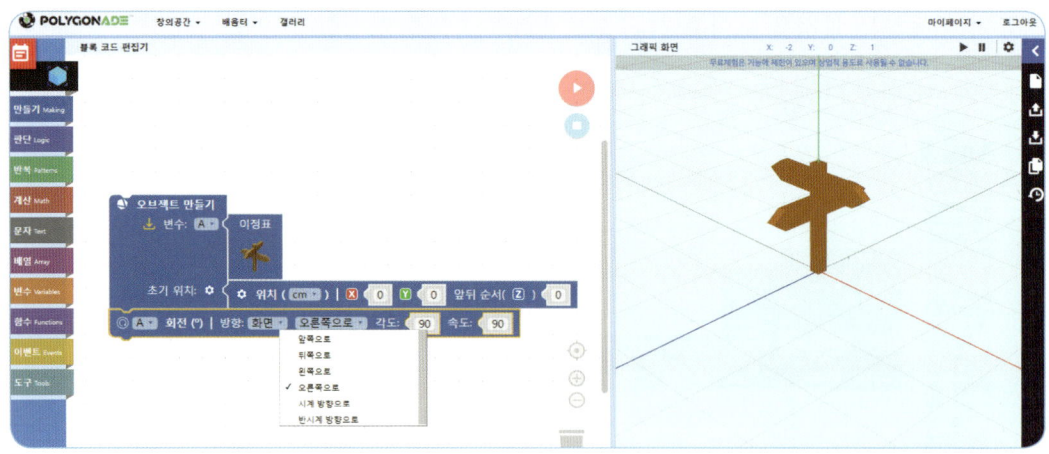

12 정지하기: 이동, 회전, 전체에 관련해서 오브젝트 정지를 할 수 있습니다. 즉시 정지를 누르면 오브젝트가 바로 정지하고, 누르지 않았다면 오브젝트가 부드럽게 정지합니다.

13 **오브젝트 위치 설정하기**: 오브젝트의 위치를 설정할 수 있습니다. 오브젝트 위치 이동 블록과의 차이점은 오브젝트가 이동하는 과정을 보여주는 것이 아니라 이동한 후의 위치를 보여줍니다.

14 **오브젝트 각도 설정하기**: 오브젝트의 각도를 설정합니다. 오브젝트가 회전 후의 위치를 보여줍니다. X축(앞, 뒤)은 빨간 축을 기준으로, Y축(시계, 반시계)은 녹색 축을 기준으로, Z축(오른쪽, 왼쪽)은 파란색 축을 기준으로 회전한 결과를 보여줍니다.

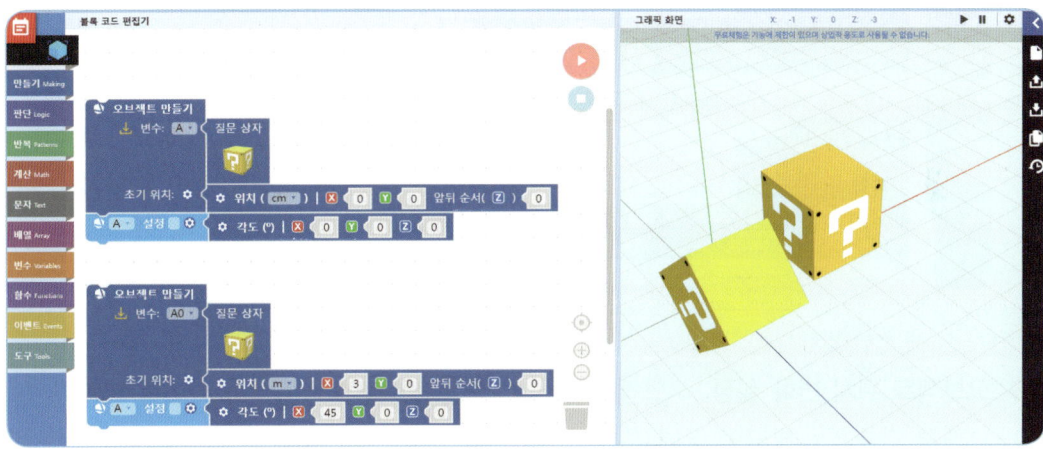

15 **오브젝트 크기 비율 설정하기**: 오브젝트의 크기 비율을 설정합니다. 오브젝트의 크기가 변하고 난 후의 결과물을 보여줍니다. 빨간 축, 녹색 축, 파란 축에는 숫자 혹은 숫자가 저장된 변수가 들어갑니다.

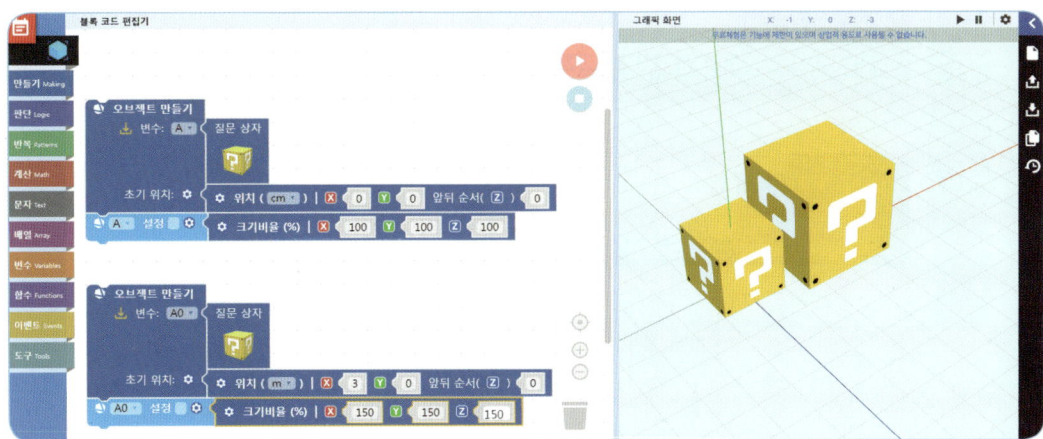

16 **오브젝트 시점 설정하기**: 오브젝트가 바라보는 시점을 설정합니다. 오브젝트 회전을 할 땐, 각도를 직접 계산해야 하지만, 시점 설정하기 블록을 이용하면 좌표 값만 입력해도 바로 다른 오브젝트를 바라봅니다.

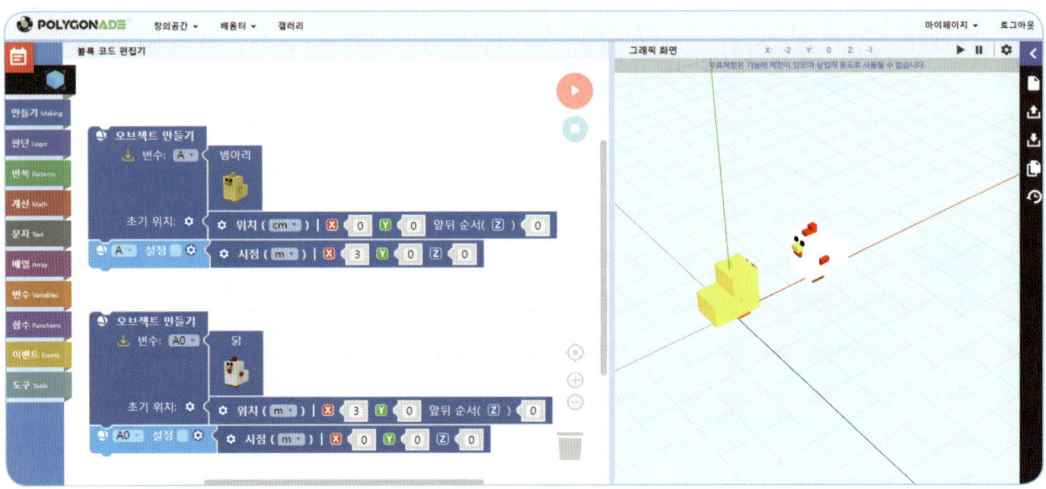

17 **오브젝트 위치 변화 설정**: 오브젝트의 위치가 설정한 방향으로 이동하면서 변화합니다. 오브젝트 기준으로 방향이 정해집니다. 사용자가 보는 것과 마치 반대로 움직이는 것처럼 느껴질 수 있습니다.

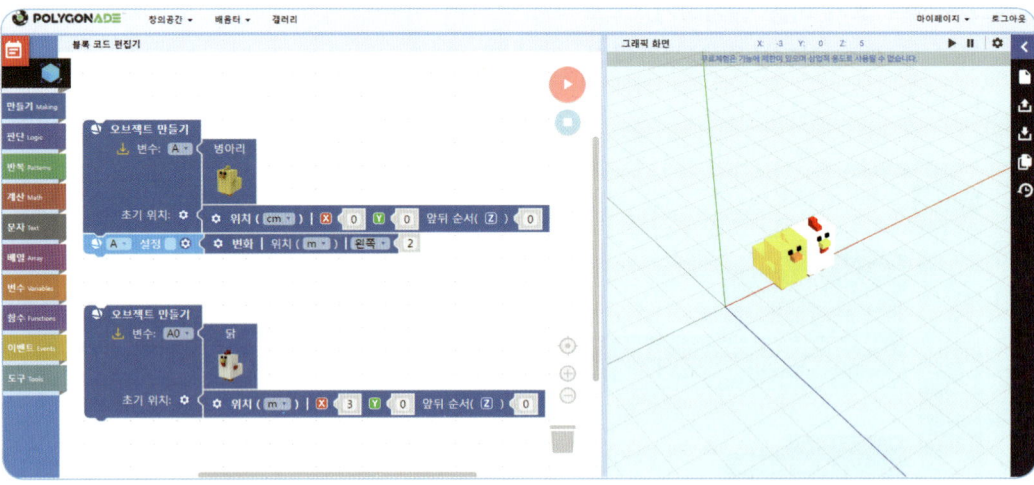

18 **오브젝트 회전축 설정하기**: 오브젝트의 회전축을 설정합니다. 회전축에 따라 회전하는 곳의 위치가 바뀔 수 있습니다. 회전축이 중앙일 때, 오브젝트의 가운데를 중심으로, 회전축이 위, 아래인 경우, 각각 오브젝트의 위, 아래를 중심으로 회전합니다.

19 **오브젝트 사라짐 & 나타남**: 보이는 오브젝트를 숨기거나 나타나게 합니다. 단, 오브젝트가 실제로 사라진 것이 아니라 그 상태에 있다는 것을 주의해야 합니다.

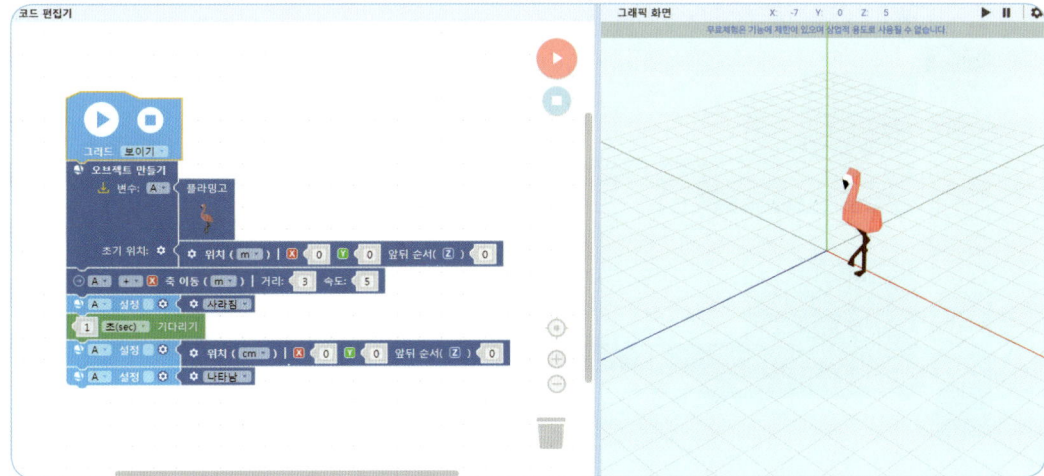

CHAPTER 01 나만의 캐릭터 나타내기

20 **오브젝트 표면색 설정**: 오브젝트의 표면색을 원하는 색상으로 변경할 수 있습니다. 각각의 오브젝트마다 지정된 번호가 있는데 그 번호를 선택하여 색상을 변경하면 오브젝트의 한 부분의 색이 변경됩니다.

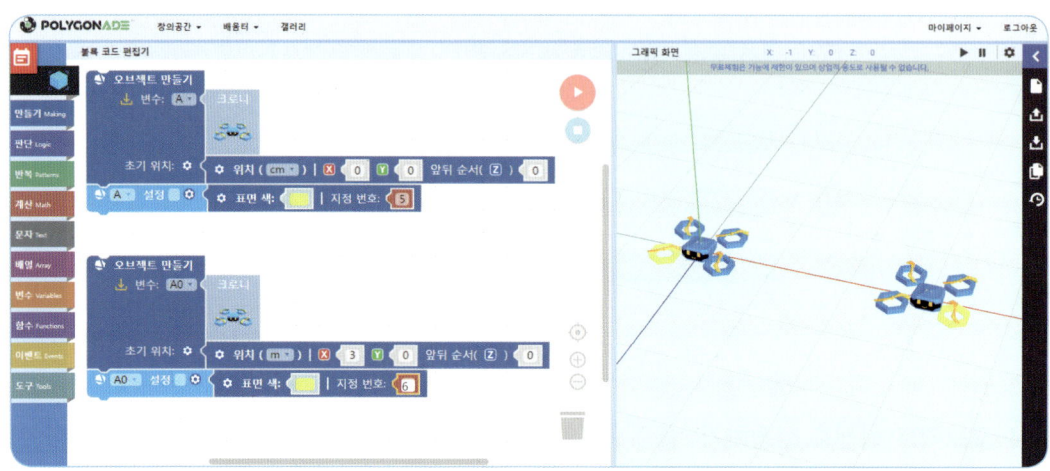

21 **불투명도 설정**: 불투명도는 0~100까지 설정합니다. 0%이면 완전 투명상태, 100%이면 오브젝트가 불투명 상태가 됩니다. 설정에 있는 값을 바꾸고 실행 버튼을 누르면, 해당 수치가 오브젝트에 반영됩니다.

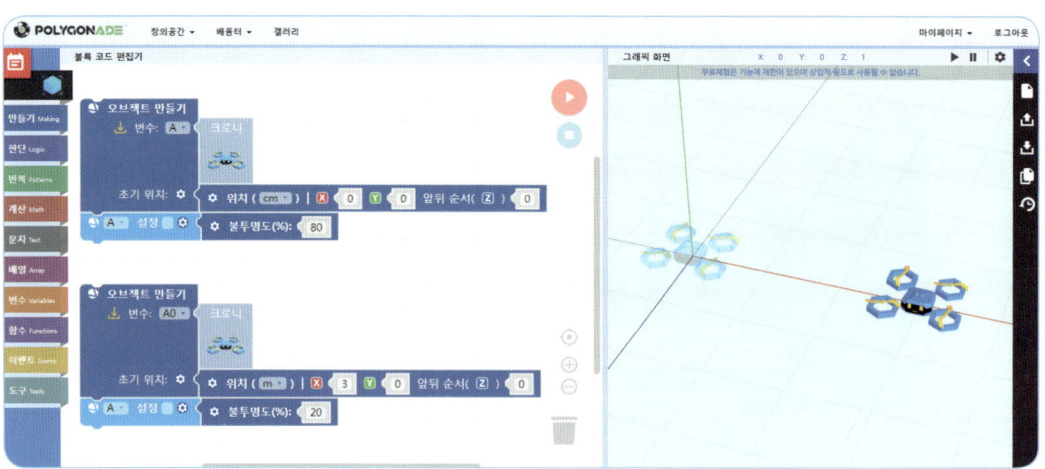

22 **충돌 오브젝트 설정**: 오브젝트를 충돌을 감지하는 대상으로 설정하거나 충돌을 감지 받는 대상으로 설정할 수 있습니다. 이벤트 툴박스에서 충돌 이벤트 블록과 같이 조립하여 사용합니다.

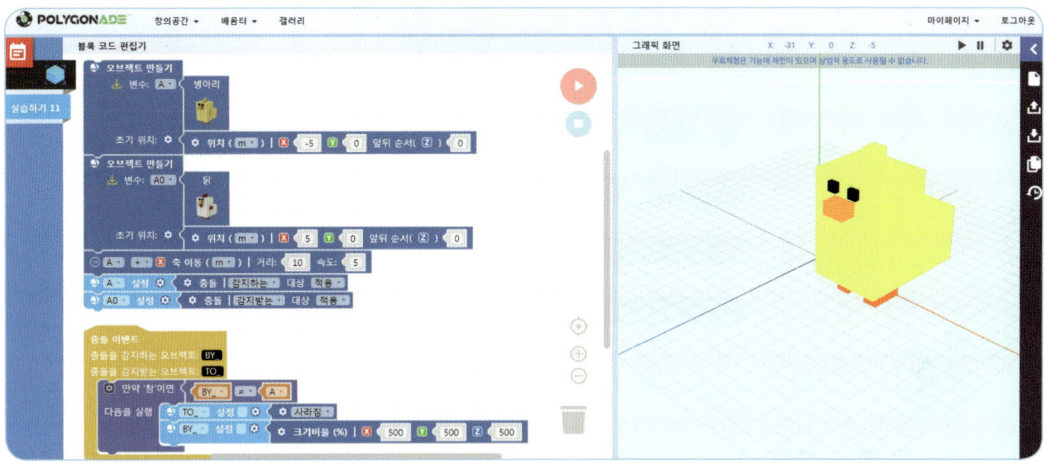

23 **선택을 감지 받는 대상 적용**: 오브젝트를 선택을 감지 받는 대상으로 적용한다면 툴박스에 있는 마우스 이벤트 블록과 조립하여 오브젝트에게 이동, 회전 등 다양한 명령을 내릴 수 있습니다.

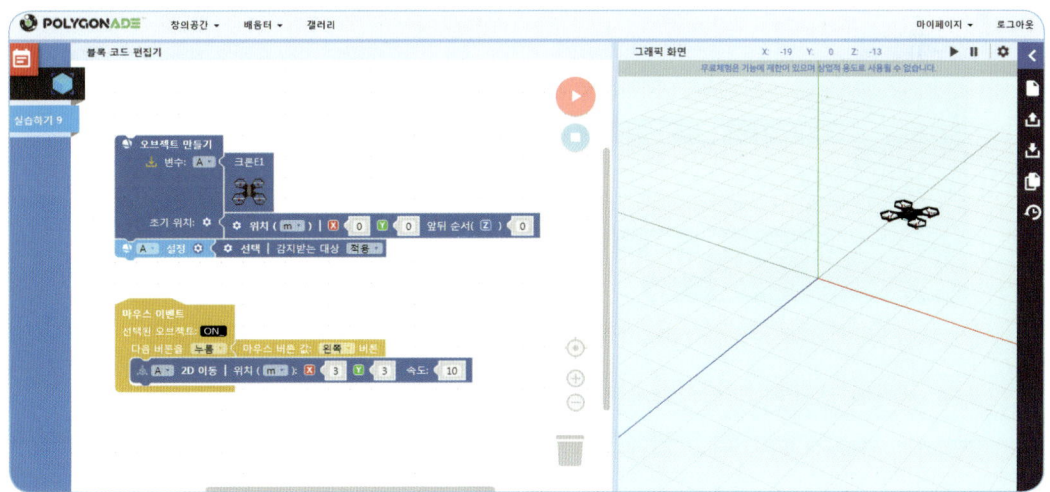

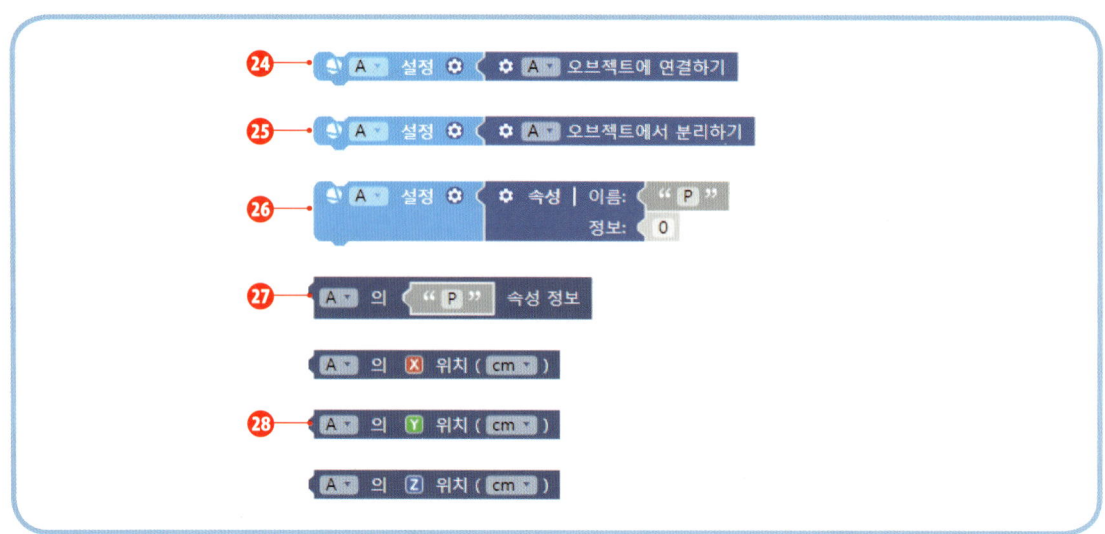

24 오브젝트 연결 설정: 여러 개의 오브젝트를 하나의 그룹으로 묶어 한번에 이동할 수 있습니다. 설정 부분에 있는 오브젝트는 자식 역할을 하고, 연결 적용에 해당하는 오브젝트는 부모 역할을 합니다. 따라서 부모 오브젝트를 이동시키면 자식 오브젝트는 따라가게 되고, 자식 오브젝트를 움직이면 부모 오브젝트는 따라가지 않습니다.

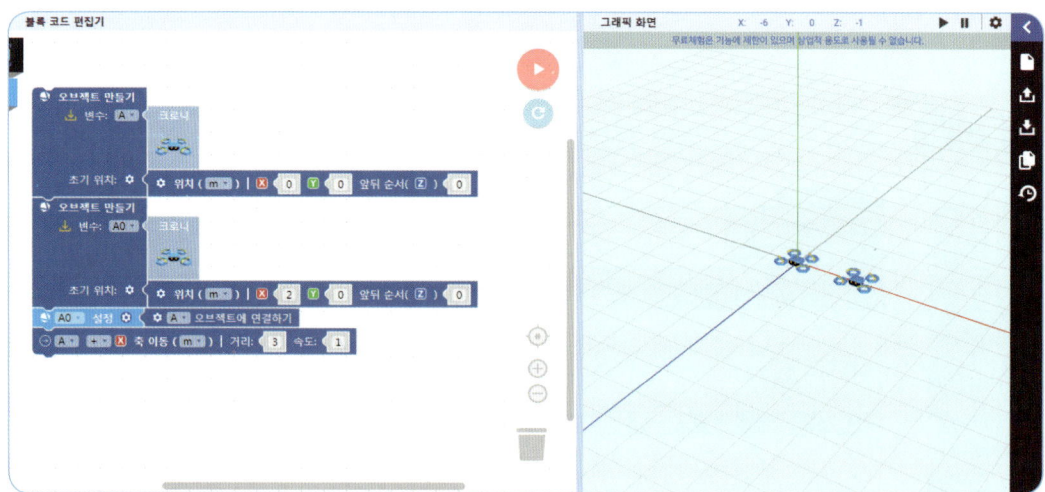

25 오브젝트 분리 설정: 하나의 그룹으로 묶여 있는 여러 개의 오브젝트를 각각으로 분리할 수 있습니다.

26 **오브젝트 속성 설정**: 꺼내온 오브젝트의 속성 이름과 정보를 설정할 수 있습니다. 이름 부분에는 오브젝트의 속성 이름을 설정합니다. 정보 부분에는 오브젝트의 속성에 해당하는 정보를 숫자 혹은 문자로 넣습니다.

27 **오브젝트 속성 정보**: 오브젝트에서 설정한 속성을 출력할 때 사용합니다. "P"라고 되어 있는 부분에는 설정한 오브젝트의 이름을 입력할 수 있습니다. 오브젝트의 속성을 출력할 때는 콘솔 혹은 팝업창으로 출력 가능합니다.

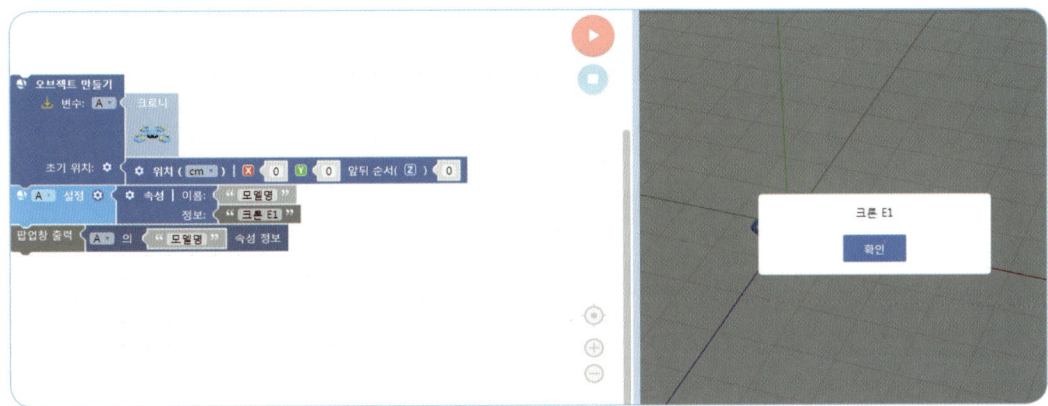

28 **오브젝트 X, Y, Z 좌표 위치 가져오기**: 해당 오브젝트의 X, Y, Z좌표 위치를 불러옵니다. 입력을 받을 수 있는 모든 블록과 함께 사용 가능합니다.

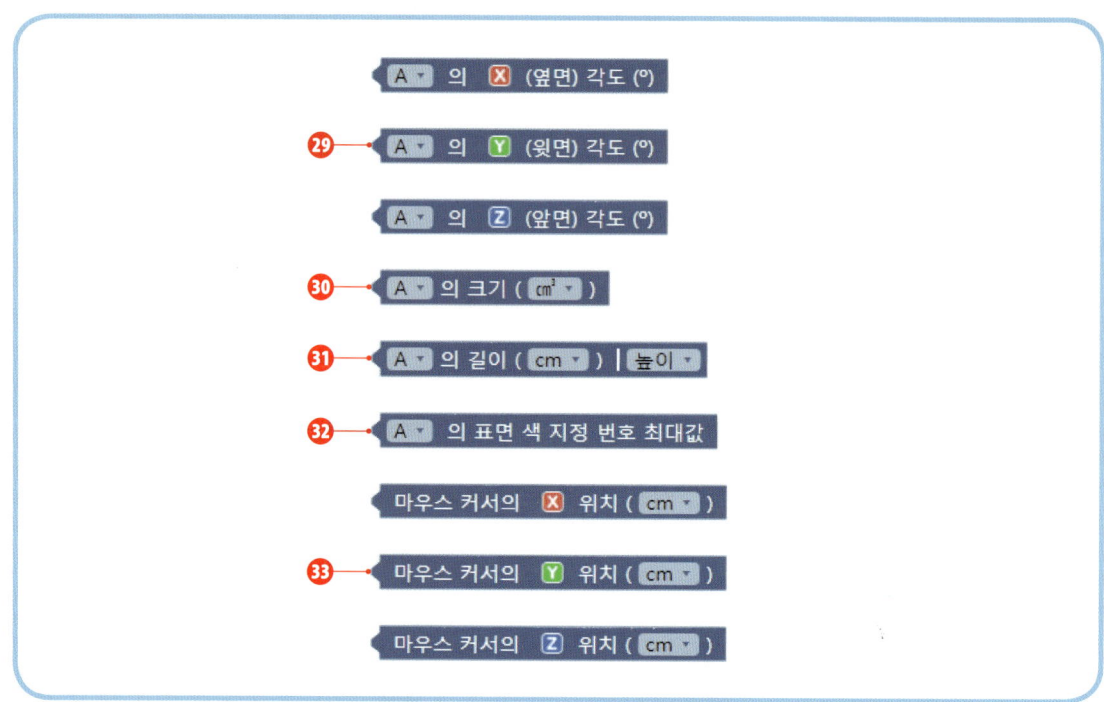

29 **오브젝트의 X, Y, Z축 각도**: 해당 오브젝트의 X, Y, Z좌표의 각도를 가져올 수 있습니다. 입력을 받을 수 있는 모든 블록과 함께 사용 가능합니다. 각도 블록은 2D화면과 3D화면에서 모두 사용할 수 있습니다.

36 PART II 폴리곤에이드 학습하기

30 **오브젝트 크기 조회**: 오브젝트의 크기를 조회해서 출력할 수 있습니다. 문자 툴박스에 있는 블록들과 결합하여 오브젝트의 크기를 세제곱미터, 세제곱센티미터 단위로 출력합니다.

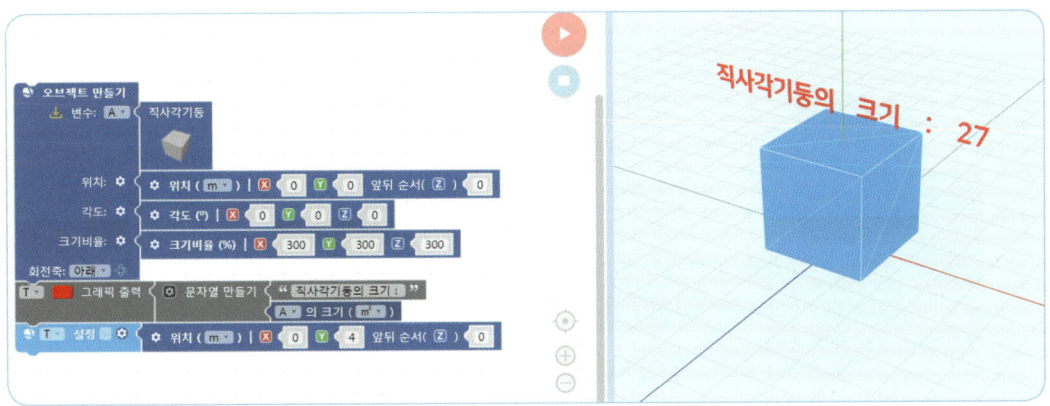

31 **오브젝트 길이 조회**: 오브젝트의 길이를 조회해서 출력할 수 있습니다. 문자 툴박스에 있는 블록들과 결합하여 오브젝트의 길이를 센티미터, 미터단위로 출력합니다.

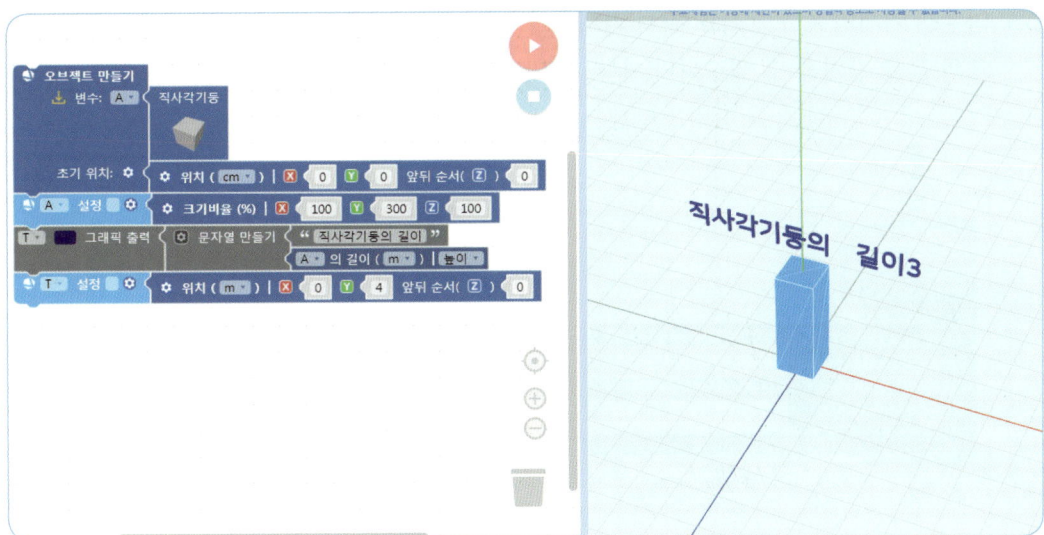

32 **오브젝트의 표면 색 지정 번호 최대값**: 오브젝트의 지정 번호 최대값을 조회할 수 있습니다. 오브젝트의 지정 번호 최대값을 조회하면 오브젝트의 표면색을 바꿀 때 참고할 수 있습니다.

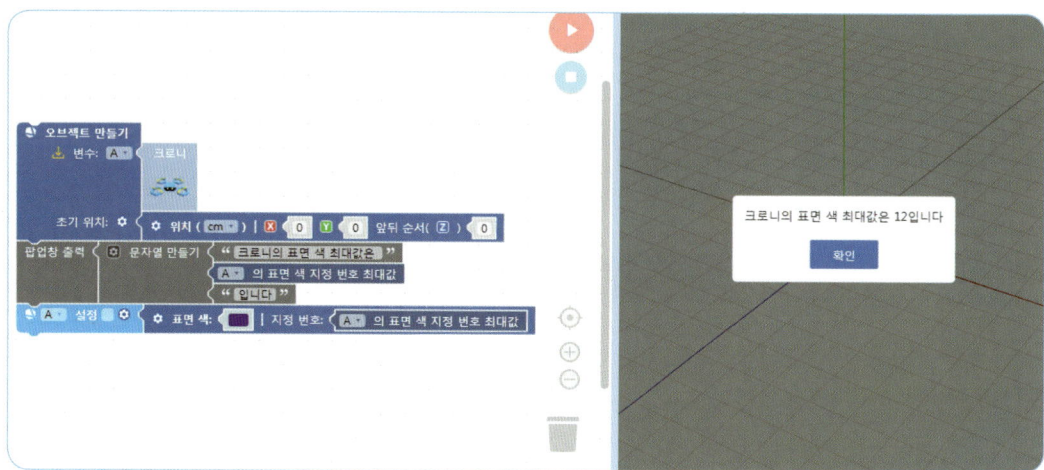

33 **마우스 커서의 X, Y, Z좌표 위치 가져오기**: 실행하였을 때 마우스 커서의 위치 중 X, Y, Z좌표의 값을 가져올 수 있습니다. 문자 툴박스에 있는 블록과 함께 사용될 수 있습니다.

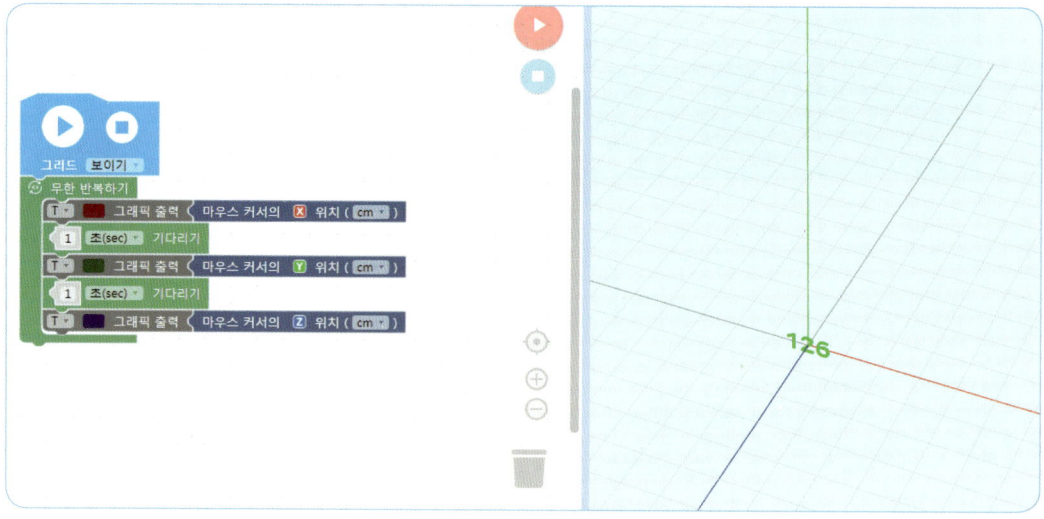

 생각해보기

오른쪽 그림과 같은 프로젝트를 만들려면 어떤 오브젝트를 배치해야 할까요? 만들기 툴박스 안에 있는 다양한 블록들을 조립해 나만의 상상 속 마을을 만들어 봅시다.

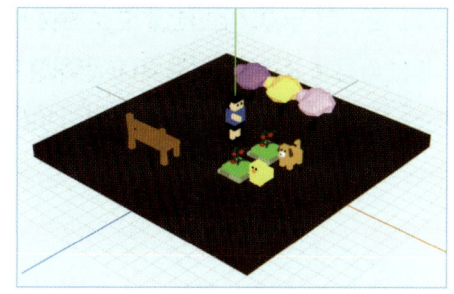

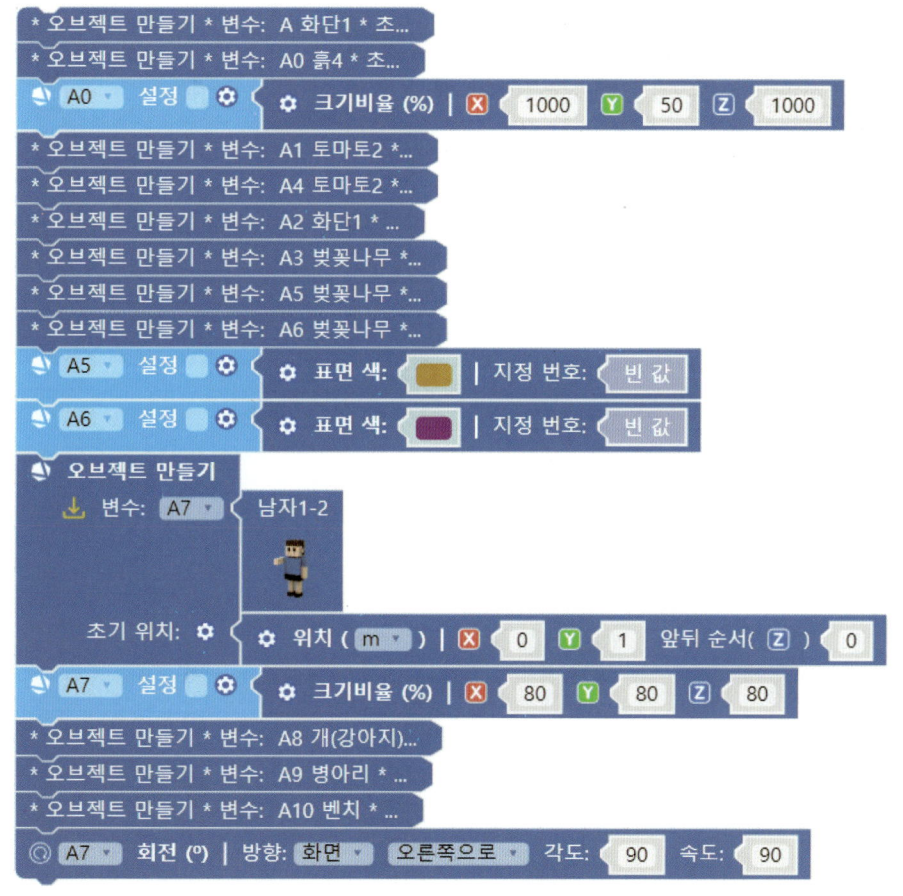

 위 프로젝트는 폴리곤에이드 사이트의 갤러리 또는 https://www.polyade.com/Gallery/Content/3821에서 확인할 수 있습니다.

시작 화면을 누르면 크로니 오브젝트가 X축으로 1m 이동하도록 블록들을 조립했습니다. 다음과 같이 블록들을 조립하고 시작 버튼을 눌렀는데 크로니 오브젝트가 원하는 위치로 오지 않습니다. 무엇이 잘못되었을까요?

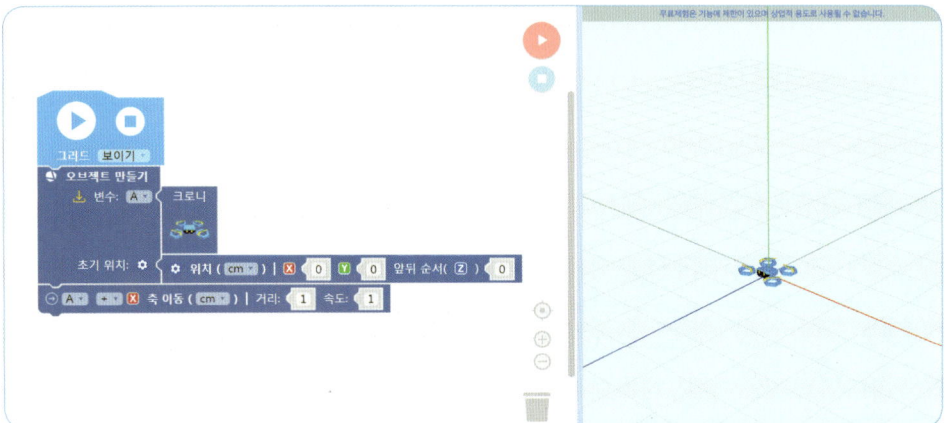

CHAPTER

02 문자로 표현하기 `문자`

문자 툴박스에 있는 블록들을 활용하면 한 편의 동화를 만들 수 있습니다. 문자 블록들을 어떻게 사용하는지 알아보고, 책으로만 봤던 동화를 내가 직접 오브젝트와 문자블록으로 만들어 봅시다.

사용할 블록

- `" ▢ "`
- `텍스트 입력하기`
- `콘솔 출력 (새 줄 ☑) " ▢ "`
- `팝업창 출력 " ▢ "`
- `T▼ ■ 그래픽 출력 " ▢ "`
- `⚙ A▼ 에 글 붙이기 ▢` `꼬리: ☑ 바탕색: ▢` `새 줄: ▢ " 반가워! "`
- `A▼ 에서 글 떼기`
- `⚙ 문자열 만들기`
- `다음 문자열의 문자 개수 " A "`

1 문자 블록으로 한 편의 동화 만들기

01 앞에서 배운 오브젝트 만들기 방법을 생각하며, 토끼와 거북이 동화를 직접 폴리곤에이드로 만들어 봅시다. 먼저 만들기 툴박스에 있는 오브젝트 만들기 블록과 `A 설정` `크기비율 (%) | X 100 Y 100 Z 100` 을 이용해 배경을 만듭니다.

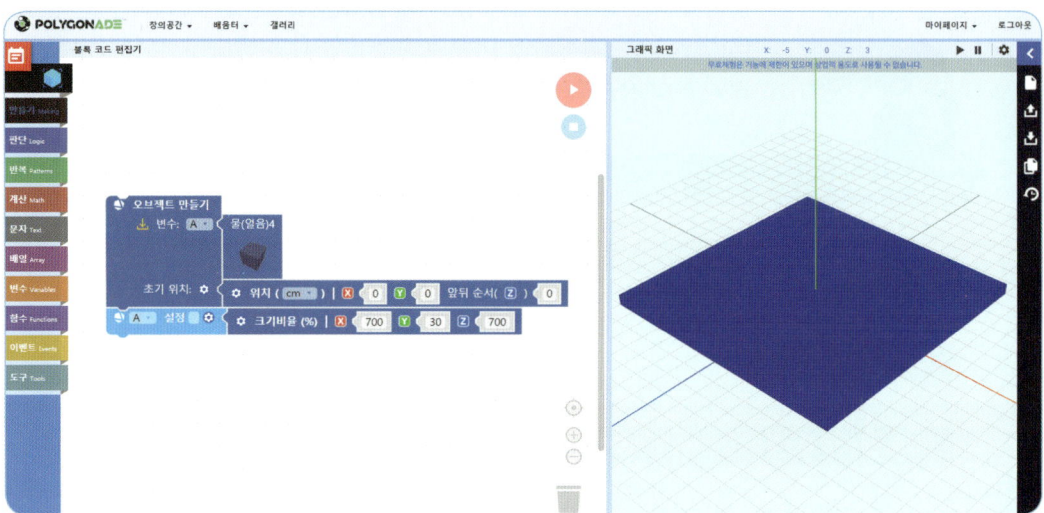

02 마찬가지로, 풀1 오브젝트를 `A 설정` `크기비율 (%) | X 100 Y 100 Z 100` 와 조립해 바닷가 배경도 만들어 줍니다. 오브젝트의 초기 위치를 설정할 때, 오브젝트가 겹치지 않도록 조심합니다.

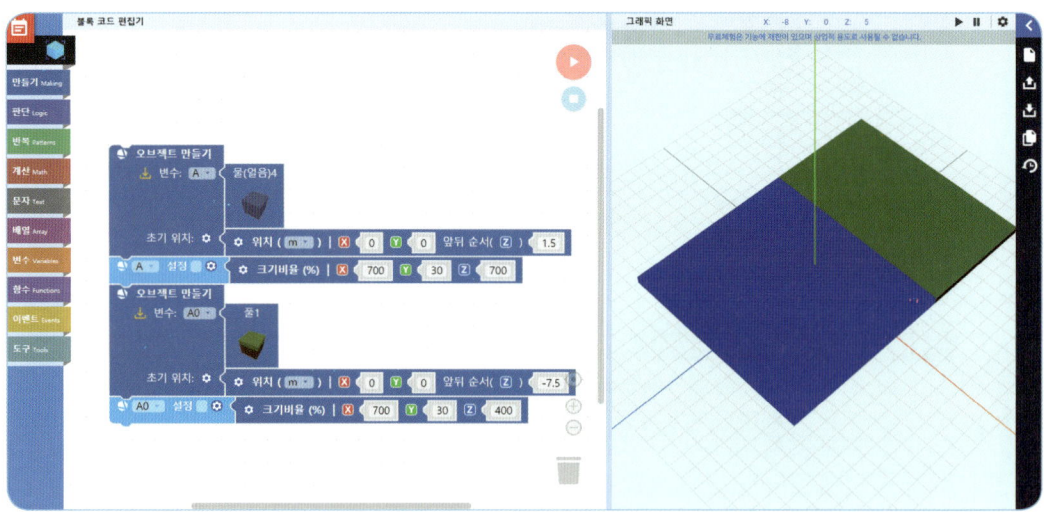

03 동화에 나오는 토끼와 거북이 오브젝트들의 위치를 정해줍니다. 오브젝트의 초기 위치를 정할 때, 배경을 생각하여 높이(Y축)를 조금 높일 수 있도록 합니다.

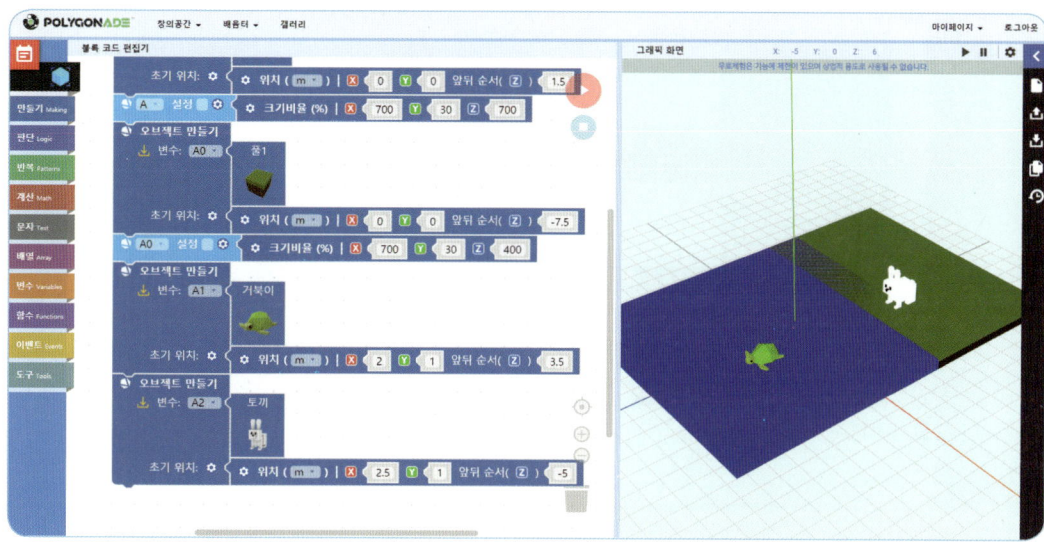

04 토끼와 거북이 오브젝트 주변을 꾸며줄 오브젝트들을 만들어 줍니다. 소라, 나무, 꽃 등 다양한 오브젝트들을 만듭니다. 오브젝트의 표면색 블록을 가져와 오브젝트들의 색깔도 바꿔줍니다.

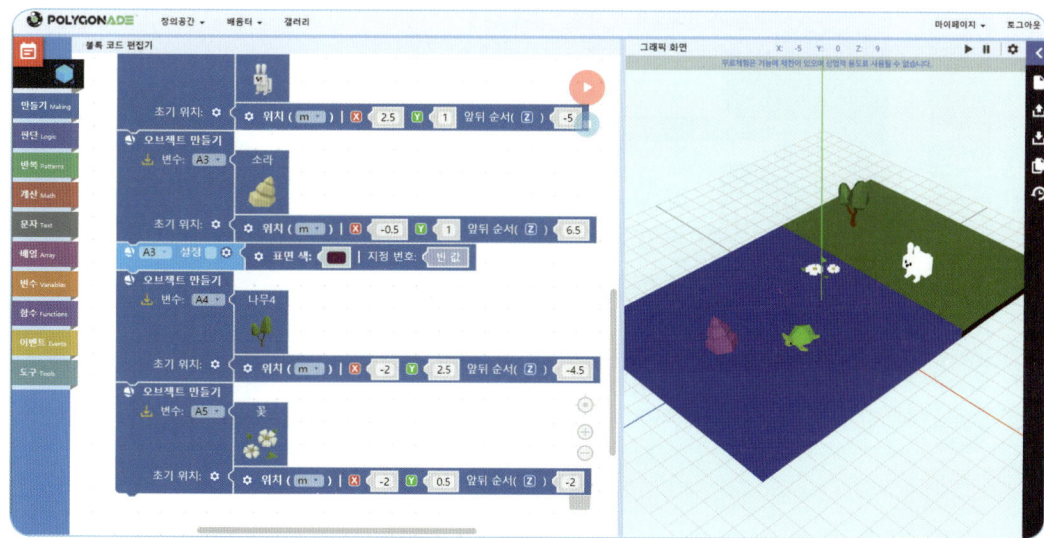

05 이제 토끼와 거북이의 대사를 입력합니다. 기존에 있던 오브젝트 만들기 블록이 너무 많아지면 만들기 블록 위에 마우스를 올려놓고 오른쪽 버튼을 클릭해 블록들을 축소해 줍니다.

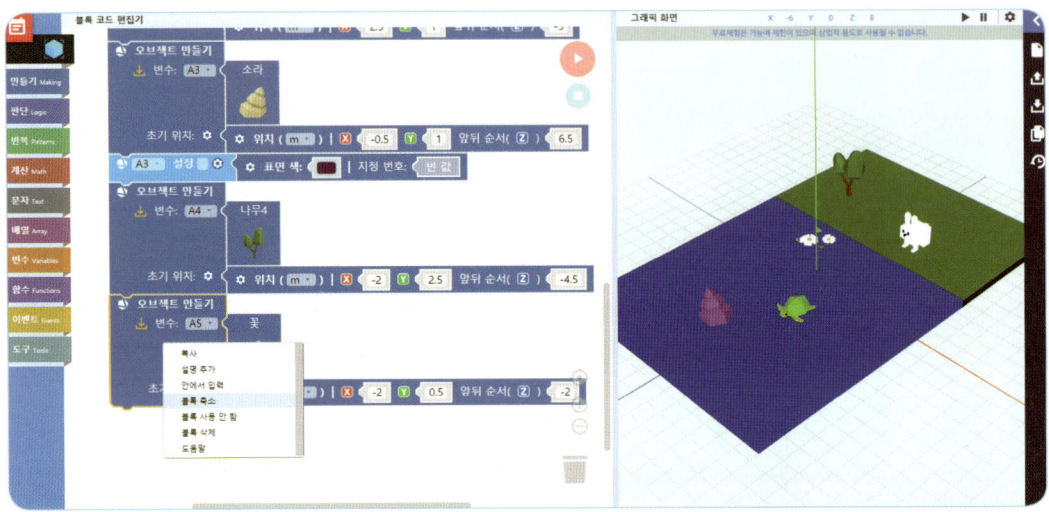

06 문자 툴박스에서 오브젝트에 글 붙이기 블록을 가져옵니다. 글 붙이기에 체크표시를 하고, 글상자가 잘 보이도록 바탕색을 하얀색, 글자색은 검정색으로 바꾸어 줍니다.

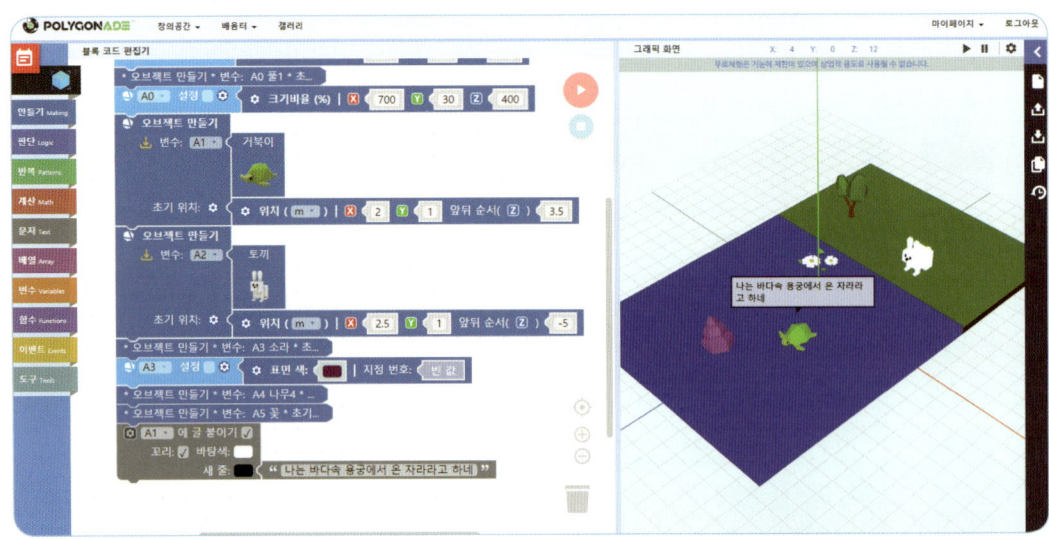

07 거북이 오브젝트가 말을 한 후, 1초 후에 문자열이 사라지도록 합니다. 문자열이 사라진 후에 토끼 오브젝트가 말을 할 수 있도록 글 붙이기와 1초 기다리기 블록을 조립합니다.

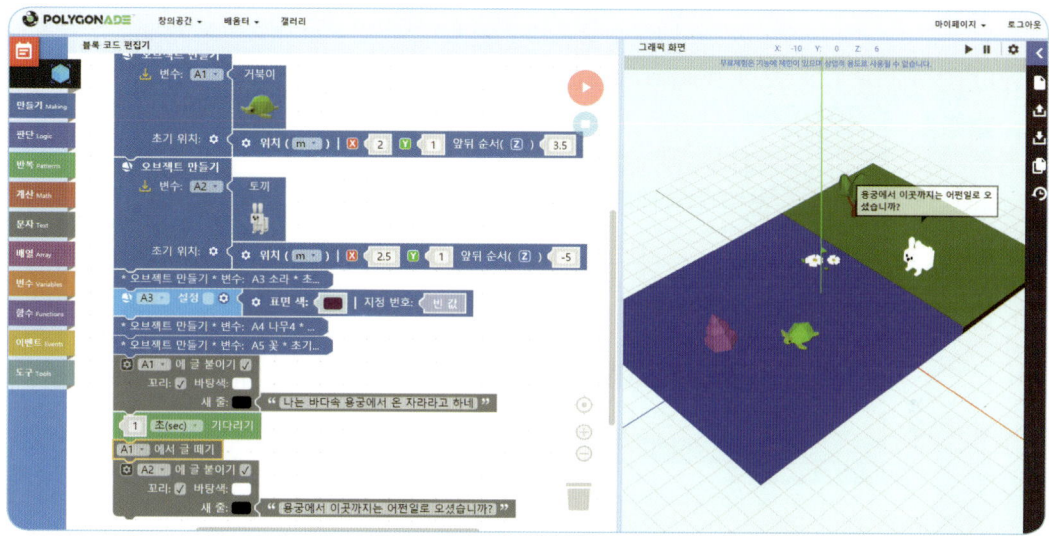

08 거북이와 토끼 오브젝트가 서로 대화를 번갈아 가며 할 수 있도록 글 붙이기 블록과 1초 기다리기 블록을 조립합니다. 이 때, 변수이름과 오브젝트에 글 붙이기 블록 변수이름이 똑같은 지 확인합니다.

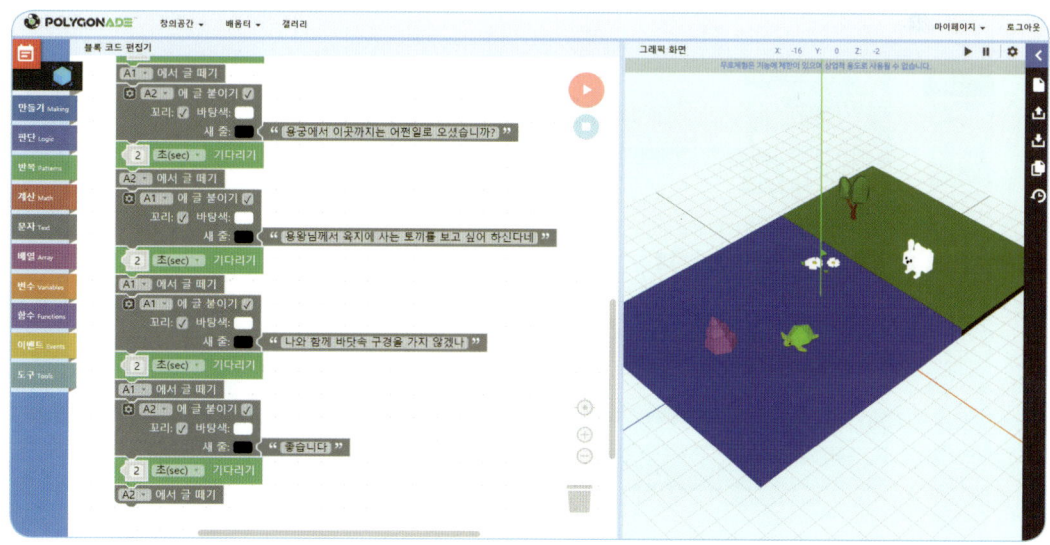

CHAPTER 02 문자로 표현하기　45

09 거북이와 토끼의 대화가 끝나고 거북이 오브젝트와 토끼 오브젝트가 바다 속으로 이동하여 사라질 수 있도록 만들기 툴박스에서 이동 블록과 오브젝트 제거하기 블록을 가져와 조립합니다.

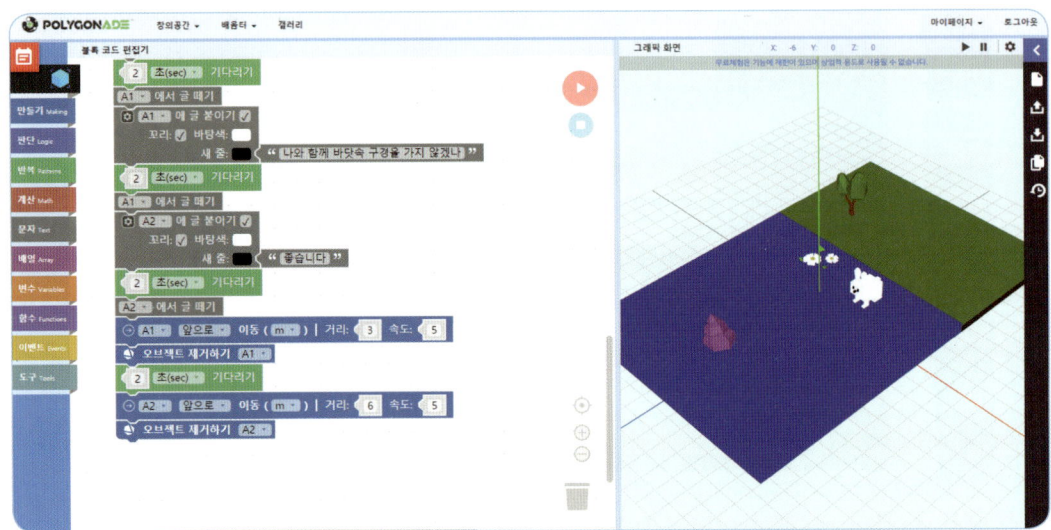

10 그래픽 출력 블록으로 다음 이야기를 설명해 줍니다. 그래픽 출력 블록 안에 텍스트를 넣고, 위치 설정 블록으로 위치를 설정합니다.

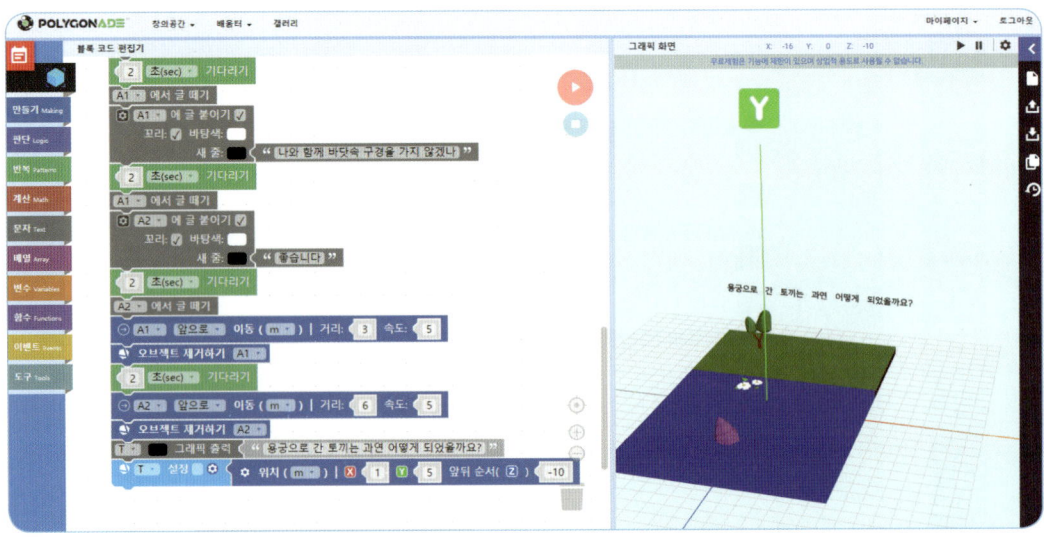

2 문자 블록의 활용법

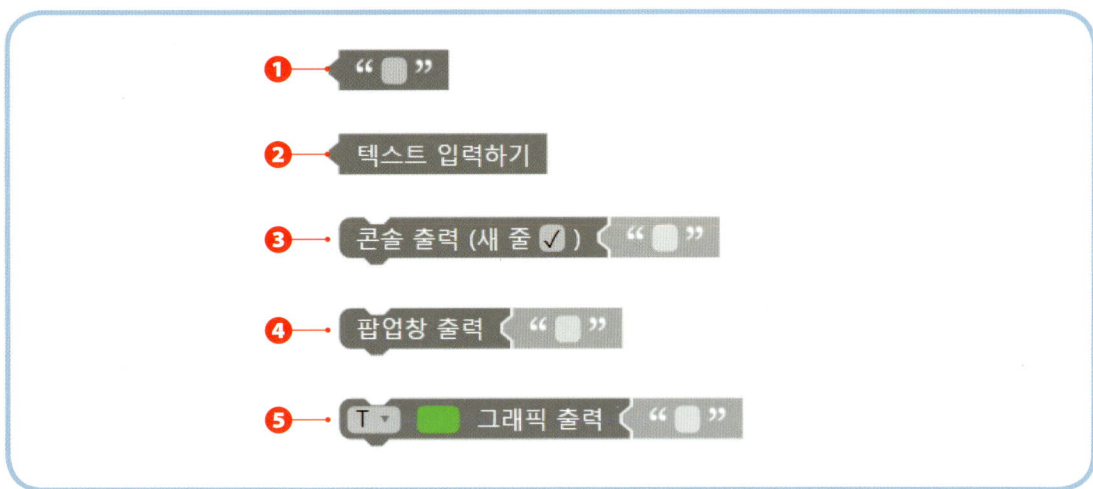

01 문자열: 문자열을 출력합니다. 문자, 숫자 등을 출력할 수 있고, 숫자를 작성할 경우 문자로 인식하여 출력합니다. 문자열 블록을 다른 블록들과 조립하면 동화 속 캐릭터들의 말풍선을 만들 수 있습니다.

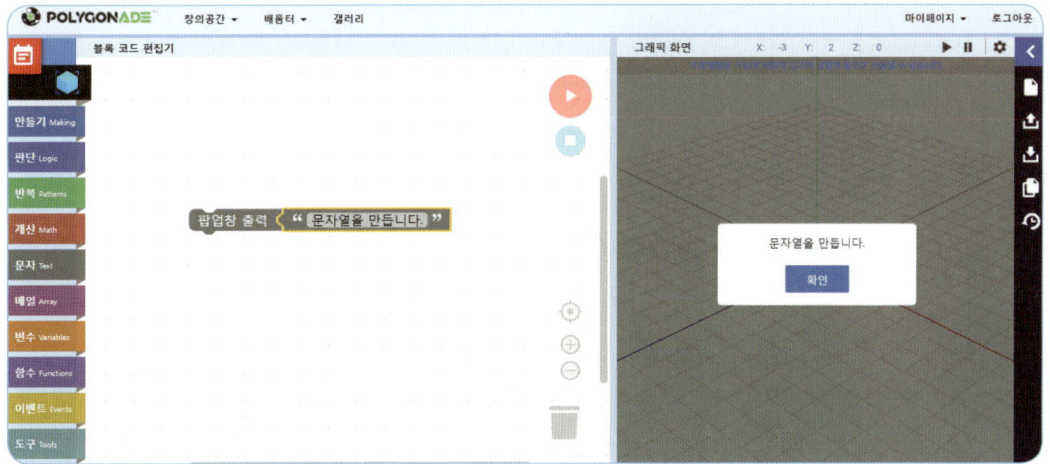

02 텍스트 입력하기: 모든 입력받는 블록과 함께 사용합니다. 텍스트 입력하기 블록을 사용한 후 시작을 누르면 그래픽 화면 창에 글자를 입력할 수 있는 공간이 나타납니다.

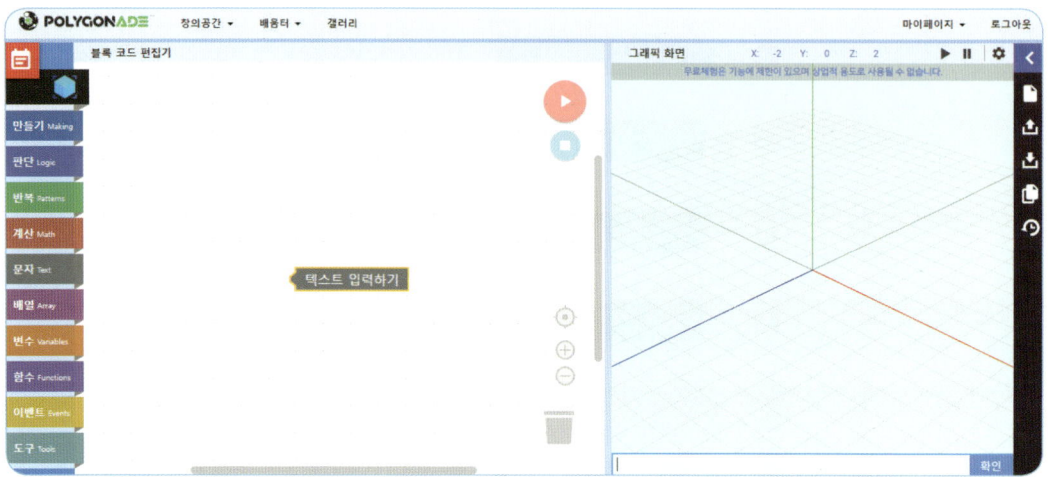

03 콘솔 출력: 콘솔 창에 문자 혹은 숫자를 출력할 수 있습니다. 새 줄에 체크표시를 풀면 콘솔 창 한 줄에 이어서 출력이 됩니다(콘솔 창은 3단계부터 사용할 수 있습니다).

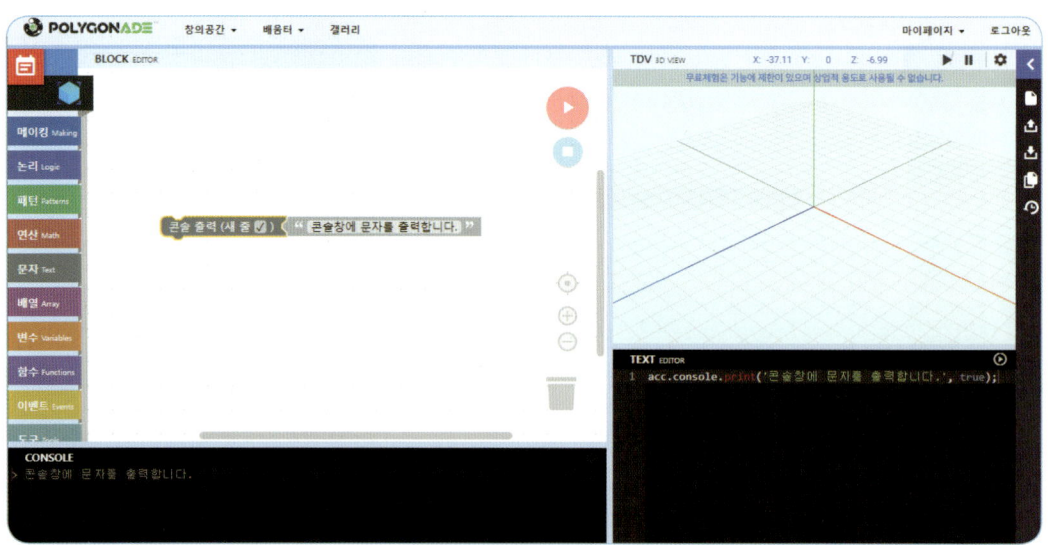

04 팝업창 출력: 팝업 창에 문자 혹은 숫자를 출력할 수 있습니다.

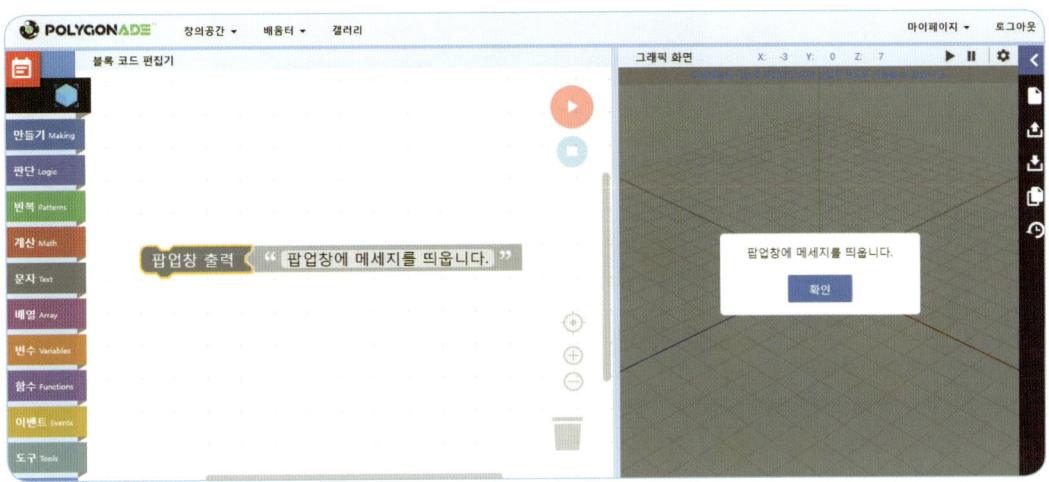

05 3D 문자 출력: 그래픽 화면 창에 글자가 3D형태로 출력됩니다. T는 3D 문자의 변수 이름을 의미합니다. 변수 옆에 있는 색을 이용하여 글자의 색상을 원하는 색으로 변경할 수 있습니다.

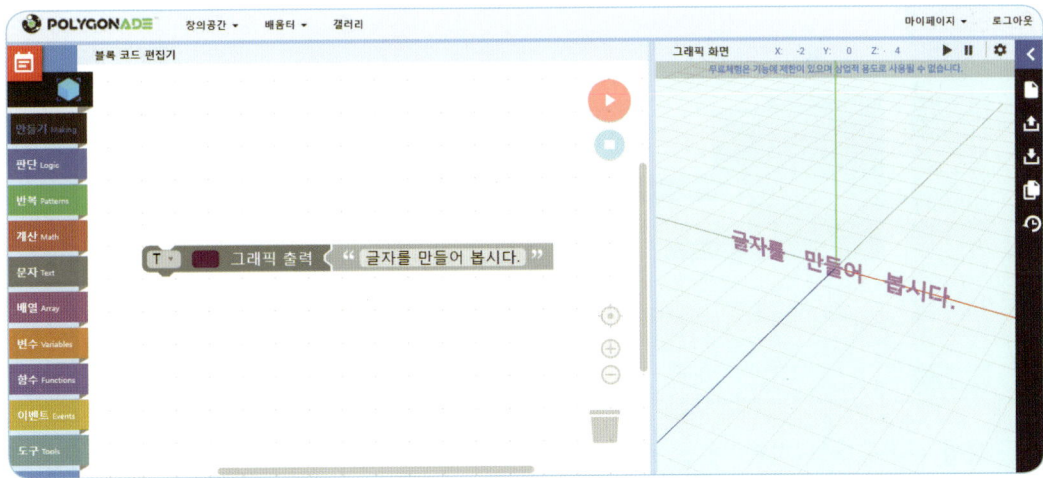

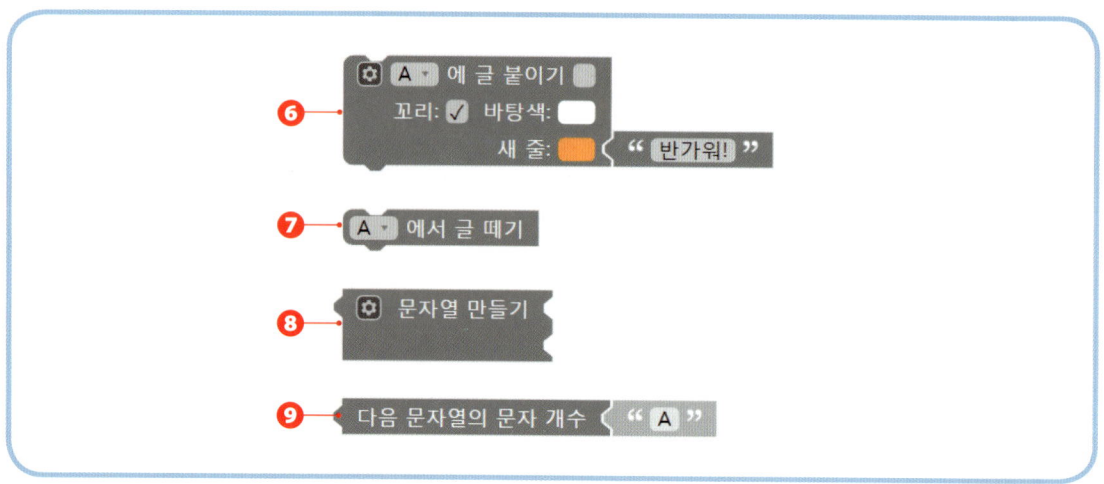

06 오브젝트에 글 붙이기: 오브젝트 위에 말풍선으로 글자를 붙일 수 있습니다. 글 붙이기는 오브젝트와 같은 설정입니다. 글 붙이기에 체크를 한 후 정지 버튼을 누르면 정지화면에서도 말풍선이 나타납니다.

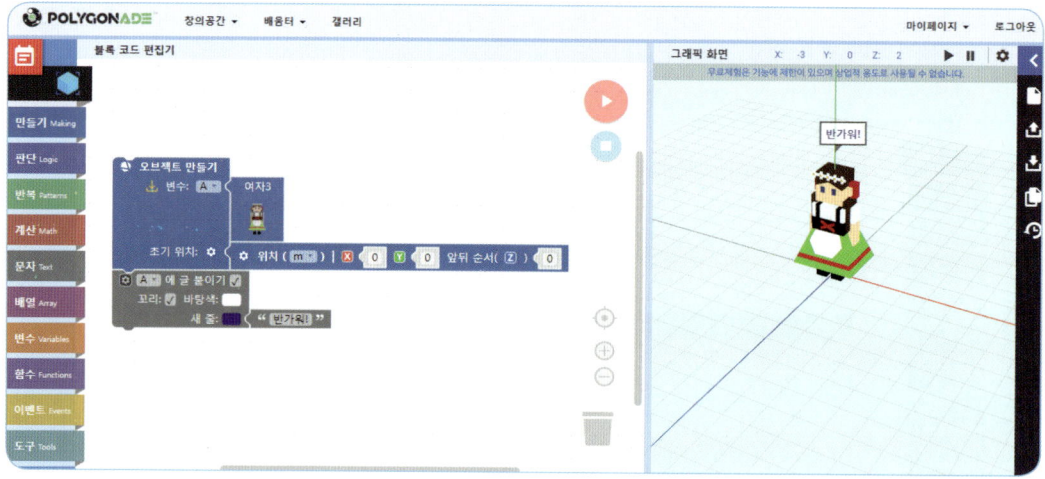

설정 부분을 클릭하여 새 줄 추가를 하면 새로운 문장을 작성할 수 있습니다. 바탕색은 말풍선의 바탕색을 설정할 수 있고, 새 줄 옆에 있는 색은 글자색을 설정할 수 있는 부분입니다.

07 오브젝트에서 글 떼기: 오브젝트 위에 말풍선으로 글을 붙여놨던 것을 떼고 다른 글을 붙일 수 있습니다. 오브젝트에 글 붙이기 블록과 글 떼기 블록을 이용해 대화를 만들 수도 있습니다.

08 문자열 만들기: 문자열을 여러 개 묶어 출력할 수 있습니다. 버튼을 눌러 항목을 오른쪽에 끌어다 놓으면 항목을 추가할 수 있습니다.

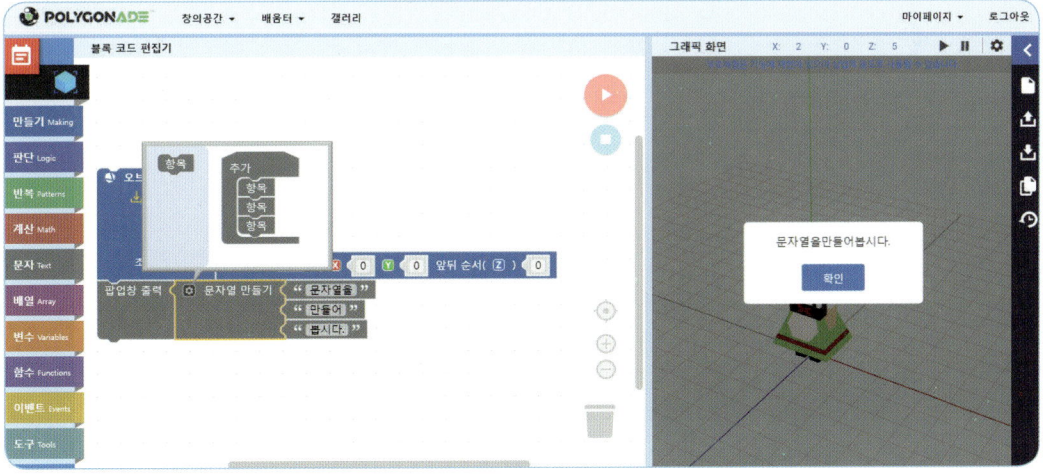

09 문자 개수 세기: 오른쪽에 있는 문자열의 개수를 세어 콘솔창이나 팝업창, 말풍선으로 출력할 수 있습니다.

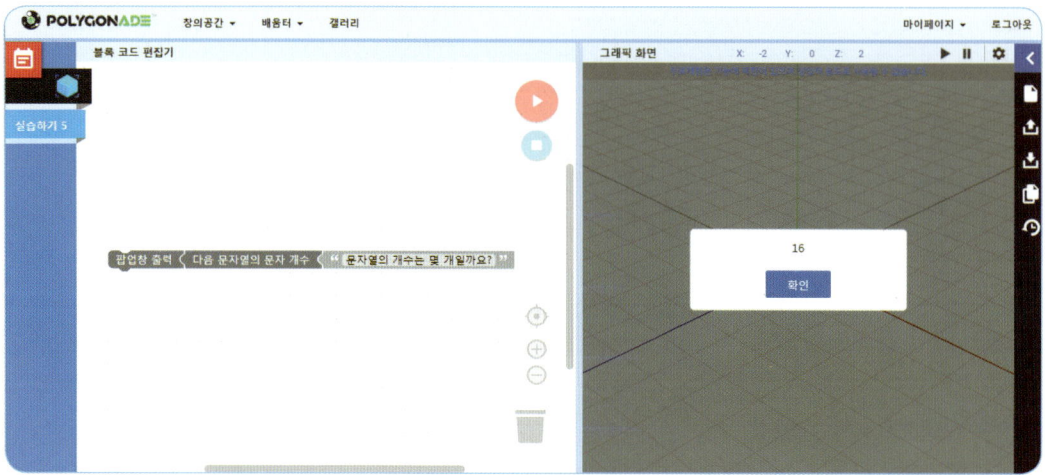

생각해보기

첫째 아기돼지는 농부에게 볏짚을 얻어 집을 설렁설렁 엮어지었습니다. 둘째 아기 돼지는 나무를 주어 얼렁뚱땅 집을 지었지요. 셋째 아기 돼지는 튼튼한 벽돌로 집을 지었습니다. 아기 돼지들이 앞에 놓인 재료를 가져갈 수 있도록 움직여봅시다.

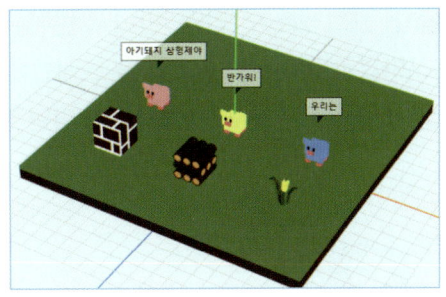

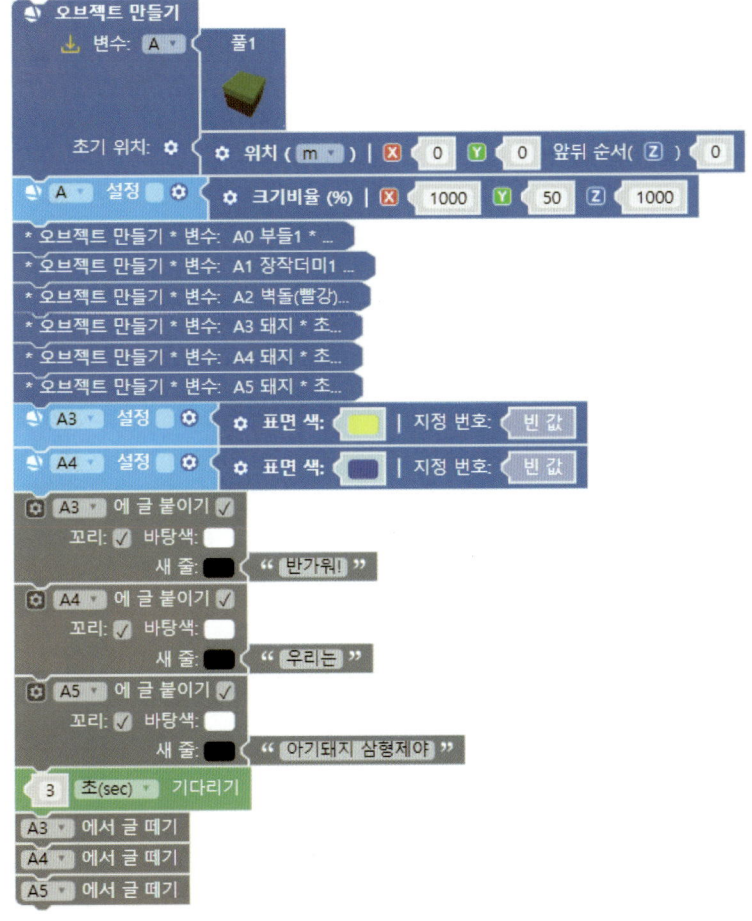

 위 프로젝트는 폴리곤에이드 사이트의 갤러리 또는 https://www.polyade.com/Gallery/Content/3822에서 확인할 수 있습니다.

CHAPTER 02 문자로 표현하기 53

남자1 오브젝트가 "안녕, 만나서 반가워"라는 문자를 말풍선으로 표현하고, X축으로 5m만큼 이동하려고 블록들을 조립했습니다. 블록들을 조립하고 실행 버튼을 눌렀는데 말풍선이 사라지지 않습니다. 어떤 블록을 추가해야 할까요?

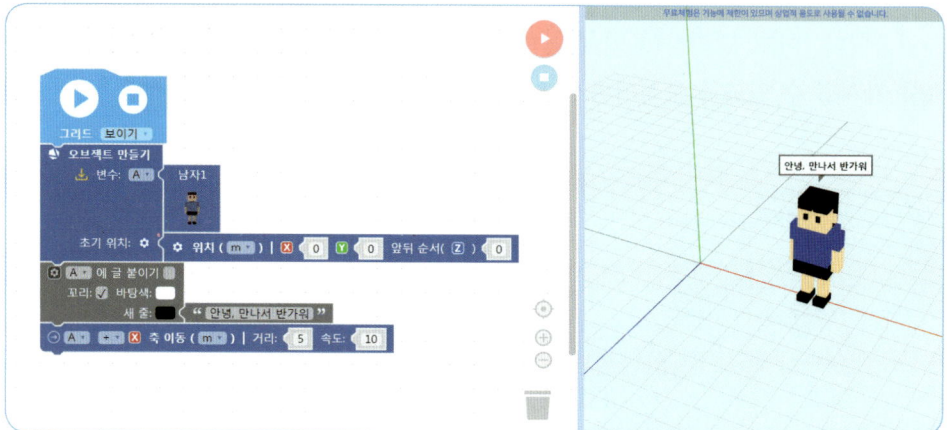

CHAPTER 03 O, X 퀴즈 맞추기 [판단]

판단 툴박스에 있는 블록들을 활용하여 교과서에 나오는 문제를 만들어 봅시다. 3장에서 배운 문자 블록과 판단 블록들을 조립하여 O, X 퀴즈를 만들어볼까요?

사용할 블록

만약 [ ] 이/가 '참'이면

만약 [ ] 이/가 '참'이면
아니면

[ ] = [ ]

[ ] 그리고 [ ]

[ ] 이/가 아님

참 ▼

빈 값

다음 조건을 확인
'참'이면 돌려줌
'거짓'이면 돌려줌

1 판단 블록으로 O, X 퀴즈 만들기

01 이번 챕터에서는 판단 툴박스에 있는 블록들을 활용해 볼까요? 문자 블록들과 판단 블록들을 조립하여 퀴즈를 만들어 봅시다. 먼저, 캐릭터 오브젝트를 만들어봅시다.

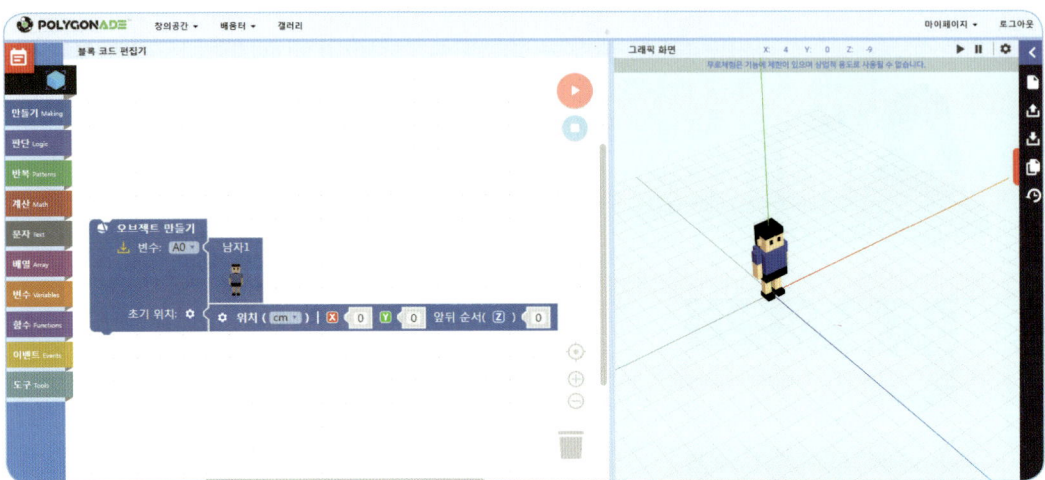

02 간단한 덧셈 문제를 만들어 볼까요? 문자 블록에 있는 오브젝트에 글 붙이기 블록을 이용하여 캐릭터가 5+3은 무엇인지 물어볼 수 있도록 합니다.

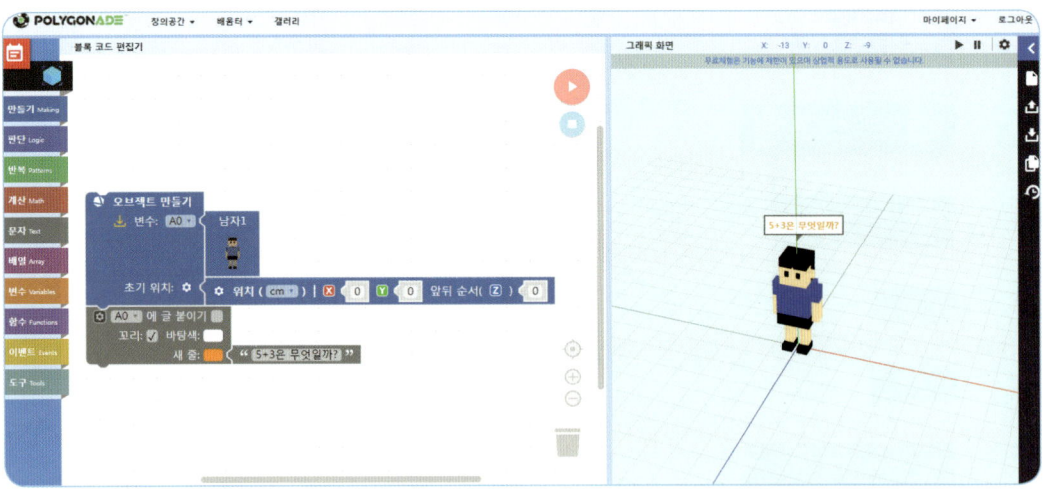

03 문자 블록 중 콘솔 출력 블록을 조립하고 그 옆에 텍스트 입력하기 블록을 붙여줍니다. 이제 실행 버튼을 누르면 그래픽 화면에 정답을 입력할 수 있는 박스가 생깁니다.

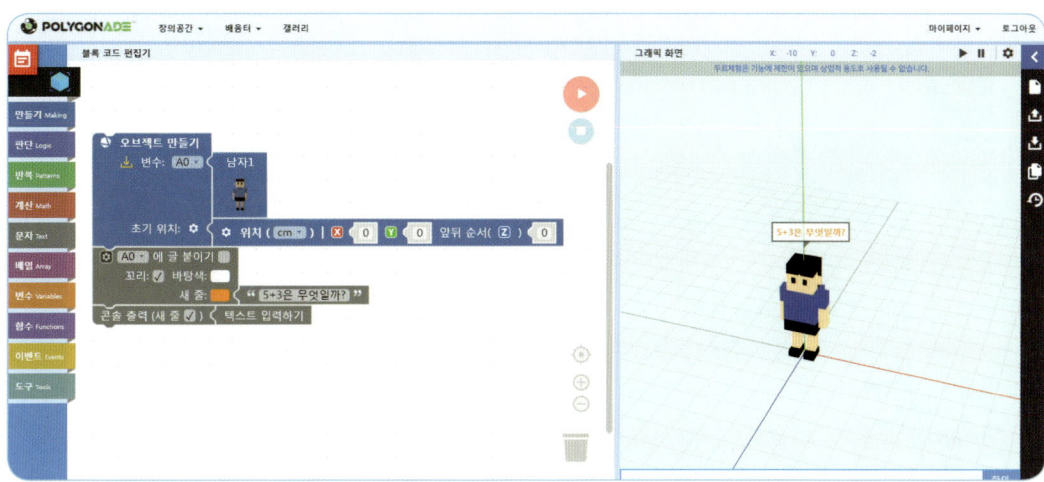

04 정답을 입력하면 캐릭터가 정답과 오답을 표현할 수 있도록 합니다. 먼저, 판단 블록에서 조건문 블록을 가져와서 콘솔 출력 블록 밑에 조립합니다.

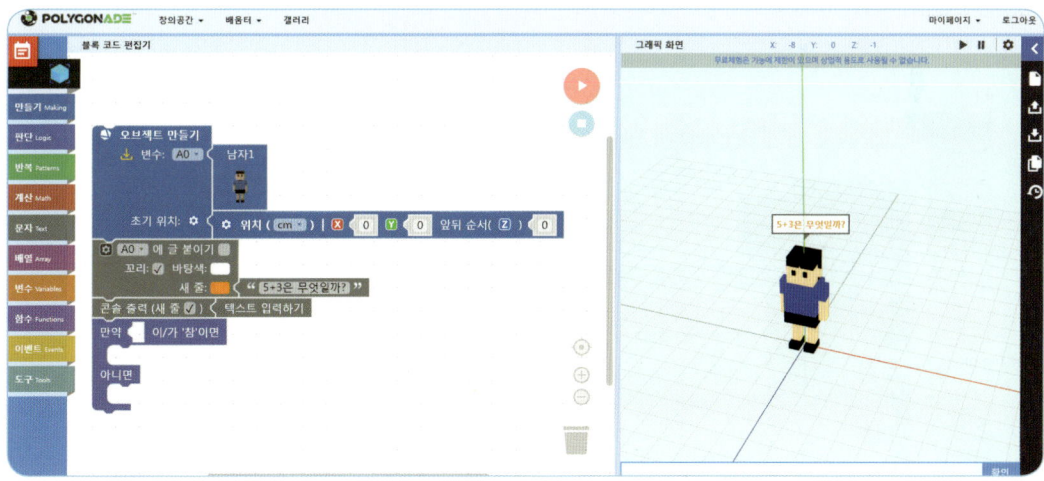

05 숫자의 값을 비교해주는 연산자인 관계연산자 ⟨ = ⟩ 블록을 조건문인 만약 ⟨ ⟩이/가 '참'이면 블록 안에 넣어줍니다.

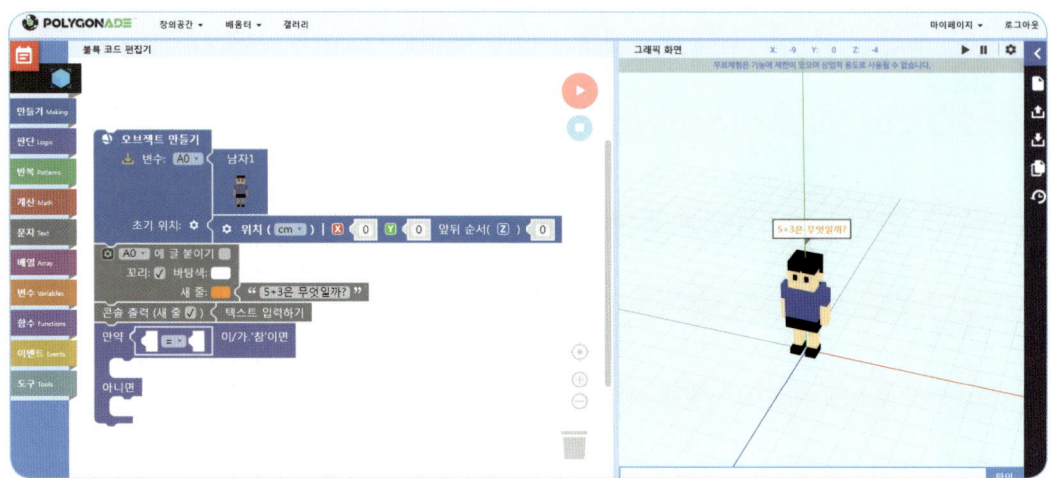

06 이제 친구들이 콘솔 창에 입력한 값과 정답을 비교해야 합니다. 콘솔 창에 입력한 값은 텍스트 입력하기 블록에 저장됩니다. ⟨ = ⟩ 의 앞의 빈 칸에는 텍스트 입력하기, 뒤의 빈 칸에는 정답인 8을 넣어줍니다.

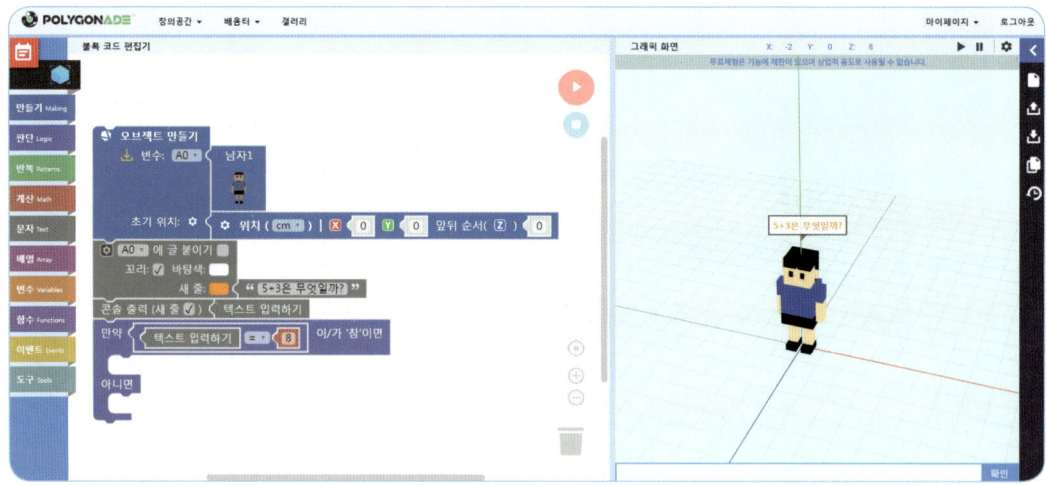

07 친구가 입력한 값이 정답일 때와 오답일 때를 팝업창으로 출력할 수 있습니다. 만약 ◯ 이/가 '참'이면 의 첫 번째 빈 칸에는 정답일 때 출력할 텍스트 내용을, 두 번째 빈 칸에는 오답일 때 출력할 텍스트 내용을 입력합니다.

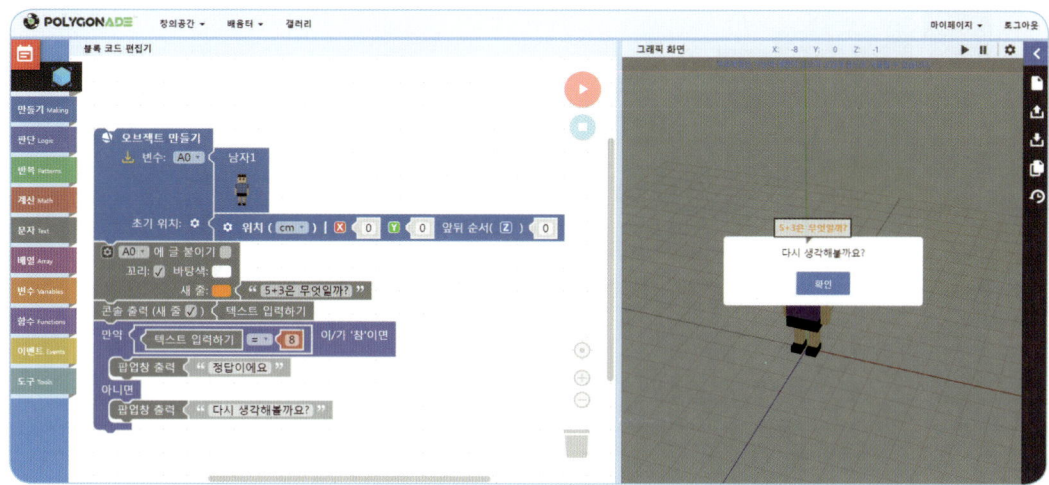

08 한번 틀린 문제를 다시 한 번 풀어보려면 어떻게 해야 할까요? 반복 블록을 이용하면, 문제를 틀려도 다시 도전할 수 있습니다. 반복 툴박스에서 무한 반복하기 블록을 넣어볼까요?

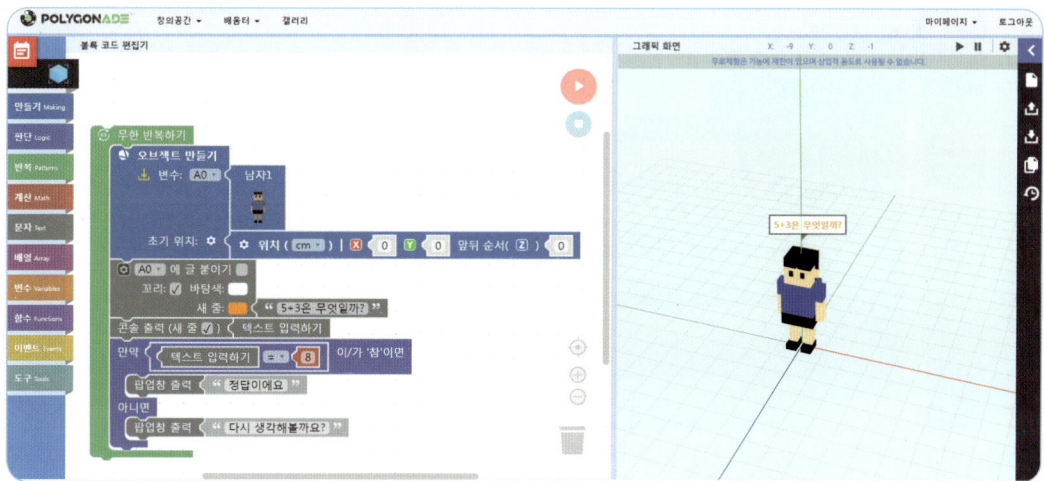

09 문제를 맞히면 캐릭터를 앞으로 움직여 봅시다. 먼저 만들기 블록 `A▼ + ▼ Z 축 이동 ( m ▼ ) | 거리: 1 속도: 1` 를 가져와 팝업창 출력 밑에 조립합니다.

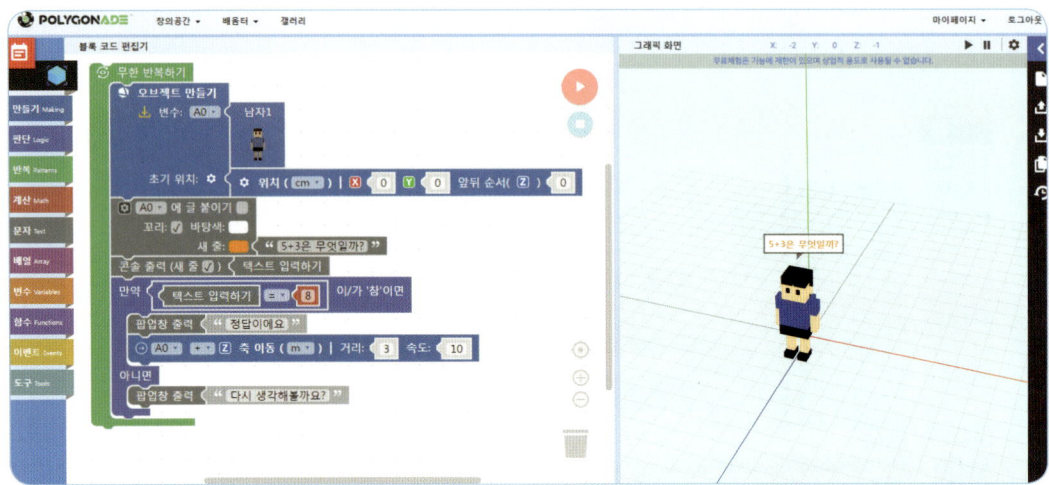

10 이번에는 문제를 틀리면 캐릭터를 뒤로 움직여 볼까요? 만들기 `A▼ + ▼ Z 축 이동 ( m ▼ ) | 거리: 1 속도: 1` 블록을 가져와 팝업창 출력 "다시 생각해볼까요?" 밑에 조립합니다.

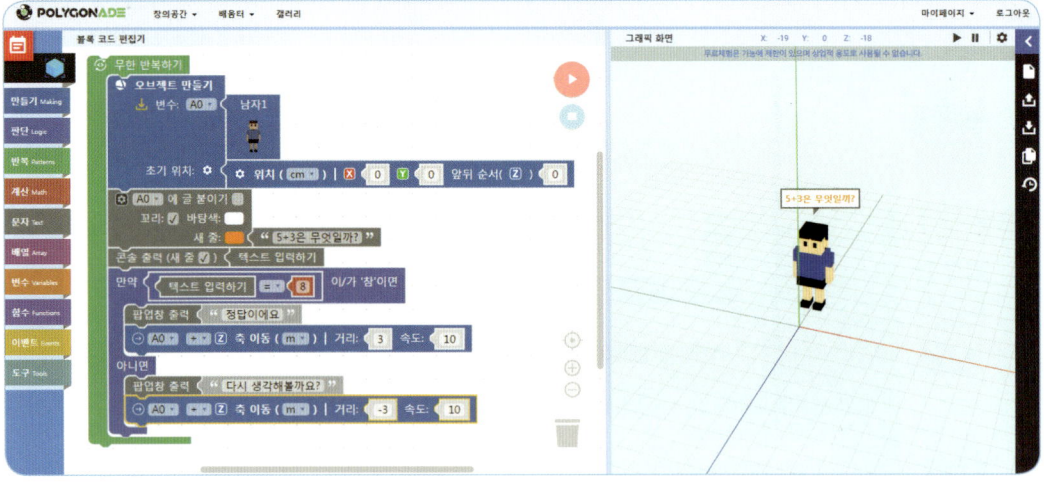

11 이번에는 크로니카 오브젝트가 차례대로 질문 상자로 움직여 O, X퀴즈를 풀도록 해 봅시다. 먼저 크로니카 오브젝트와 질문 상자 오브젝트를 만듭니다.

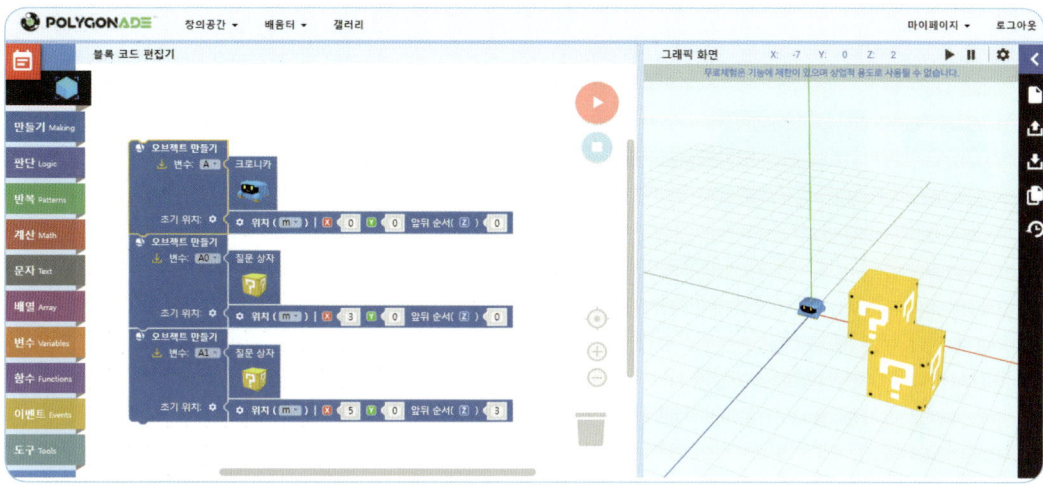

12 블록을 이용해 크로니카와 질문 상자 오브젝트의 크기를 바꾸어줍니다. 크로니카는 더 크게, 질문 상자는 작게 바꿉니다.

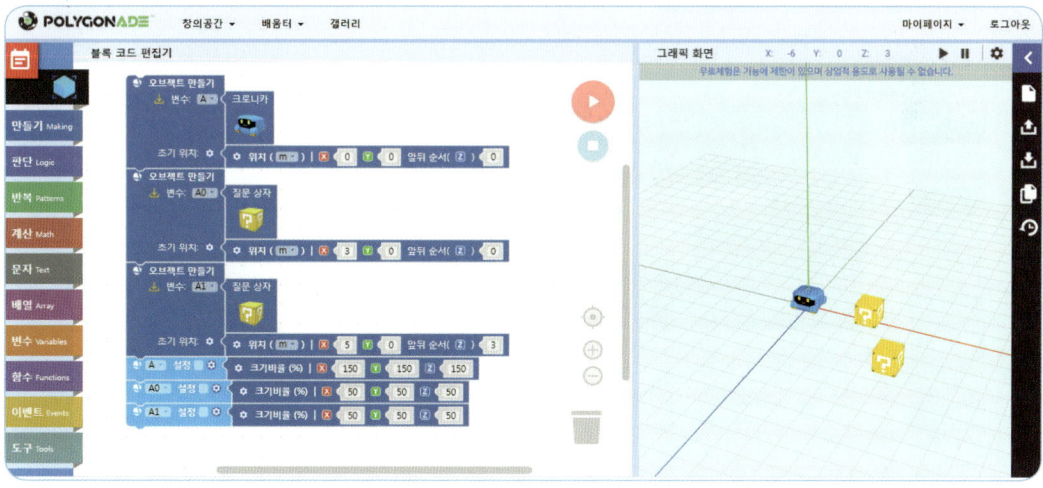

CHAPTER 03 O, X 퀴즈 맞추기   61

13 시멘트2 오브젝트와 ![설정 크기비율(%) X 100 Y 100 Z 100] 블록으로 크로니카가 움직이는 바닥을 만들어 줍니다. 시멘트2의 오브젝트 높이(Y축) 비율을 조절해 오브젝트들이 잘 보이도록 합니다.

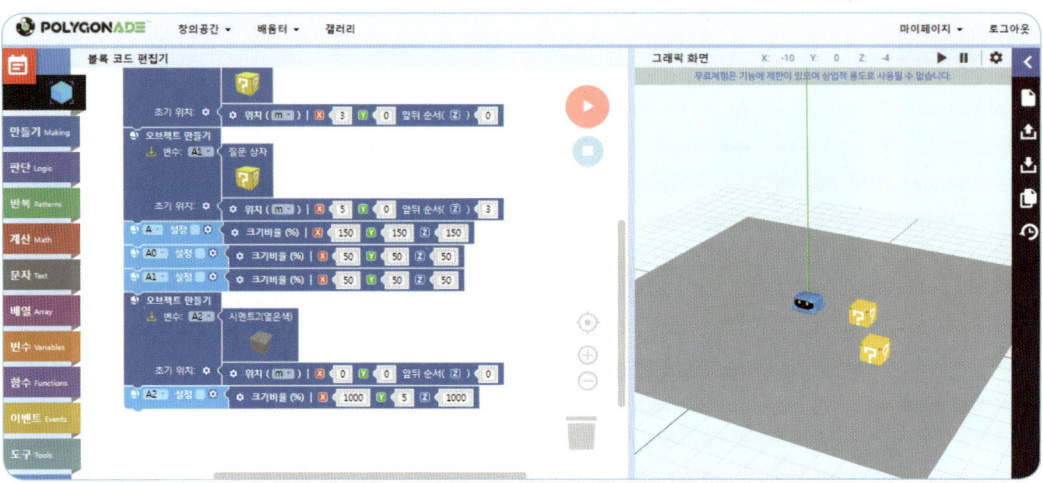

14 시작 버튼을 누르면 크로니카가 첫 번째 질문 상자로 이동할 수 있도록 ![2D 이동 | 위치 (m): X 1 Y 1 속도 1] 블록 안에 질문 상자 오브젝트의 좌표 위치를 입력합니다.

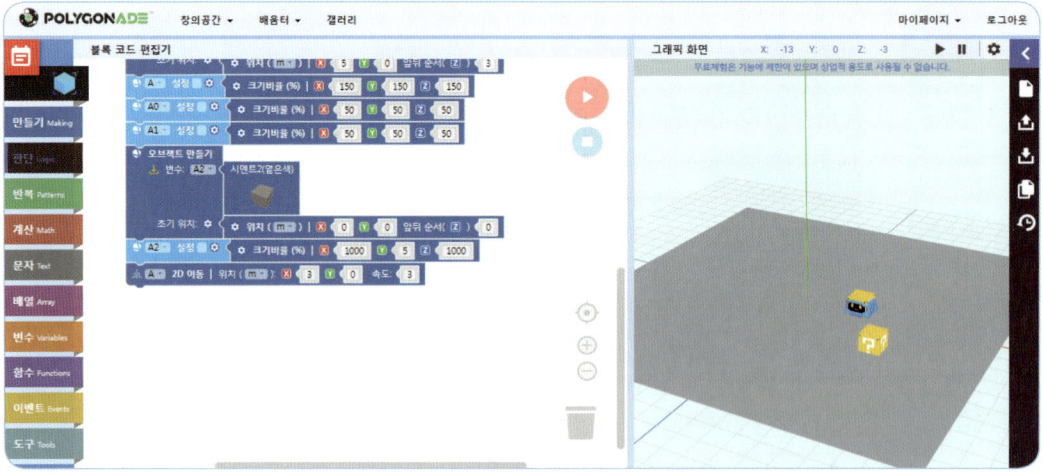

15 크로니카가 질문 상자가 있는 좌표로 가면, 질문 상자 오브젝트에 문제가 말풍선으로 나타나도록 문자 툴박스에 있는 ⚙️ A ▾ 에 글 붙이기 을 사용합니다.

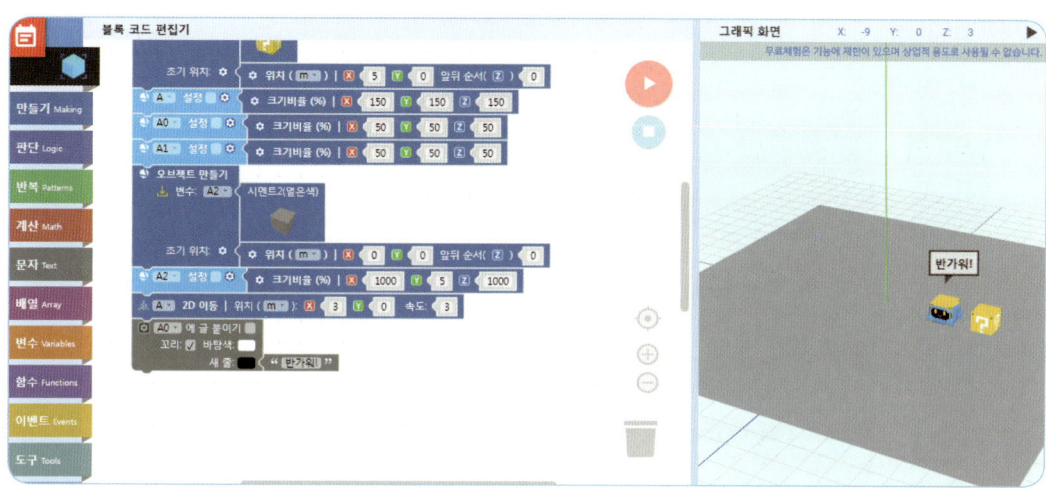

16 1 초(sec) ▾ 기다리기 블록과 ⚙️ A ▾ 에 글 붙이기 블록을 이용해 질문 상자가 문제를 말할 수 있도록 합니다.

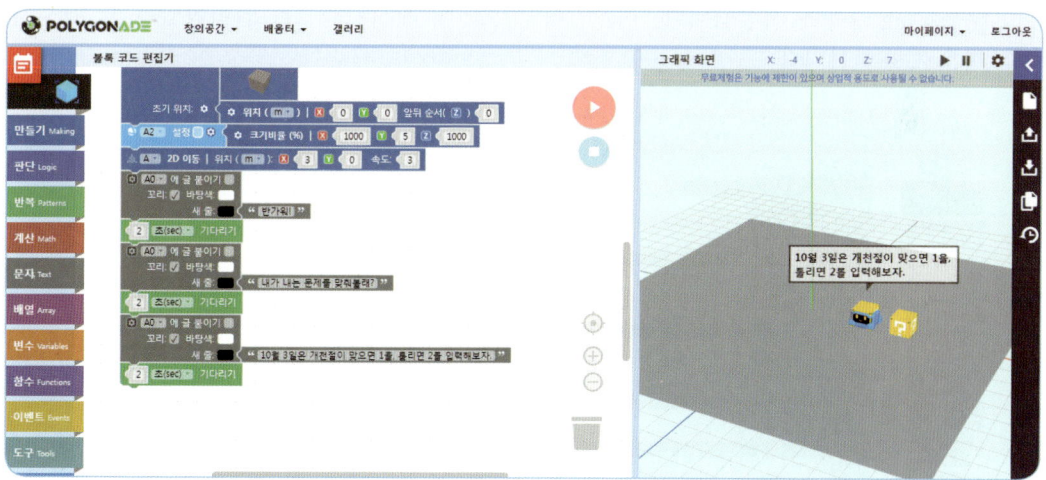

CHAPTER 03 O, X 퀴즈 맞추기 63

17 정답을 입력할 수 있도록 `콘솔 출력(새 줄 ☑)` `" "` 블록을 `1 초(sec) 기다리기` 블록 밑에 붙입니다. 이제 질문 상자가 문제를 낸 후, 그래픽 창에 정답을 입력할 수 있는 네모박스가 나타납니다.

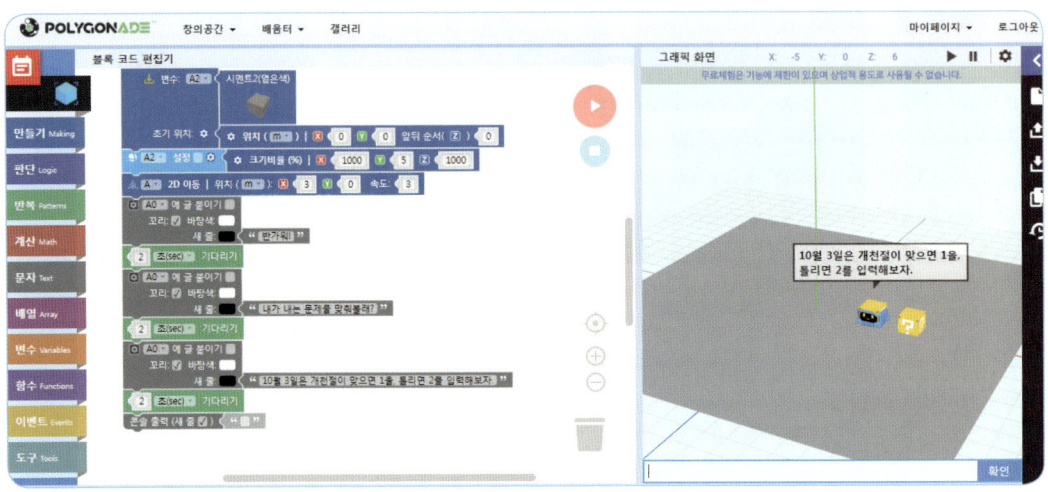

18 `텍스트 입력하기` 블록을 `만약 이/가 '참'이면` 블록 안에 넣습니다. 입력한 값은 `텍스트 입력하기` 블록에 저장됩니다. 1을 입력받았을 때 메시지와 2를 입력받았을 때 메시지를 블록으로 표현합니다.

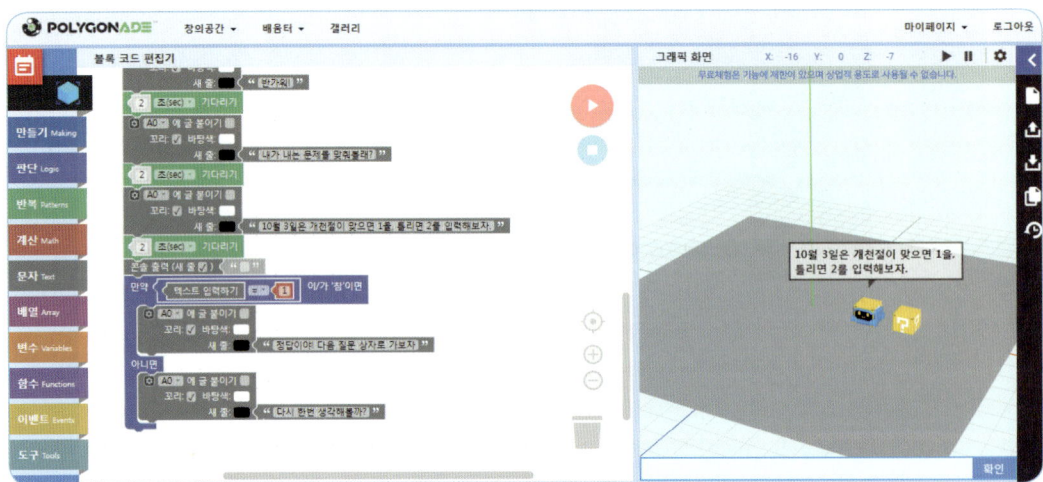

19 1을 입력 받으면 이제 크로니카를 다음 질문 상자가 있는 좌표로 움직일 수 있도록 합니다. `A▼ 2D 이동 | 위치 (m▼): X 1 Y 1 속도: 1` 블록을 1을 입력받았을 때 문자열 밑에 붙여줍니다.

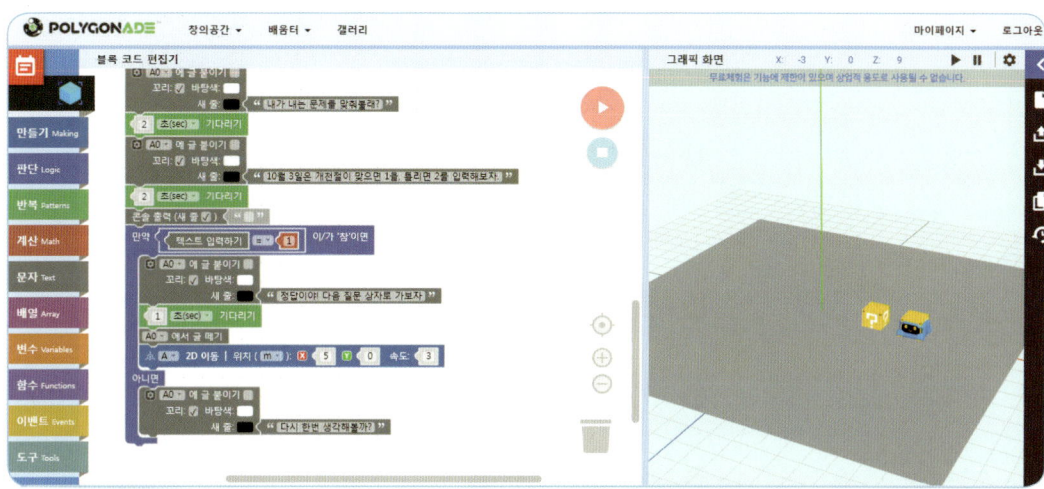

20 2를 입력 받으면 다시 한 번 정답을 입력할 수 있도록 합니다. 텍스트를 입력할 수 있는 `콘솔 출력 (새 줄 ✓)` 블록을 2를 입력받았을 때 문자열 밑에 붙여줍니다.

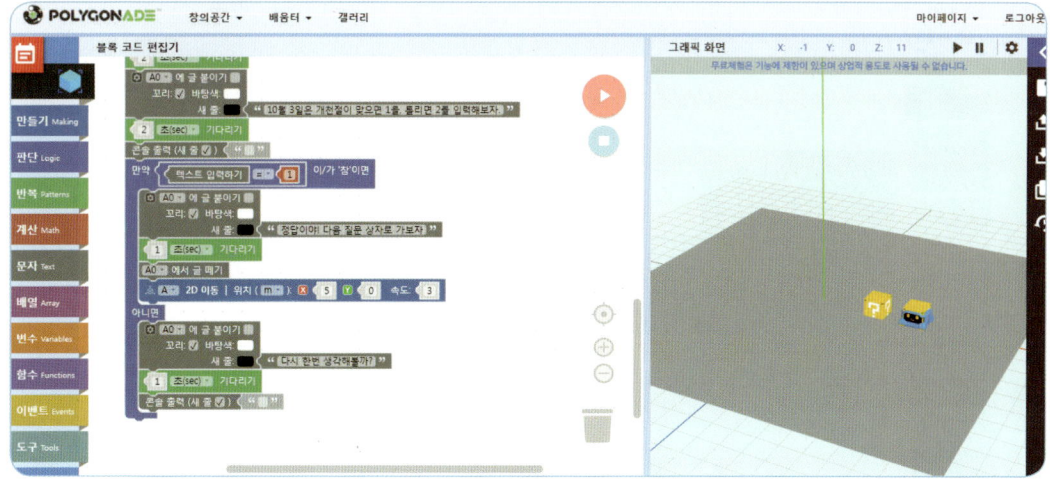

2 판단 블록의 활용법

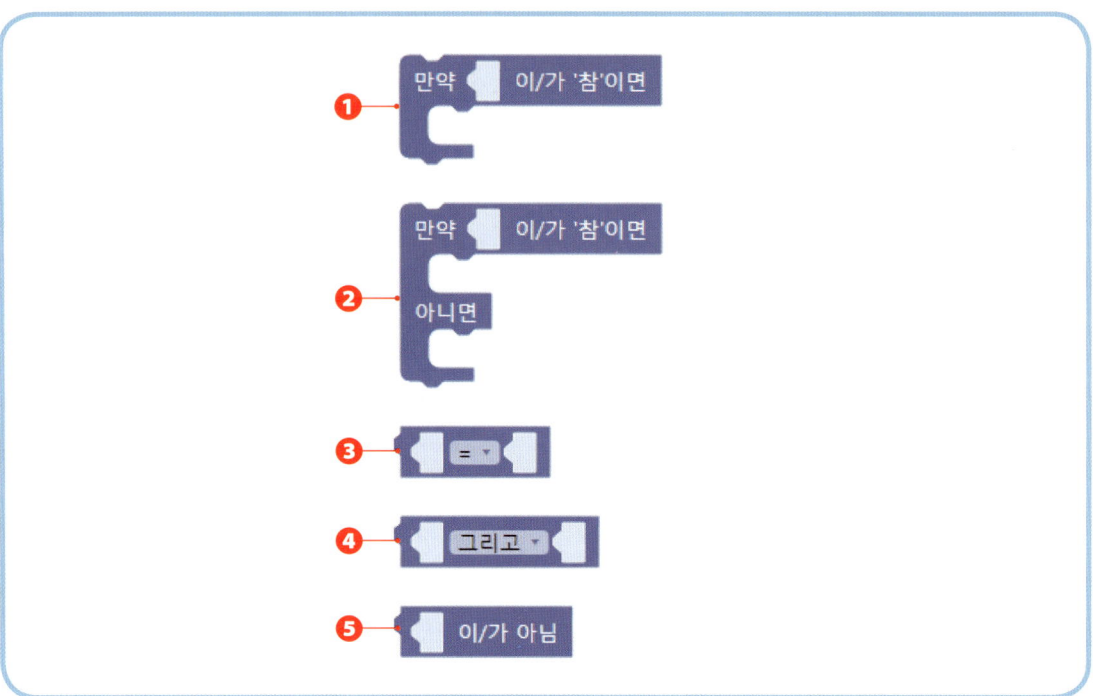

01 **조건문**: 만약에 주어진 조건이 '참'이라면 실행하고 '거짓'이라면 실행하지 않습니다.

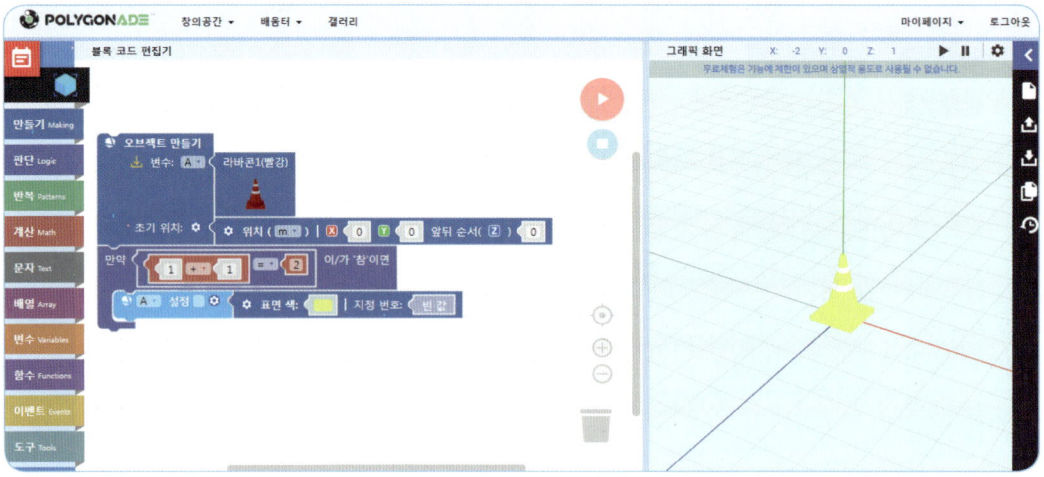

02 **조건문 "아니면"**: 만약에 주어진 조건이 '참'이라면 실행하고 '거짓'이라면 아니면 밑에 있는 블록을 실행합니다. 만들기 툴박스에 있는 위치 블록과 관계 연산자 블록을 조립하여 다음과 같이 조건문을 활용할 수 있습니다.

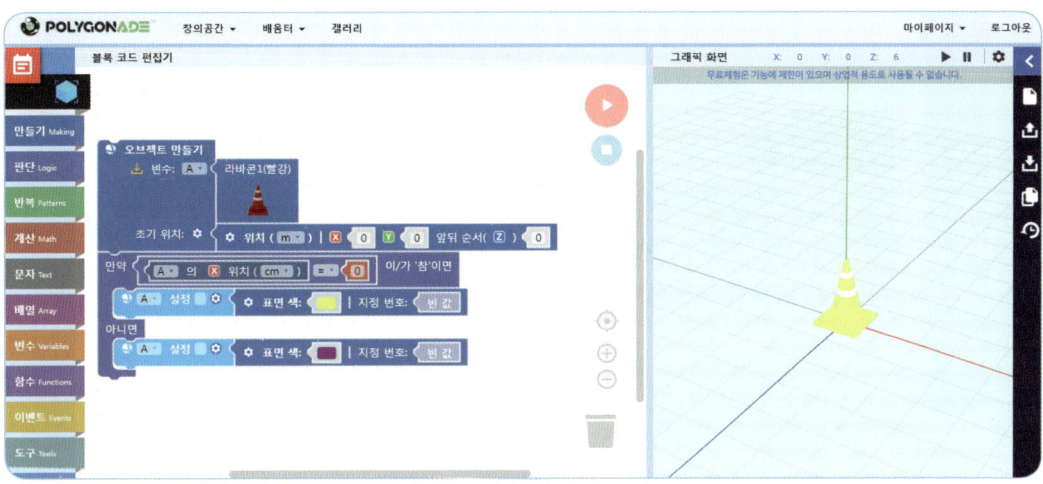

03 **관계 연산자**: 앞의 값과 뒤의 값을 비교해주는 연산자입니다. 숫자와 변수가 들어갈 수 있습니다. 계산 툴박스에 있는 숫자 블록과 조건문, 관계 연산자 블록을 결합하여 아래와 같이 블록을 사용할 수 있습니다.

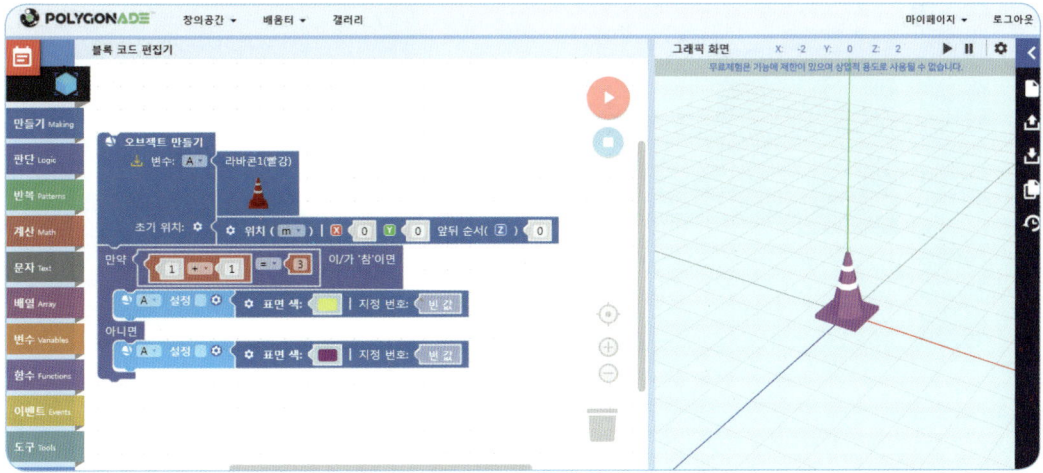

04 논리 연산자: 앞의 값과 뒤의 값을 비교해주는 연산자입니다. '그리고'는 앞의 값과 뒤의 값이 모두 해당되고, '또는'의 경우 앞의 값 혹은 뒤의 값 일부분만 해당되어도 참이 됩니다.

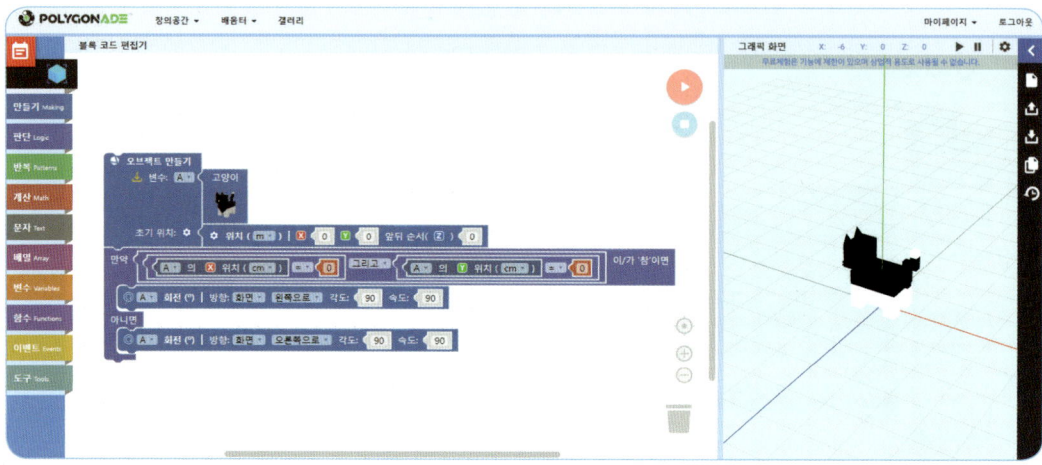

05 ~가 아니다: 부정의 상태를 표현해줍니다. '참'이 아니라면 '거짓'을 출력하고, '거짓'이 아니라면 '참'을 출력해줍니다.

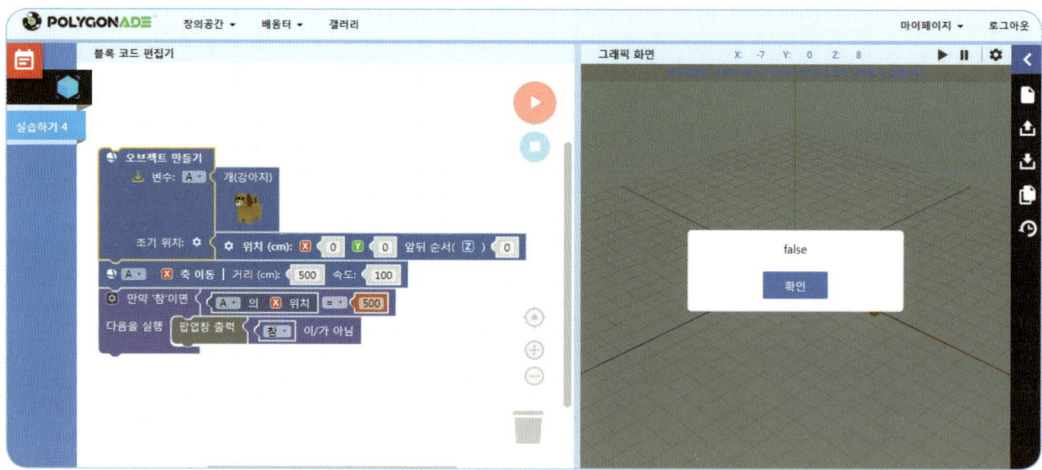

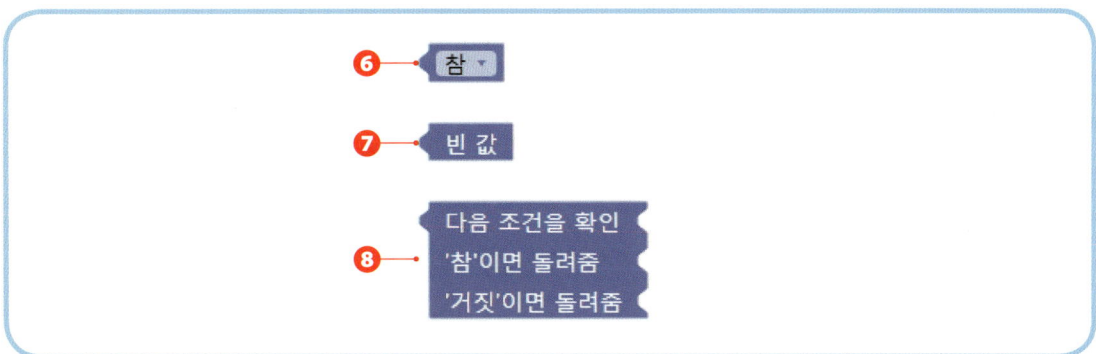

06 참-거짓: '참' 혹은 '거짓'의 값을 나타내줍니다. '참'에는 1의 값이 들어가고, '거짓'에는 0의 값이 들어갑니다.

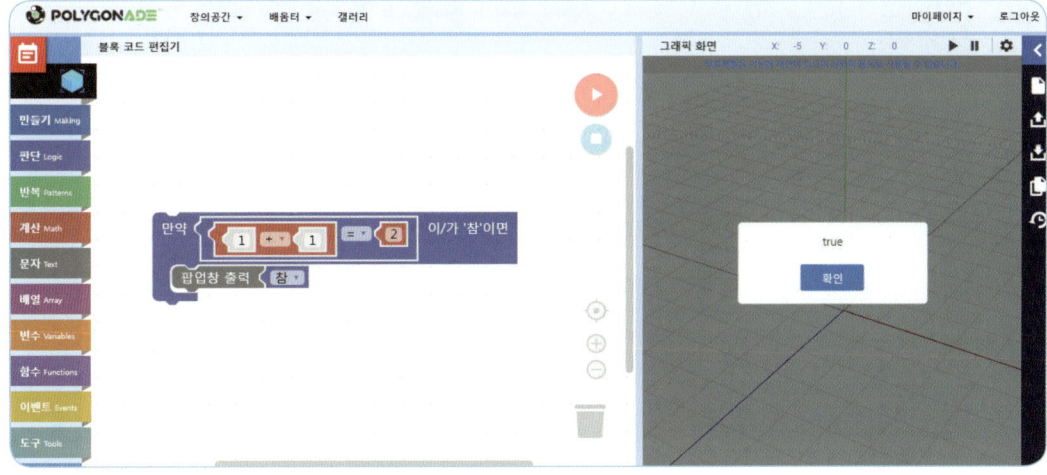

07 빈 값: 아무것도 들어있지 않은 상태를 뜻합니다.

08 삼항연산자: 조건식을 만들어 '참'일 경우와 '거짓'일 경우를 비교한 다음 출력합니다.

 **생각해보기**

캐릭터가 정답을 맞힐 때마다, 오브젝트를 추가해 상품을 줄 수 있습니다. 나만의 캐릭터를 만들고, 문제를 맞힐 때마다 캐릭터 앞에 상품이 쌓이도록 블록을 조립해 봅시다.

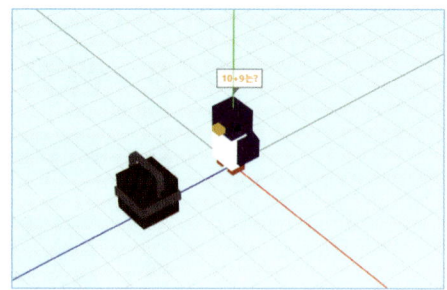

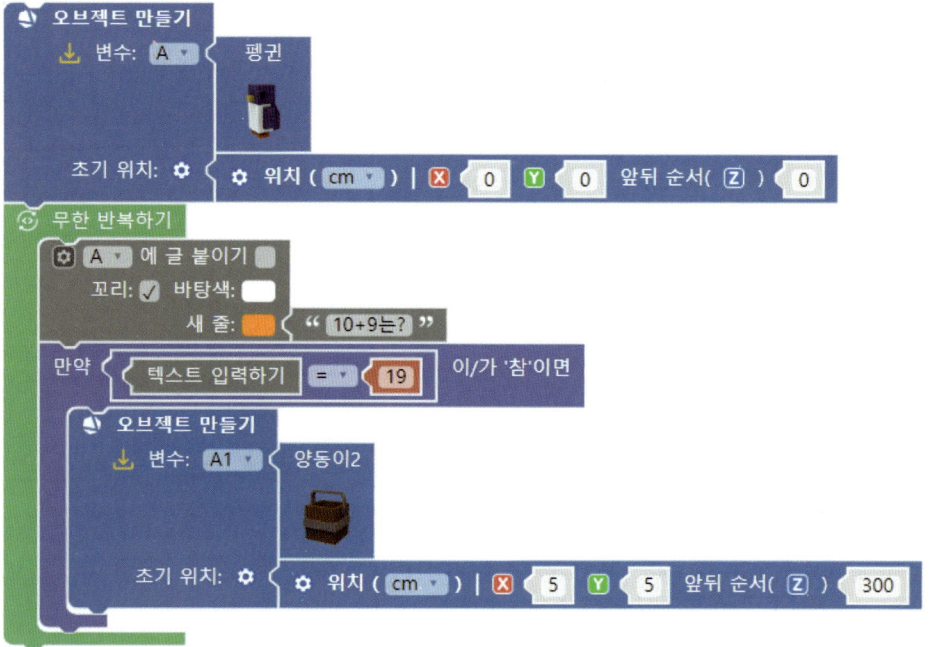

 위 프로젝트는 폴리곤에이드 사이트의 갤러리 또는 https://www.polyade.com/Gallery/Content/3823에서 확인할 수 있습니다.

 과 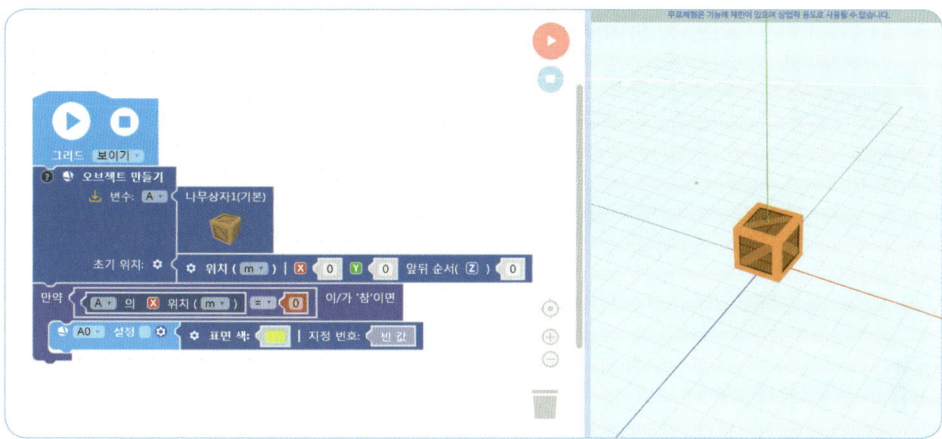 을 조립해서 상자 오브젝트의 표면색을 바꾸려고 합니다. 다음과 같이 블록을 조립했는데, 상자 오브젝트의 표면색이 바뀌지 않습니다. 무엇이 잘못 되었을까요?

CHAPTER

04 미로 만들기 반복

반복 툴박스에 있는 블록들을 활용하여 미로 안을 반복해서 움직이는 장애물을 만들어 봅시다. 기다리기, 동시실행 블록 등을 이용해서 다양한 장애물을 설치해볼까요?

사용할 블록

무한 반복하기

10 회 반복하기

1 초(sec) 기다리기

코드 묶음 나의 코드

다음 블록과 동시 실행

반복 중단

1 반복 블록으로 장애물이 움직이는 미로 만들기

01 이번 챕터에서는 미로 안에서 움직이는 다양한 장애물을 만들어 봅시다. 먼저 무한반복 블록을 이용해 제자리에서 계속 회전하는 장애물을 만들어 볼까요? 화면 한 가운데 별 오브젝트를 만듭니다.

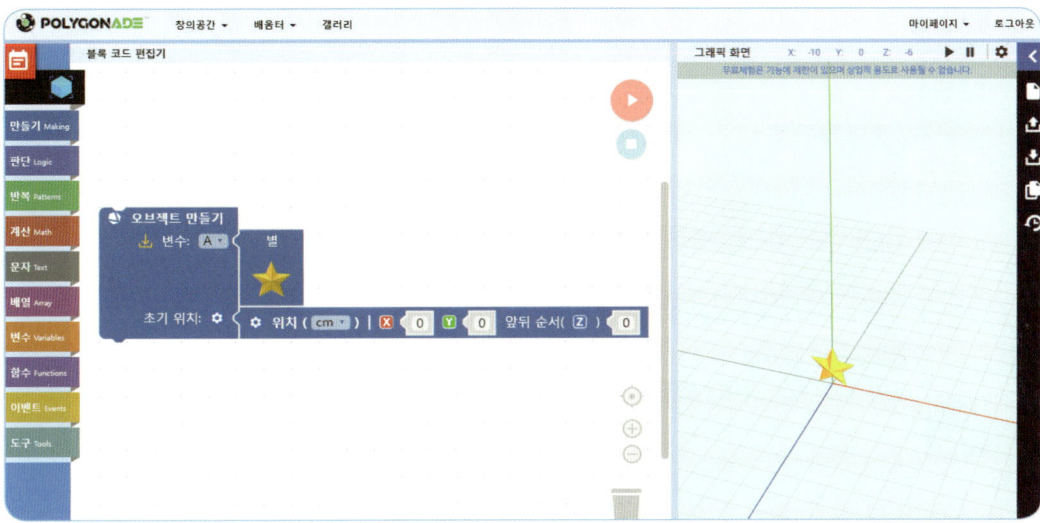

02 별 오브젝트가 계속 회전할 수 있도록 무한 반복하기 블록과 회전블록을 가져옵니다. 무한 반복하기 블록은 반복 툴박스에, 회전 블록은 만들기 툴박스에 있습니다.

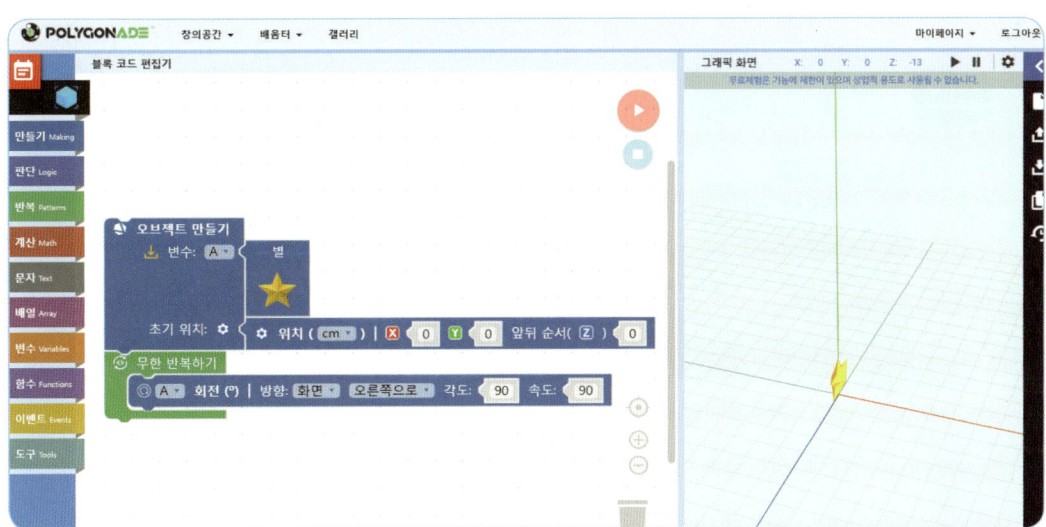

CHAPTER 04 미로 만들기

03 오브젝트가 제자리에서 3번 회전하고 메시지를 띄우려면 어떻게 해야 할까요? 앞에서 배운 문자 블록과 무한 반복 블록을 조립해 봅시다.

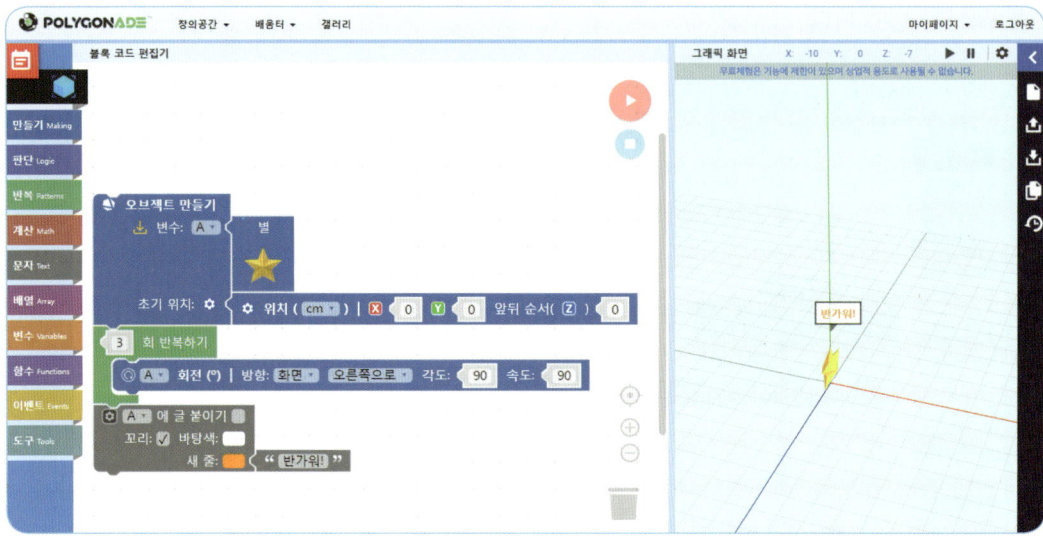

04 이번에는 지도 위를 반복해서 움직이는 오브젝트를 만들어 볼까요? 폴리곤에이드에서는 `A 3D 이동 위치 m X 1 Y 1 Z 1 속도 1` 블록을 이용해 오브젝트를 X, Y, Z축으로 자유롭게 움직일 수 있습니다.

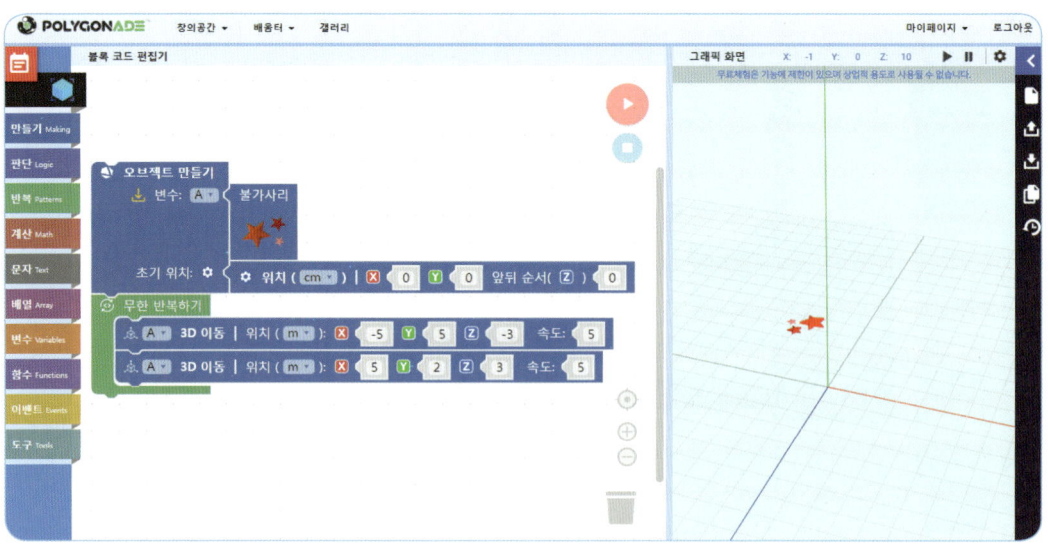

74 PART II 폴리곤에이드 학습하기

05 여러 개의 컨테이너 상자들이 그리드 위를 차례대로 반복해서 움직이며 장애물 역할을 합니다. 먼저 오브젝트 매니저에서 컨테이너 오브젝트를 꺼내옵니다.

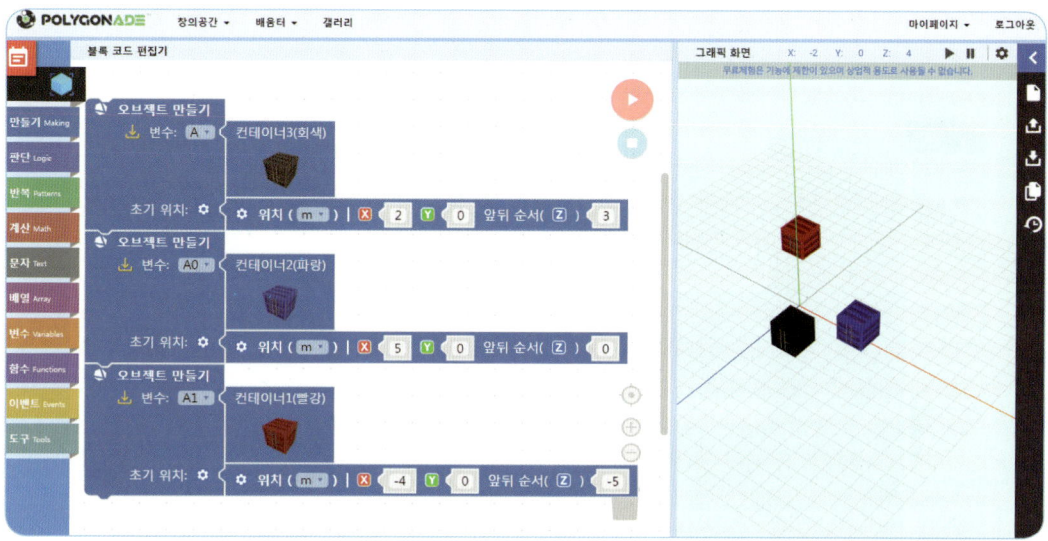

06 무한 반복하기 블록 안에 컨테이너 상자별로 움직일 위치를 적은 만들기 블록을 넣어줍니다. 무한 반복하기 블록 안에 넣은 순서대로 컨테이너들이 차례대로 움직이는 것을 볼 수 있습니다.

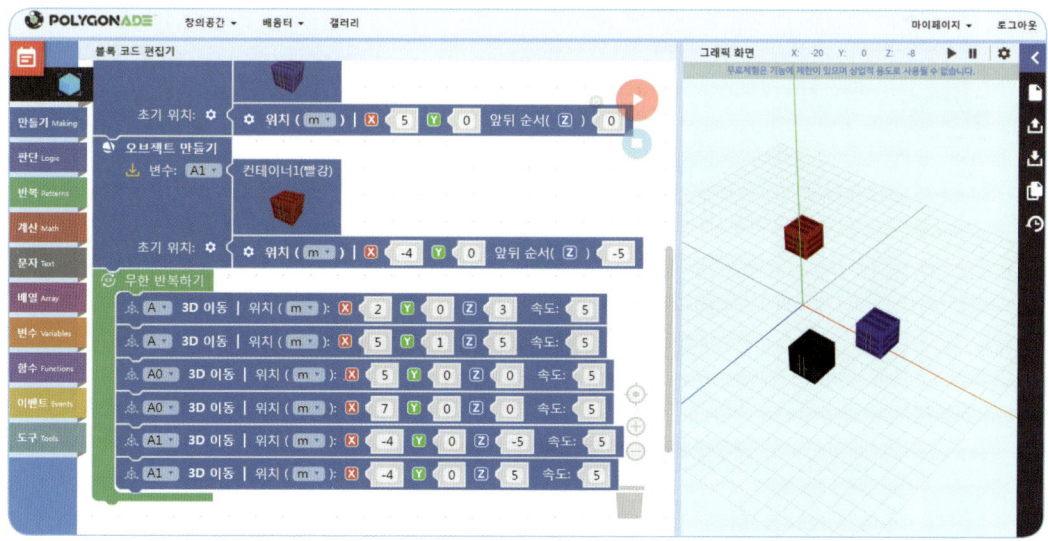

CHAPTER 04 미로 만들기

07 앞에서는 여러 개의 오브젝트가 차례대로 움직였다면 이번에는 동시 실행 블록을 이용하여 여러 개의 오브젝트로 동시에 움직여볼까요? 먼저 여러 개의 오브젝트를 만들고 초기 위치를 입력합니다. 컨테이너 오브젝트를 색깔별로 구분해서 3개를 만들어 봅시다.

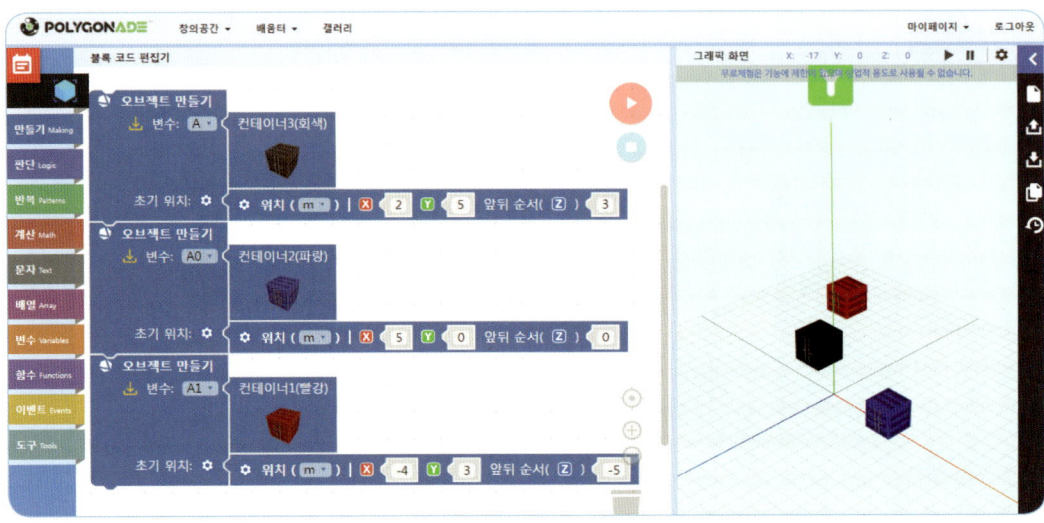

08 다음 블록과 동시 실행 블록을 조립해 봅시다. 오브젝트마다 이동해야 하는 위치를 3D 이동 | 위치 (m) X 1 Y 1 Z 1 속도: 1 안에 입력하고 반복 툴박스에 있는 다음 블록과 동시 실행 안에 넣어봅니다 이제 오브젝트들이 동시에 움직이는 걸 볼 수 있습니다.

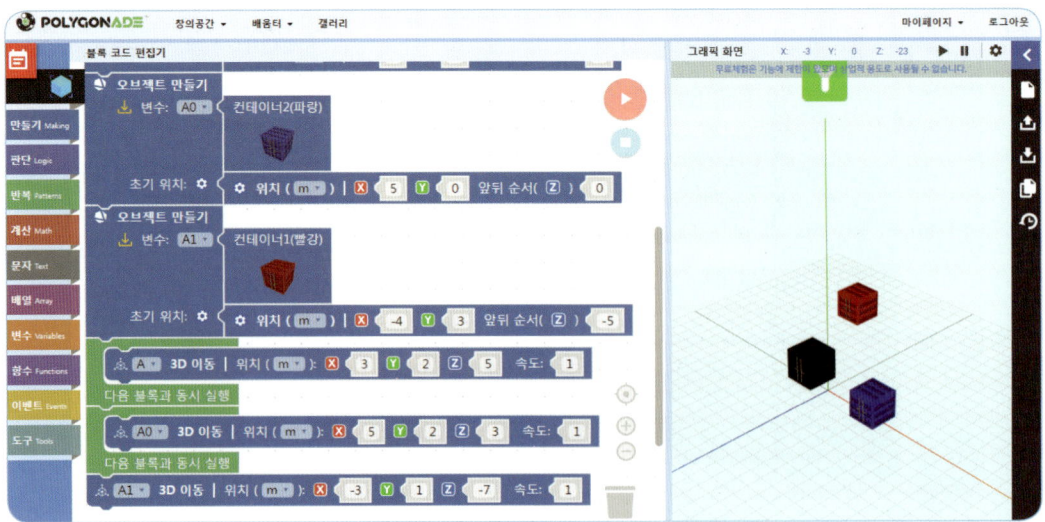

09 이번에는 원하는 조건에 도달하지 못하면 장애물이 멈출 수 있도록 만들어 봅시다. `반복 중단` 을 이용해 특정 조건을 만족시키면 반복되는 블록들을 모두 멈출 수 있습니다. 아래와 같이 블록들을 조립해 봅시다. 이제 크로니카가 X축으로 5m(5칸) 움직이면 반복을 중단합니다.

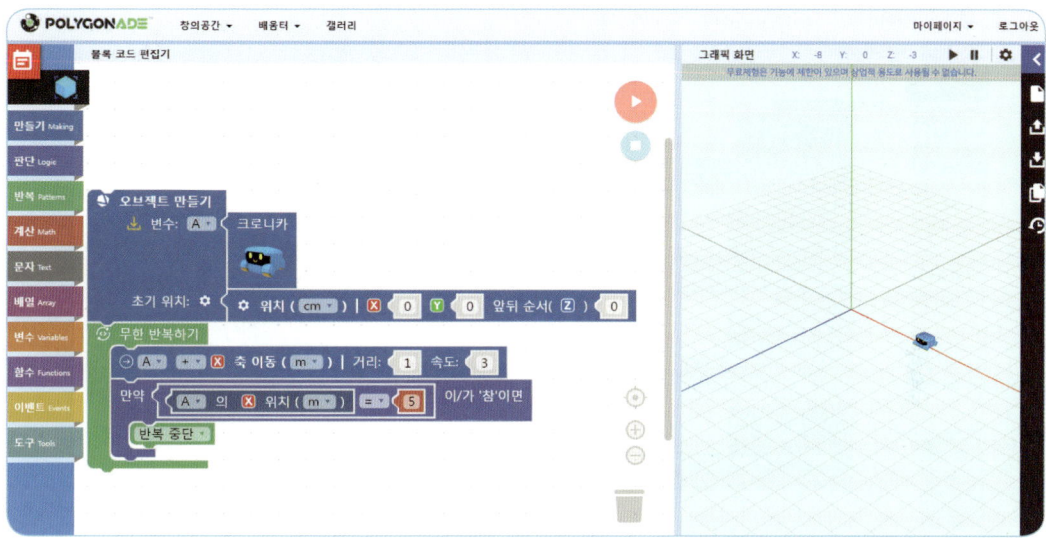

10 크로니카가 X축으로 5m(5칸) 움직이면 회색 컨테이너가 반복을 멈추는 블록 조립입니다. 크로니카가 이동해야 하는 거리를 바꾸면 장애물이 움직이는 시간을 조절할 수 있습니다.

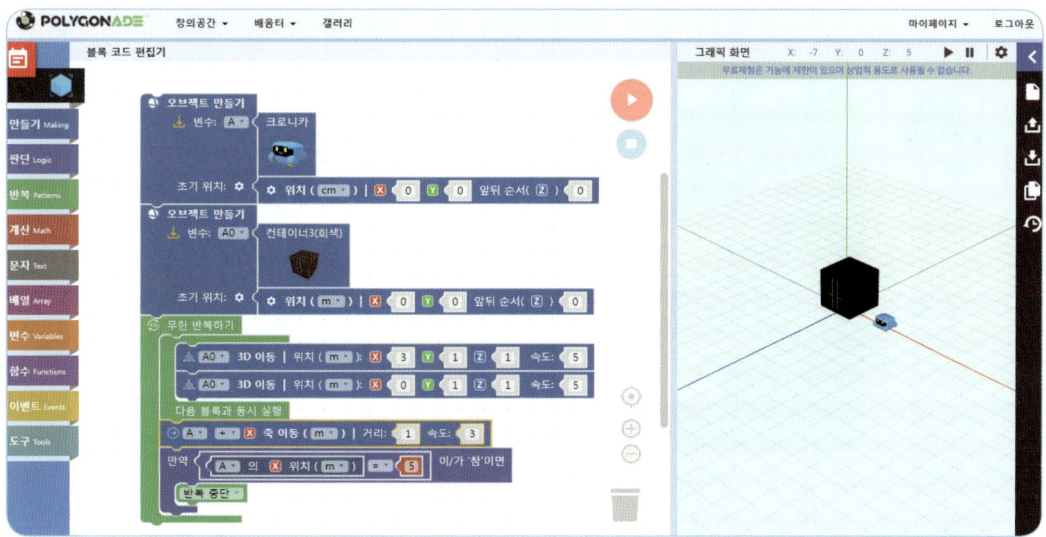

11 이번에는 미로를 만들고 미로 속을 반복해서 움직이는 장애물들을 만들어 봅시다. 먼저 필요한 오브젝트들을 툴박스에 있는 오브젝트 매니저에서 꺼내오고 블록으로 배경을 만들어 줍니다.

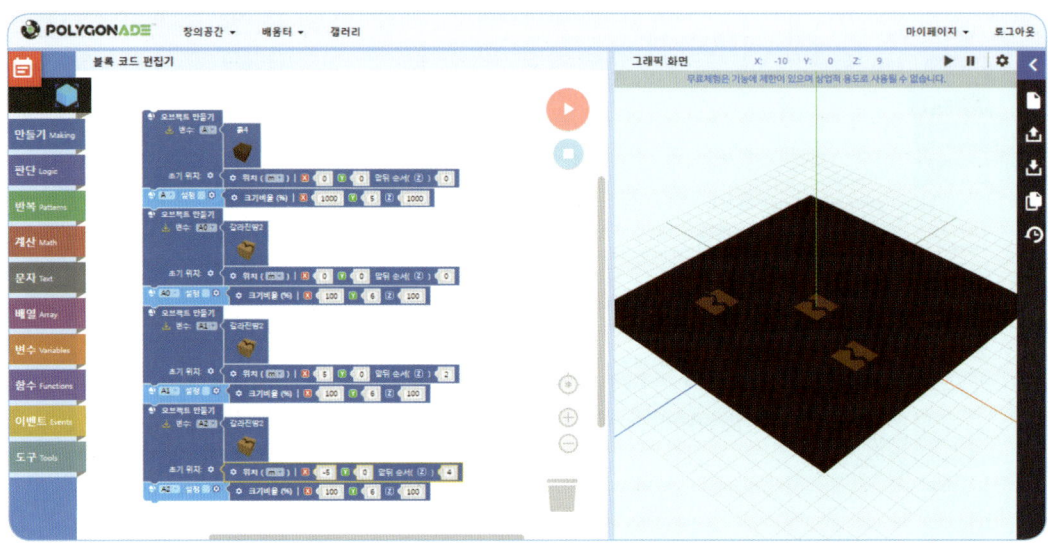

12 벽돌 오브젝트를 추가해줍니다. 블록에서 Y축 높이 비율을 조절해 미로의 벽을 만들어 줍니다. 오브젝트를 마우스로 움직이기 위해서는 블록 코드 편집기 오른쪽에 있는 정지 버튼을 눌러야 합니다.

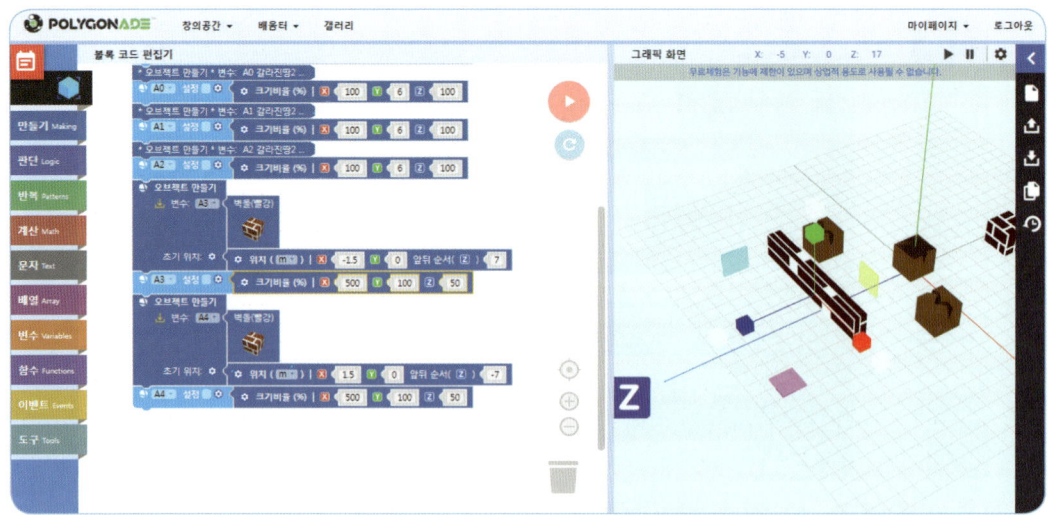

13 벽돌 오브젝트를 이용해 미로의 기본 구조를 완성했습니다. 오브젝트 만들기 블록을 많이 사용할 때에는, 오브젝트 이름(변수)이 겹치지 않도록 주의합니다.

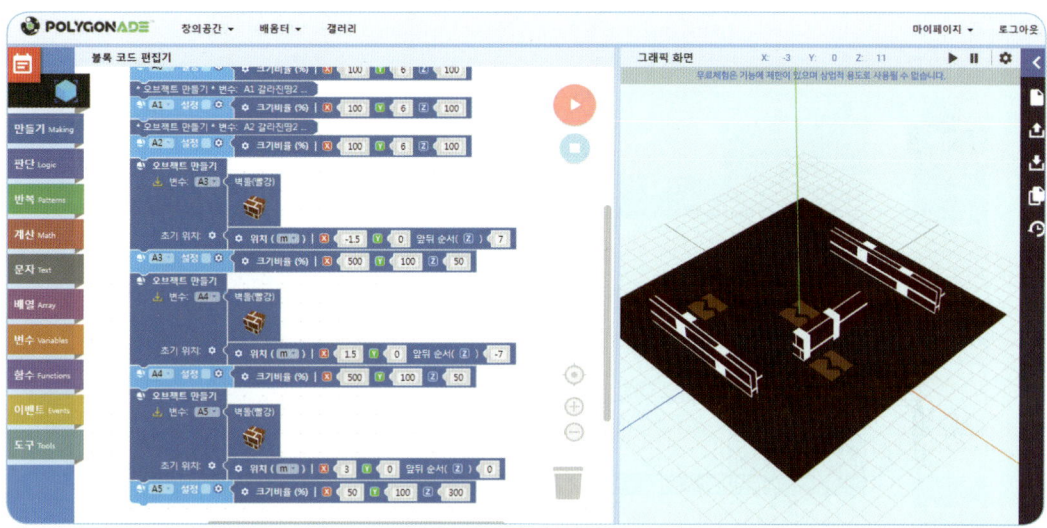

14 안전 지역 오브젝트를 2개 꺼내와 하나는 시작점, 하나는 도착점으로 만듭니다. 이때 안전 지역은 설정 표면 색: 지정 번호: 빈 값 블록을 이용해 색깔을 다르게 표시합니다.

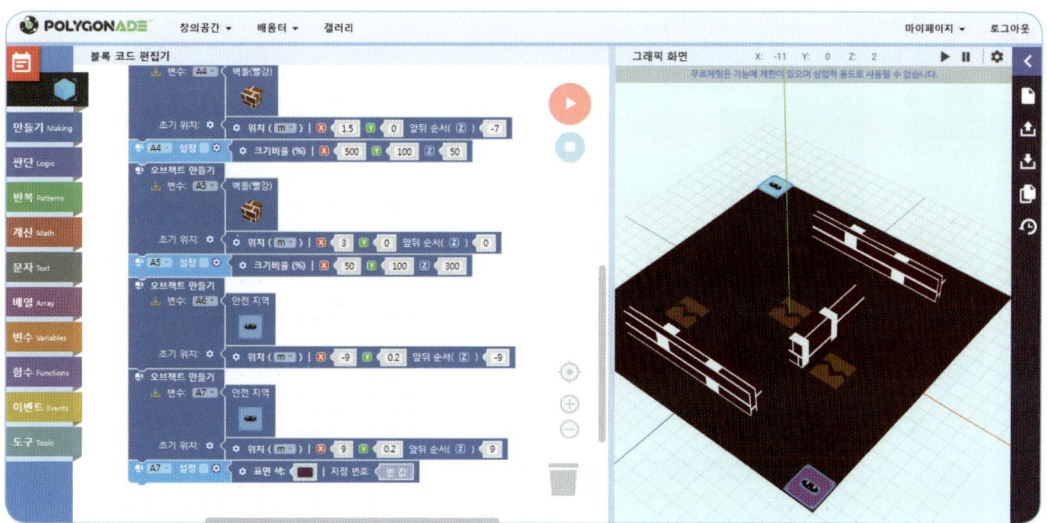

15 미로 위를 차례대로 반복해서 움직이는 오브젝트를 만들어 봅시다. 여러 개의 버그 오브젝트들이 정해진 길을 반복해서 움직여 장애물 역할을 합니다. 먼저 오브젝트 매니저에서 버그 오브젝트를 3개 꺼내옵니다.

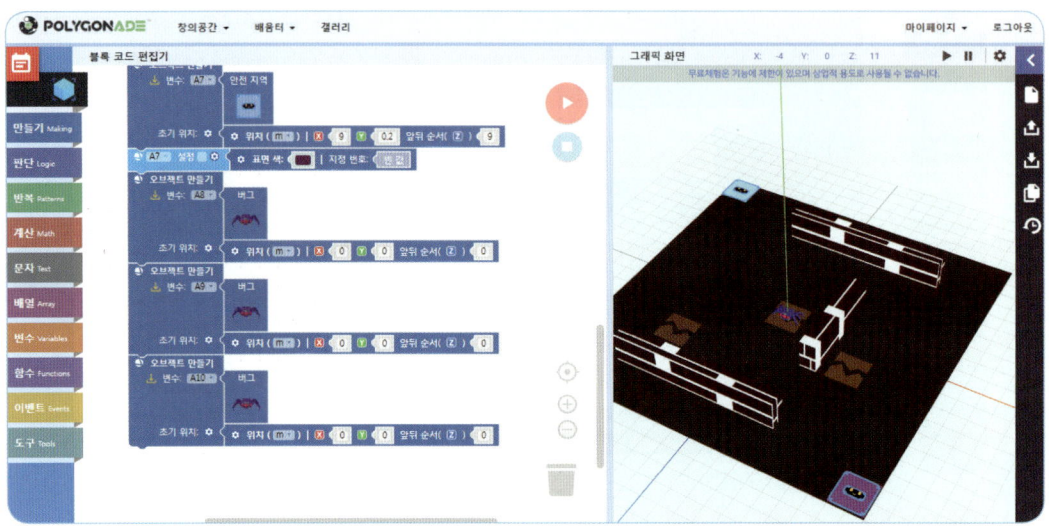

16 버그 오브젝트들의 초기 위치를 설정해줍니다. 오브젝트들이 겹치지 않도록 위치(X, Y, Z축)를 설정합니다.

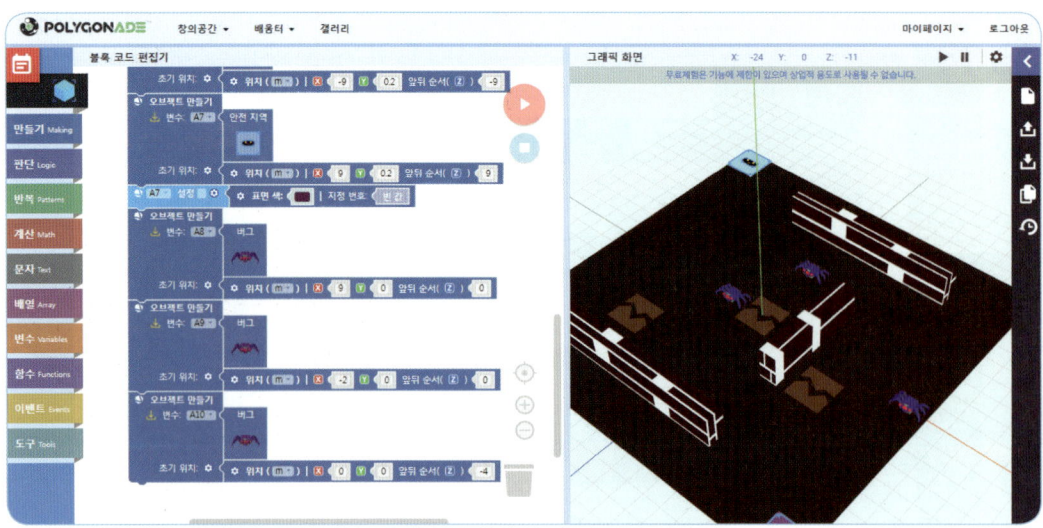

17 버그 오브젝트들이 움직일 방향과 위치를 설정한 후, 무한 반복하기 블록사이에 넣어줍니다. 만들기 툴박스에서 회전 블록을 이용하면 버그가 바라보는 방향도 바꿀 수 있습니다.

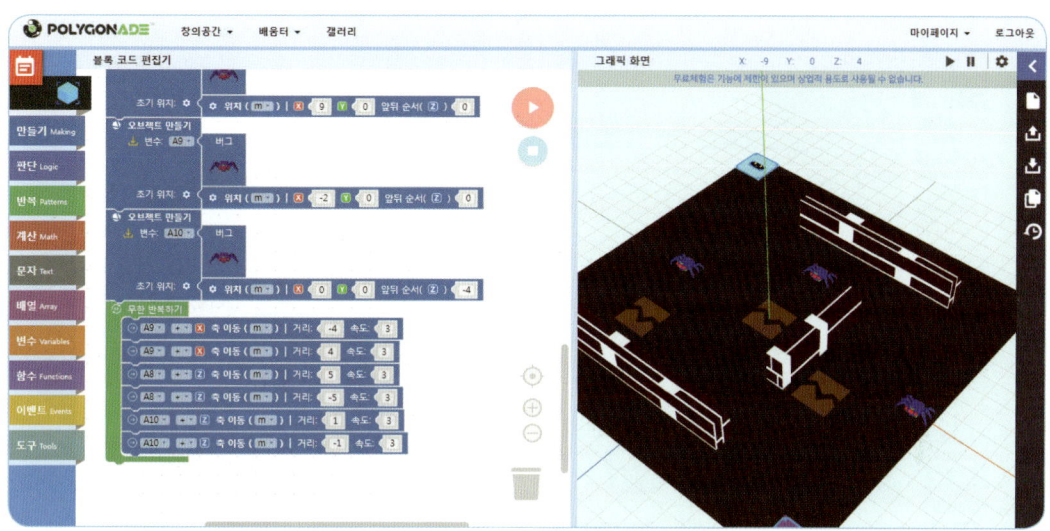

18 위의 실습하기 예제를 통해 버그들이 미로 속을 차례대로 움직이는 것을 볼 수 있습니다. 무한 반복하기 안에 다음 블록과 동시 실행 블록을 사용하면 버그 오브젝트들이 동시에 미로 속을 반복해서 움직이게 만들 수 있습니다.

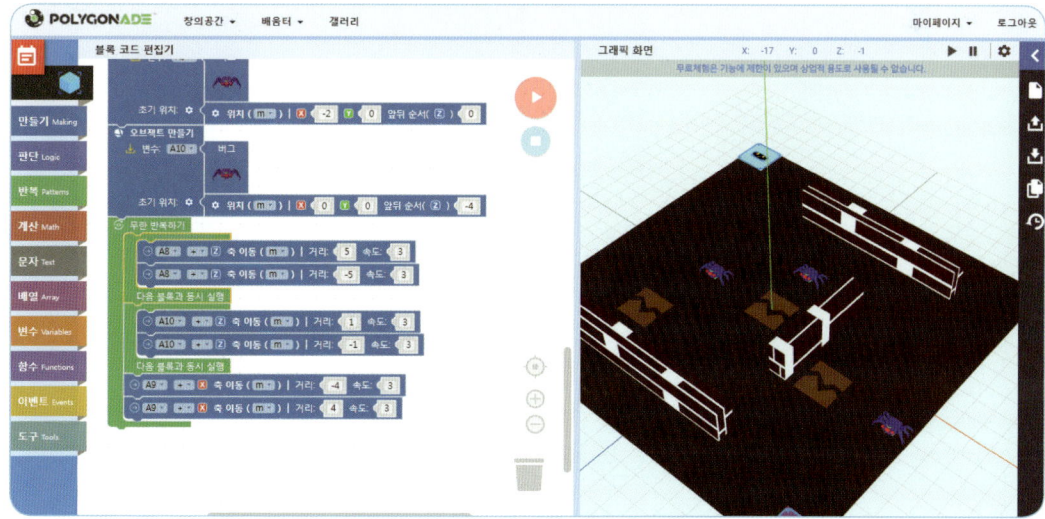

19 앞에서 배운 블록을 이용해 텍스트 블록을 조립하면 버그들이 말하면서 움직이는 프로그램을 만들 수 있습니다.

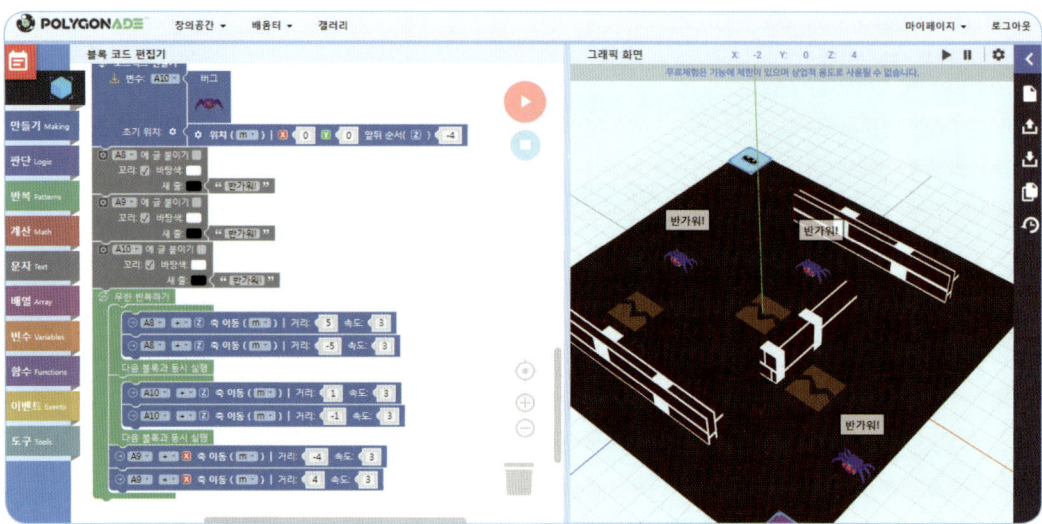

2 반복 블록의 활용법

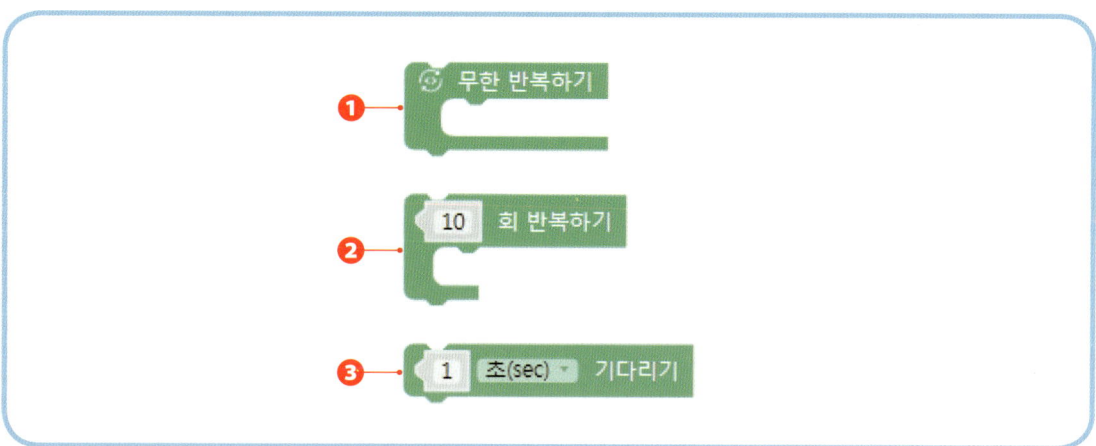

01 **무한 반복**: 무한 반복하기 블록 안에 실행되는 블록들을 넣은 후, 실행 버튼을 누르면 멈춤 버튼을 누르기 전까지 계속 실행할 수 있습니다. 무한 반복하기 블록 안에 있는 블록들은 위에서 아래로 차례대로 실행됩니다.

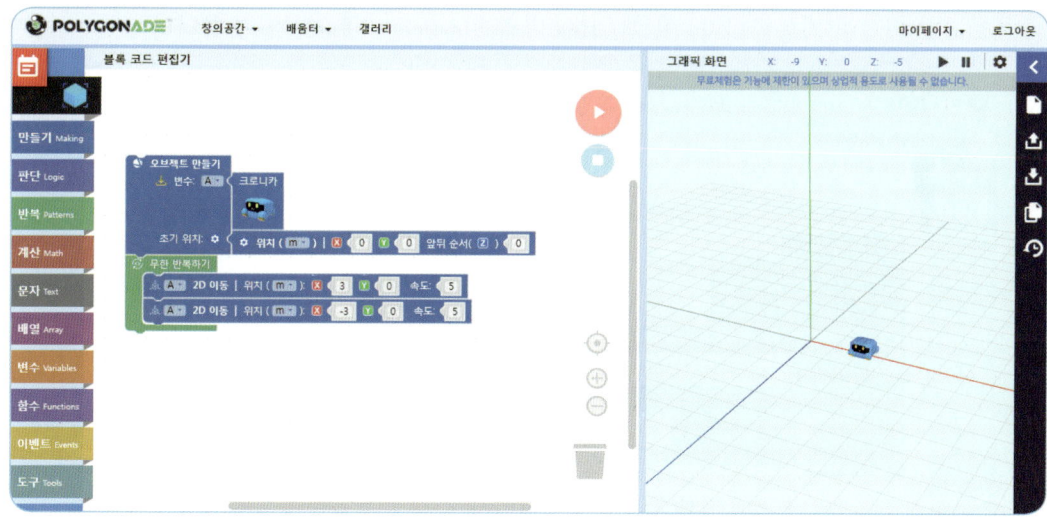

02 반복문: 정해진 횟수를 반복하여 안에 있는 블록을 위에서 아래로 순차적으로 실행시켜줍니다. 반복 횟수는 숫자 혹은 변수를 넣어 변경할 수 있습니다.

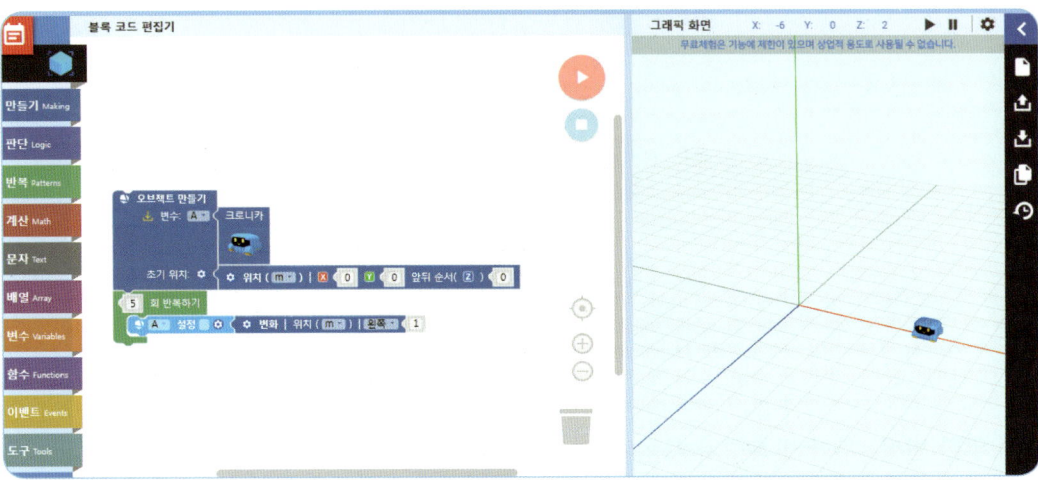

03 기다리기: 이전 블록에서 다음 블록으로 바로 넘어가지 않도록 제어해줍니다. 초(sec), 밀리초(msec)변경이 가능합니다. 이 때, 1000밀리초(msec)는 1초(sec)를 뜻합니다.

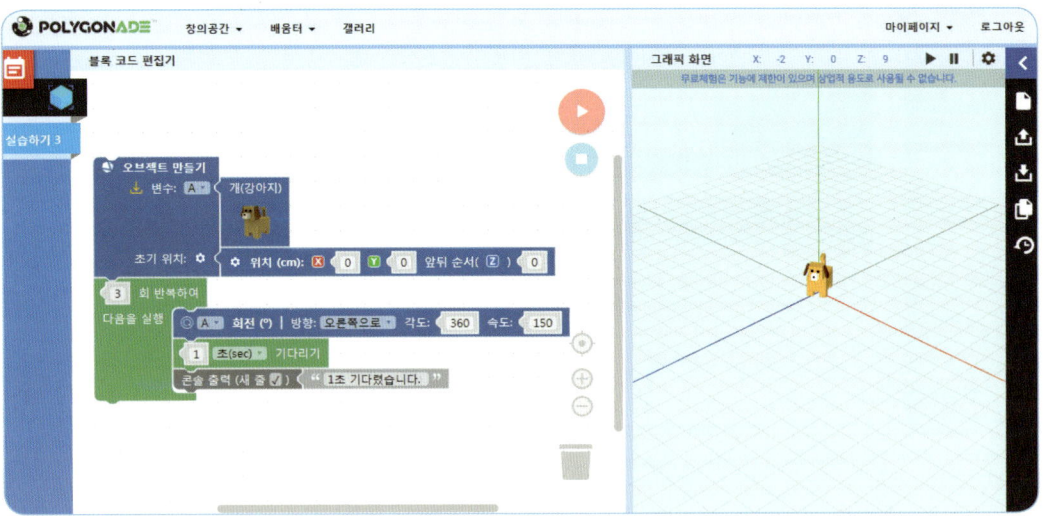

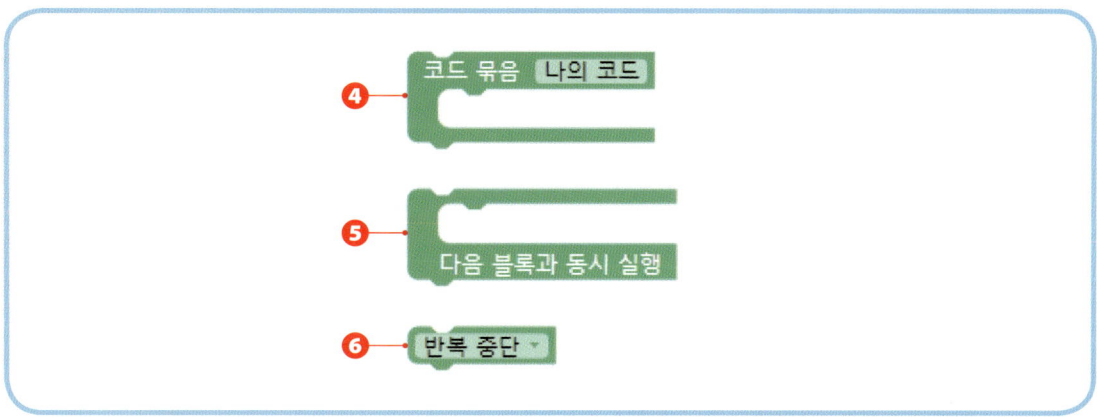

04 코드 묶음: 코드 묶음 안에 있는 블록들이 순차적으로 실행됩니다. '나의 코드' 부분에는 묶어놓은 코드의 이름을 적을 수 있습니다.

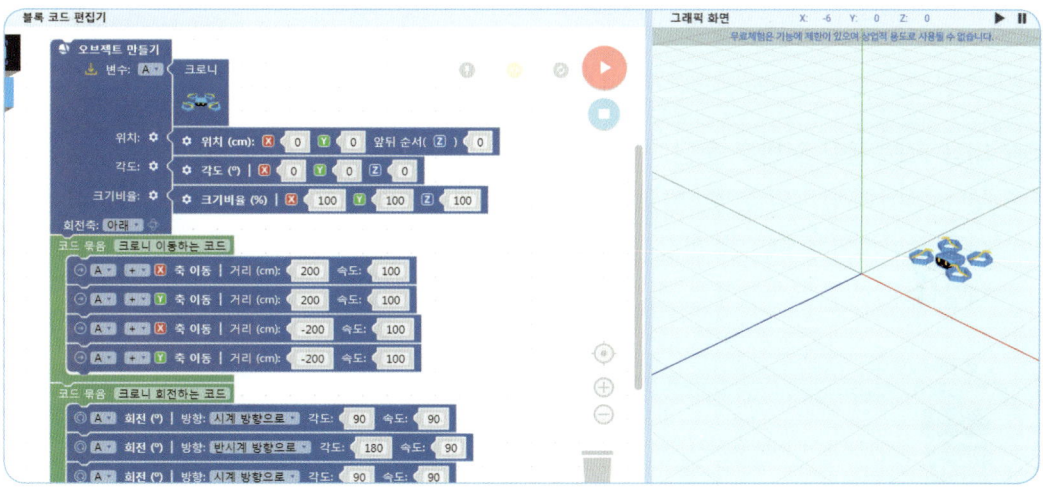

CHAPTER 04 미로 만들기 **85**

05 다음 블록과 동시 실행: '서로 다른 오브젝트'에 대해 각각의 움직임이 동시에 일어나게 할 때 사용할 수 있습니다. '다음 블록과 동시 실행'블록 안에 묶여 있는 블록들이 순차적으로 실행되면서 '다음 블록과 동시 실행' 바깥의 블록과 동시에 실행이 됩니다.

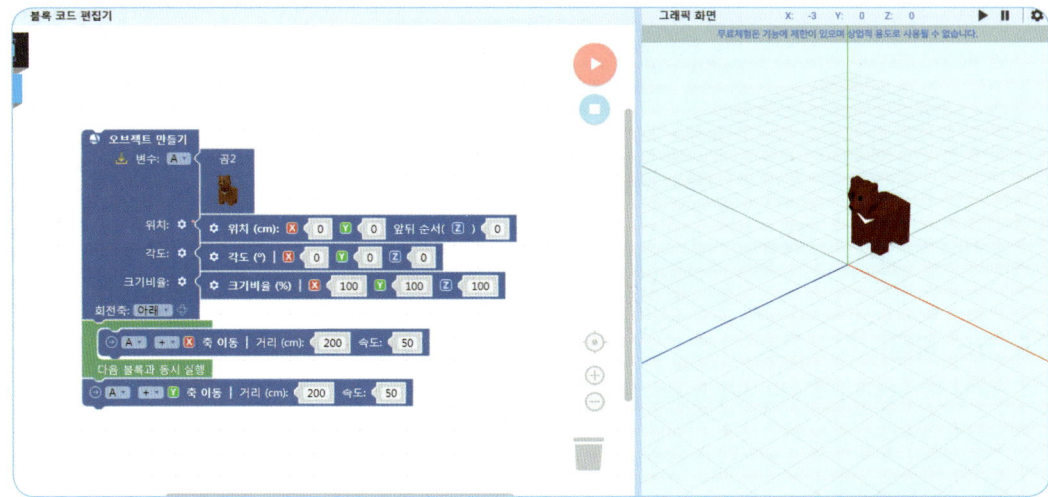

06 다음 코드 생략 & 반복 중단: 반복문 안에서만 사용이 가능합니다. 다음 코드 생략은 설정한 조건에 도달하였을 때, 바로 밑에 있는 명령을 건너뛰고 그 밑의 명령어를 실행합니다. 반복 중단하기는 코드가 설장한 조건에 도달하였을 때, 중간하여 바로 반복문 밖으로 빠져나옵니다.

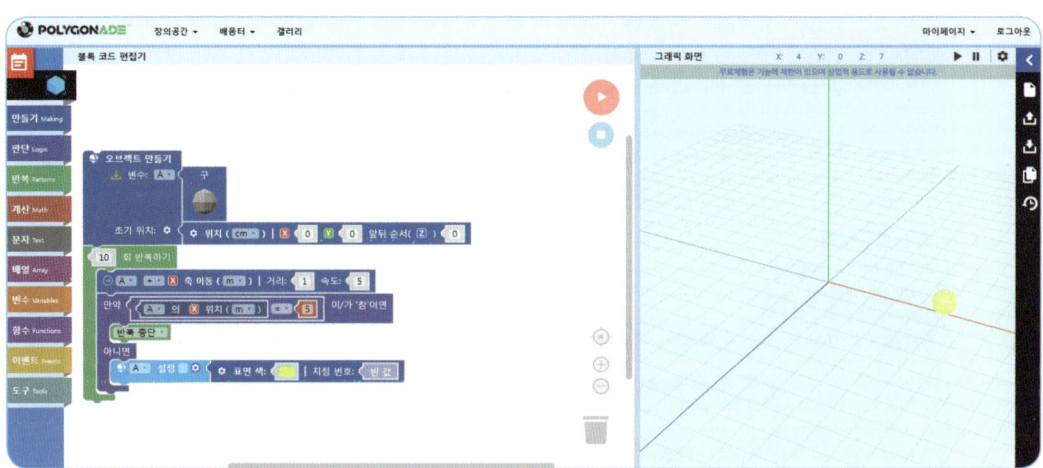

 ## 생각해보기

드론 경기장 오브젝트와 컨테이너 오브젝트, 반복 툴박스를 이용해 장애물들이 움직이는 드론 경기장을 만들어 봅시다. 크로니카가 움직이는 거리를 바꾸며 장애물들이 움직이는 시간을 조절할 수 있습니다.

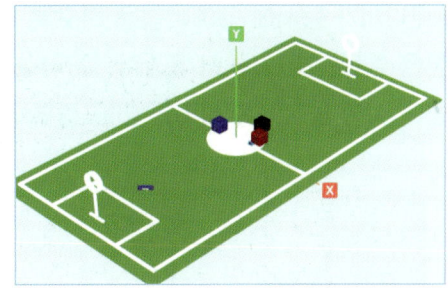

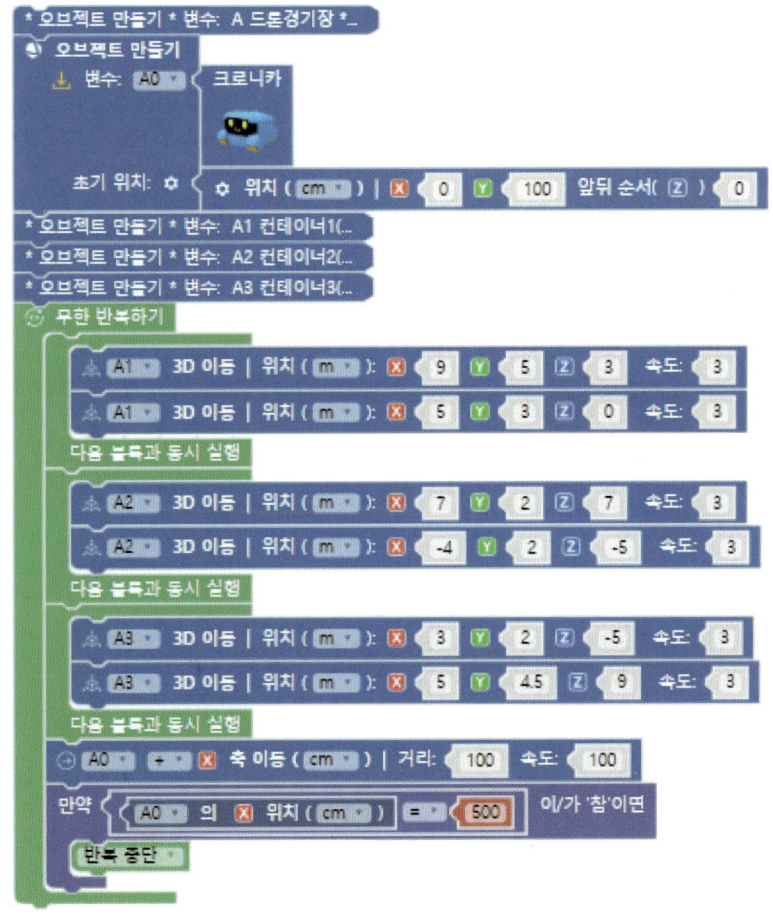

 위 프로젝트는 폴리곤에이드 사이트의 갤러리 또는 https://www.polyade.com/Gallery/Content/3824에서 확인할 수 있습니다.

드론 2대가 동시에 곡예비행을 하도록 다음과 같이 블록들을 조립했습니다. 시작 버튼을 눌렀는데, 드론이 동시에 움직이지 않고 한 대씩 차례대로 움직입니다. 드론들을 동시에 움직이게 하려면 어떤 블록을 추가해야 할까요?

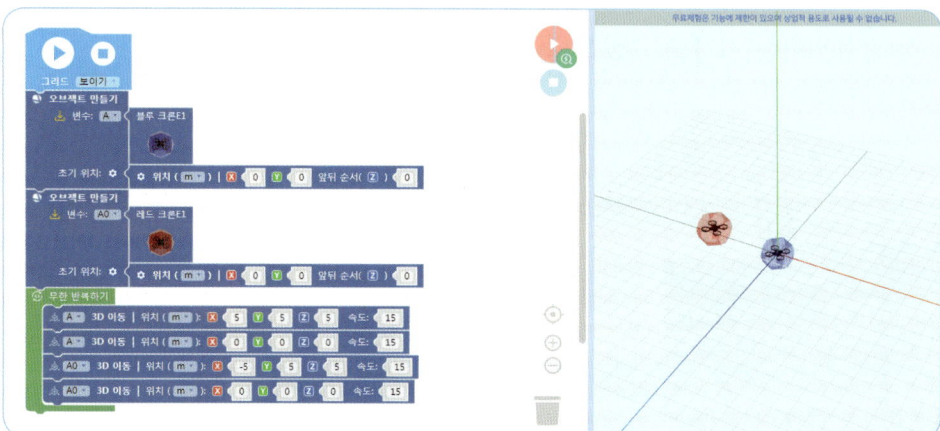

CHAPTER 05 장애물 피하기 이벤트

이벤트 툴박스로 키 이벤트와 충돌 이벤트, 마우스 이벤트, 메시지 이벤트 등을 설정할 수 있습니다. 이벤트 블록들을 이용해 크로니를 조종하여 미로를 탈출해볼까요?

사용할 블록

키 이벤트
- 다음 키를 누름 "B"
- 특수 키 값: 스페이스바 키
- 키 이벤트 설정 | 비활성화 특정 키: 빈 값

마우스 이벤트
- 선택된 오브젝트: ON_
- 다음 버튼을 누름 (마우스 버튼 값: 왼쪽 버튼)
- 마우스 버튼 값: 왼쪽 버튼
- 마우스 이벤트 설정 | 비활성화 특정 버튼: 빈 값

메시지 이벤트
- 메시지: MSG_
- 아이디: ID_

메시지 보내기 "안녕"
- 아이디 0

충돌 이벤트
- 충돌을 감지하는 오브젝트: BY_
- 충돌을 감지받는 오브젝트: TO_

화면 출력 이벤트

1 이벤트 블록으로 크로니를 조종해 미로 탈출하기

01 키 이벤트 블록으로 특정키를 누르면 오브젝트가 나타나 다양한 방향으로 움직일 수 있도록 합니다. 먼저 키보드 숫자 1을 누르면 오브젝트가 나타나고, 2를 누르면 오브젝트가 사라지도록 블록을 조립합니다.

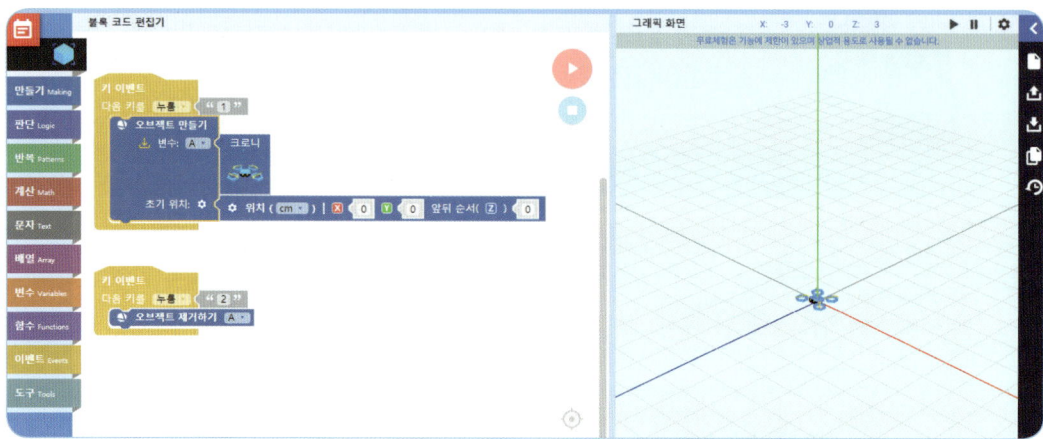

02 키 이벤트 블록을 더 추가해서 크로니를 상하좌우 방향으로 조종해 봅시다. 만약 크로니가 움직이지 않는다면 키 이벤트 블록안의 변수 이름을 확인해봅니다.

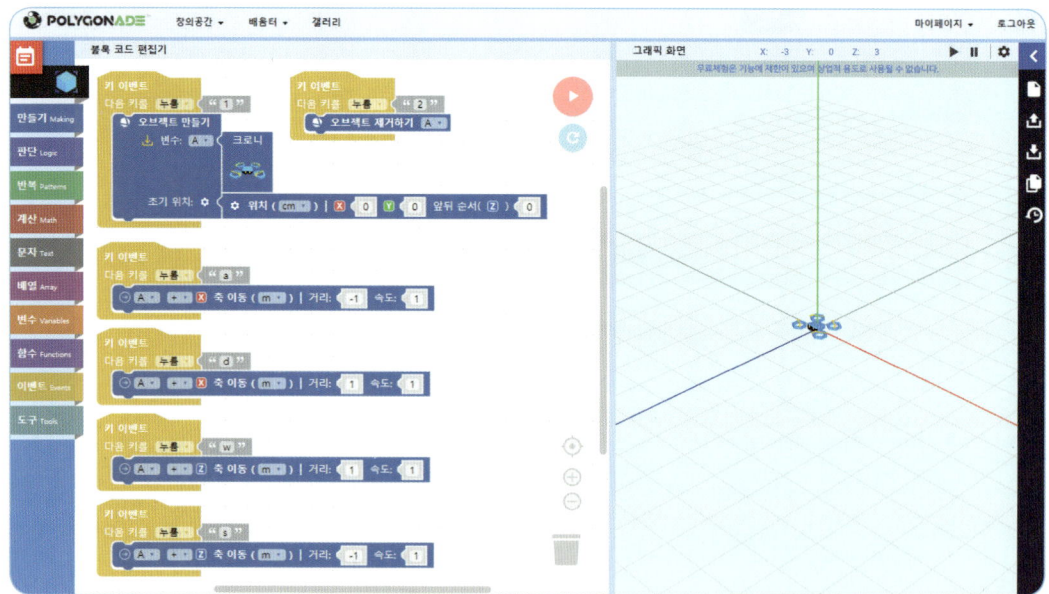

03 특수키 값 블록으로 크로니를 위 아래로 움직여 봅시다. 스페이스바를 누르면 크로니가 한 칸 위로 올라가고, Shift를 누르면 크로니가 아래로 한 칸 움직입니다.

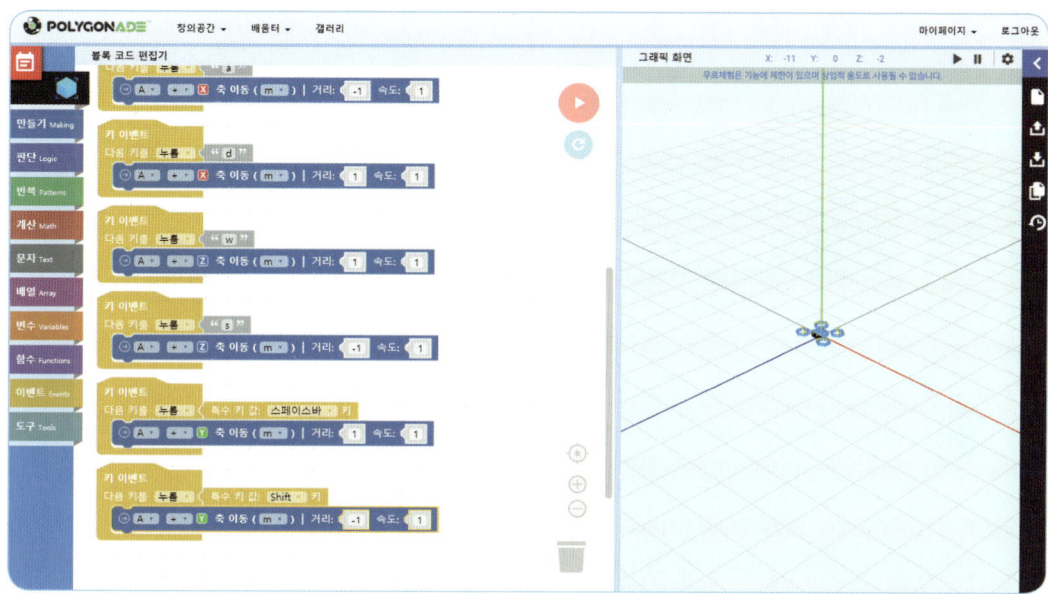

04 이벤트 블록을 이용하면 마우스로 오브젝트를 만들거나 오브젝트를 움직일 수 있습니다. 먼저 오브젝트 만들기 블록과 마우스 이벤트 블록을 가져옵니다. 오브젝트는 나무상자를 선택합니다.

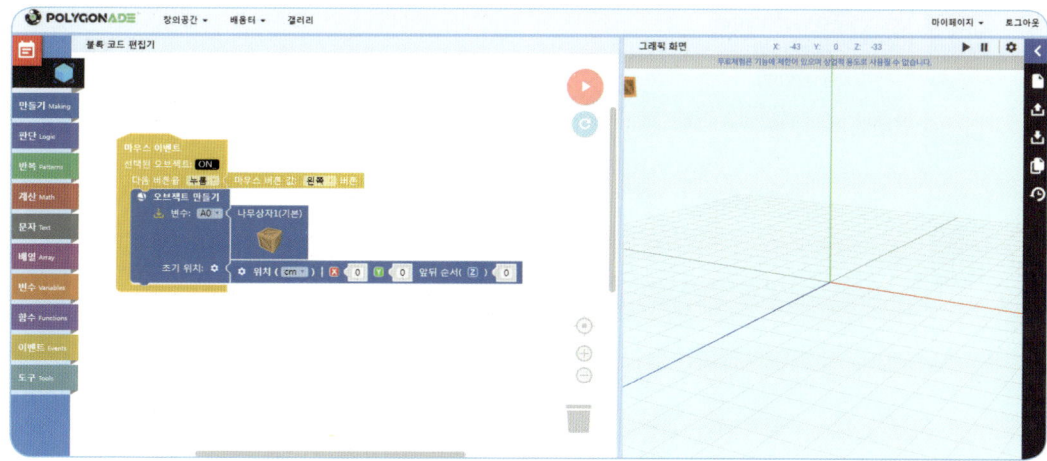

05 만들기 블록에서 마우스 커서의 X 위치 (cm) 블록을 오브젝트 초기 위치 X 0 안에 넣습니다. Y 0 와 앞뒤 순서(Z) 0 안에도 블록을 넣어줍니다.

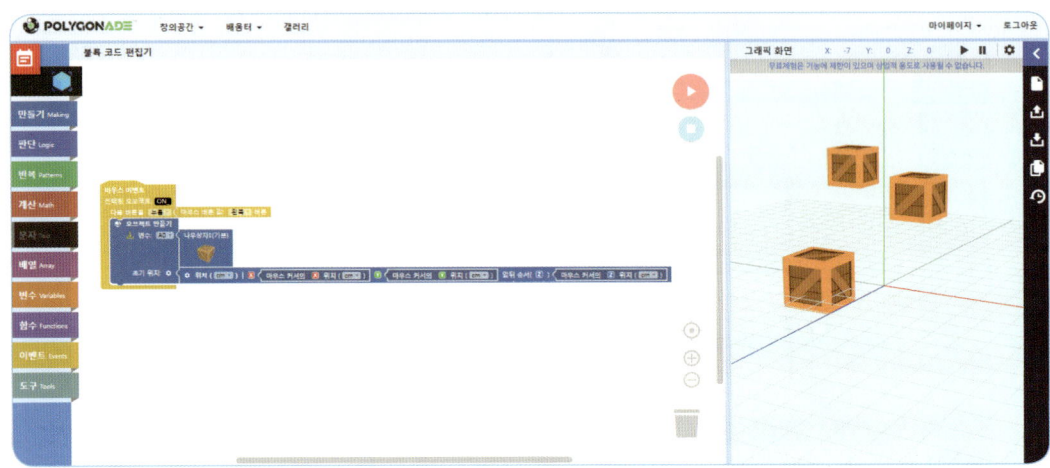

06 장애물의 크기를 다르게 해 봅시다. 만들기 툴박스에서 오브젝트의 크기비율을 바꿀 수 있는 A 설정 크기비율 (%) X 100 Y 100 Z 100 블록을 조립합니다.

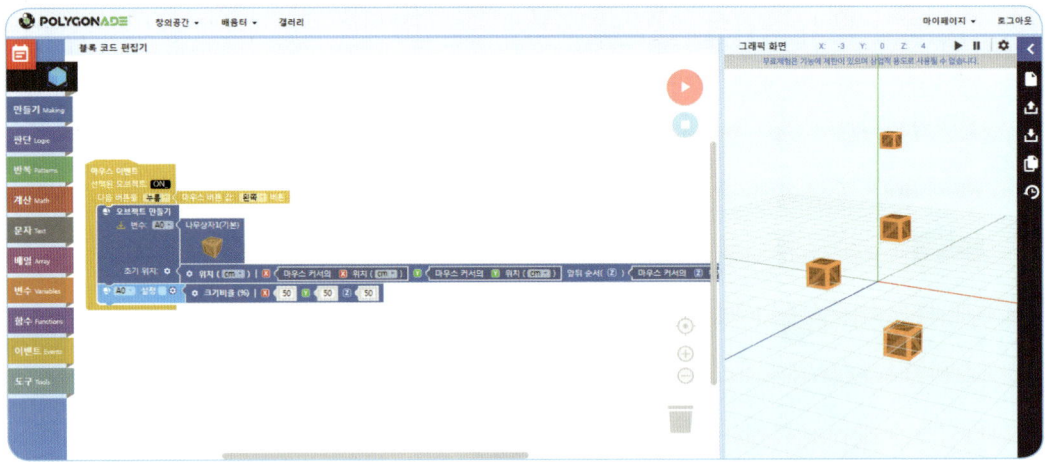

07 마우스 이벤트 블록의 마우스 버튼 값을 오른쪽 버튼으로 바꾸어 다른 오브젝트도 추가해 봅시다. 이번에는 마우스 오른쪽 버튼을 누르면 남색 나무상자를 만들 수 있습니다.

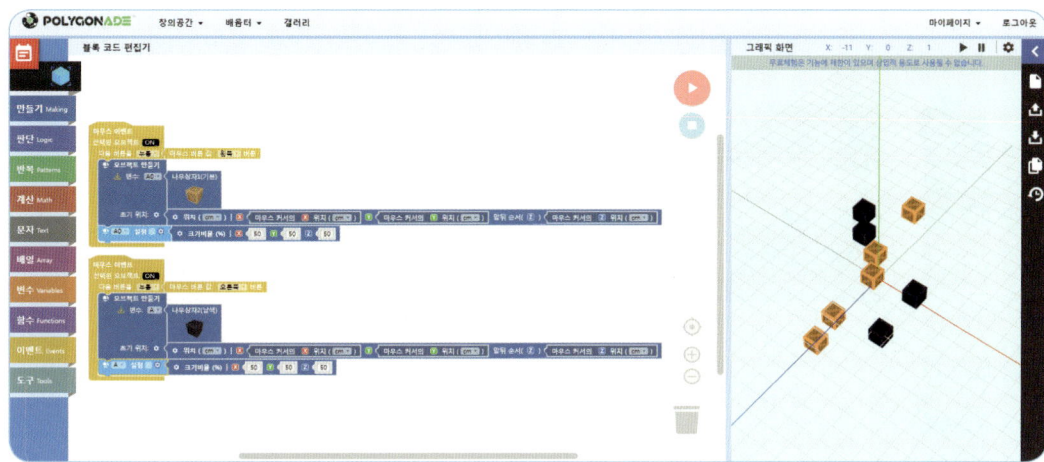

08 오브젝트끼리 충돌했을 때, 이벤트를 설정할 수 있습니다. 우선, 반복 블록과 다음 블록과 동시 실행 블록을 조립해 반복해서 움직이는 장애물을 만들어 봅시다.

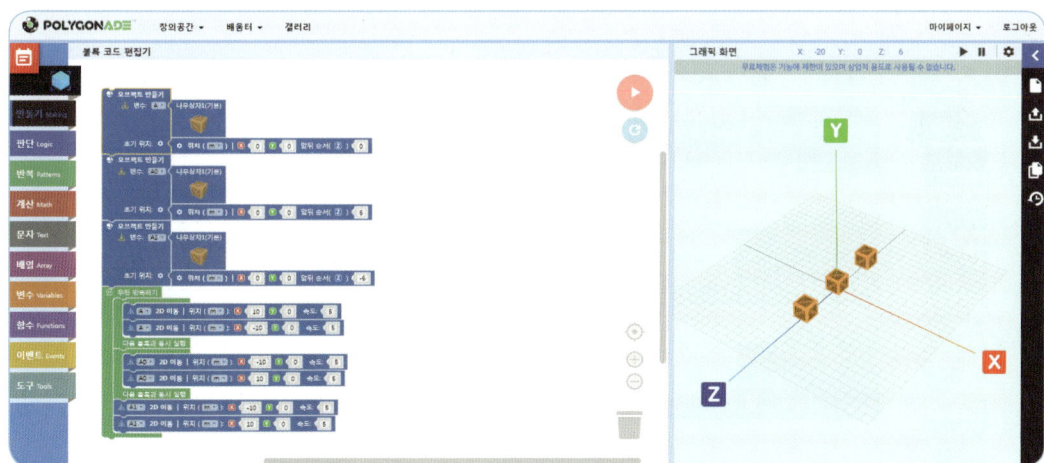

CHAPTER 05 장애물 피하기   93

09 이제 키보드의 특정키를 누르면 움직일 수 있는 크로니카 오브젝트를 추가합니다. 처음 크로니카의 위치는 X=0, Y=0, Z=-13입니다. 크로니카는 움직이는 장애물을 피해 맞은편 목적지까지 도착해야 합니다.

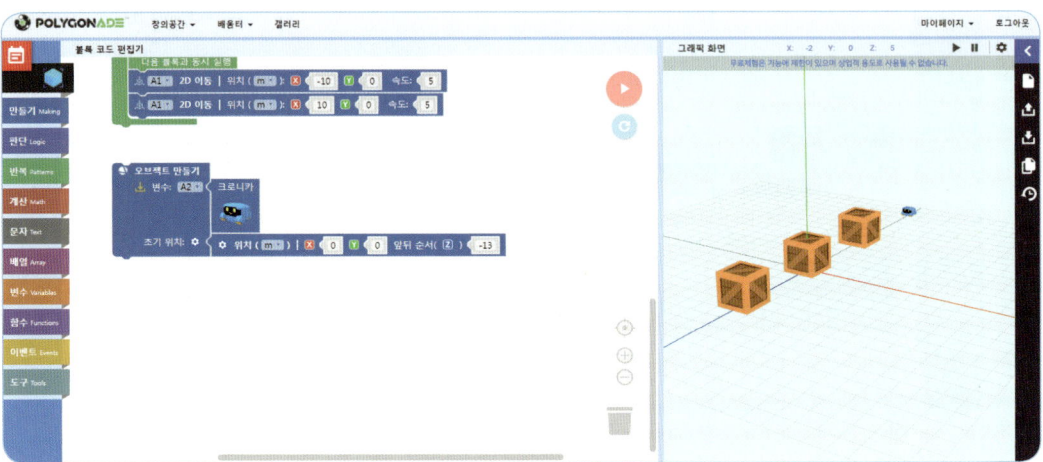

10 크로니카가 도착해야 할 목적지를 만듭니다. 오브젝트 매니저에서 깃발 오브젝트를 꺼내옵니다. 깃발 오브젝트의 위치는 X=0, Y=0, Z=13입니다.

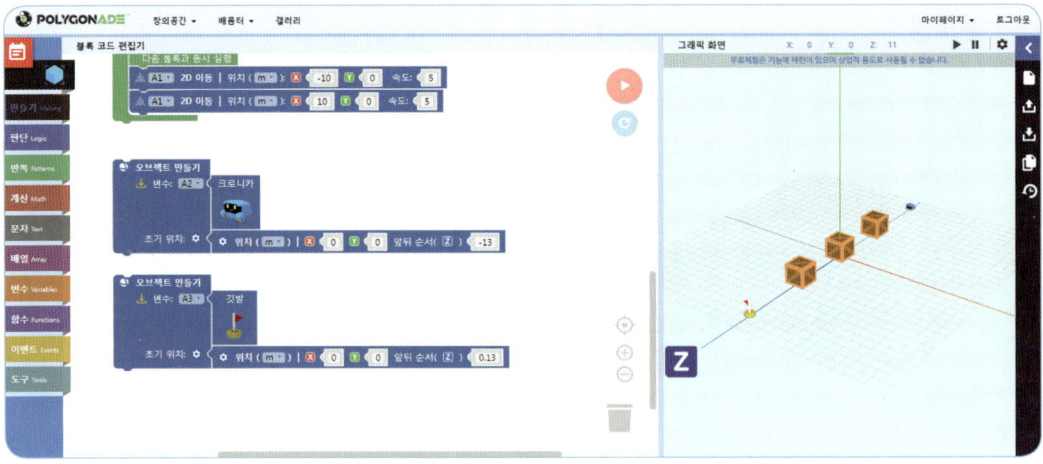

11 크로니카를 키보드로 조종할 수 있도록 키 이벤트 블록을 조립합니다. 키보드 "W"를 누르면 크로니카가 앞으로, 키보드 "S" 키를 누르면 크로니카가 뒤로 움직일 수 있도록 합니다. 크로니카의 변수(A2)와 이동하기 블록의 변수(A2)가 같아야 합니다.

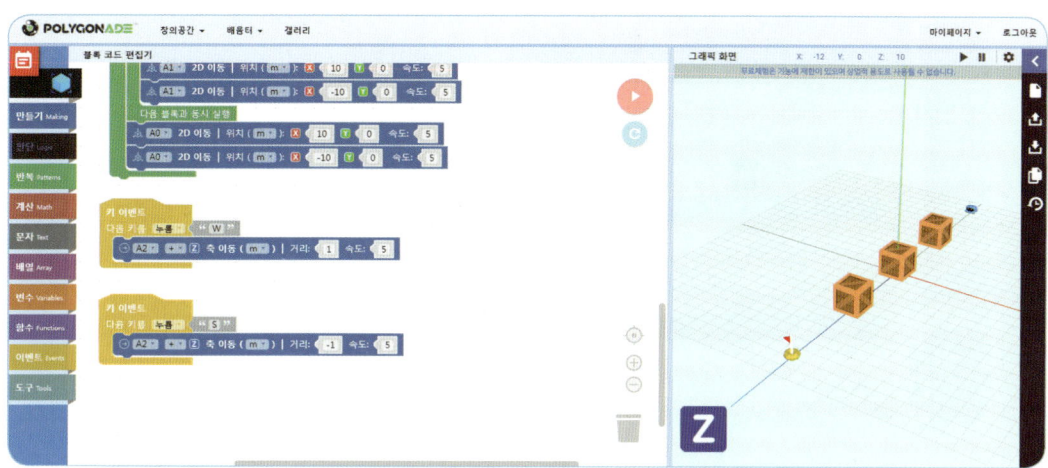

12 이제 크로니카가 장애물에 부딪히면 원래 위치로 다시 되돌아가도록 합니다. 이벤트 블록 안에 A 설정 위치(cm) X 0 Y 0 앞뒤 순서(Z) 0 을 넣습니다. A 대신 충돌을 감지하는 오브젝트 이름 BY_로 변수 이름을 바꾸어 줍니다.

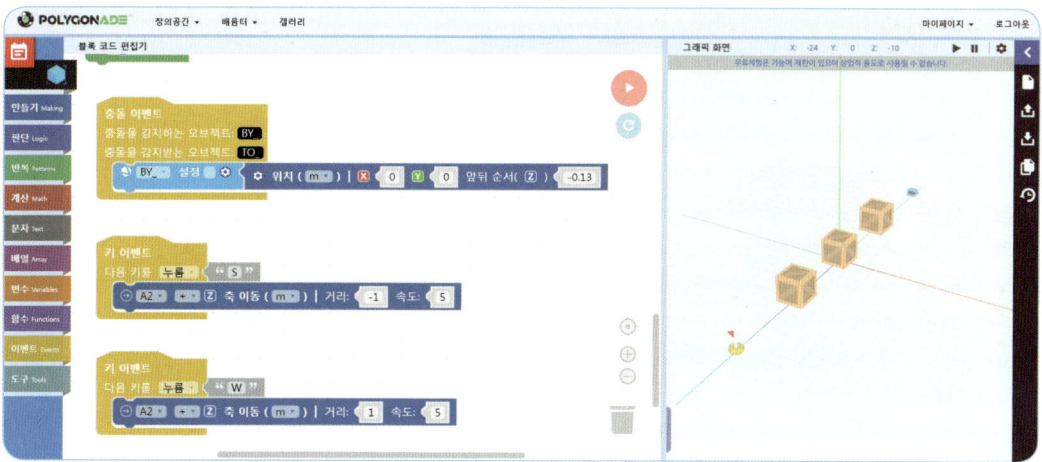

CHAPTER 05 장애물 피하기　95

13 충돌을 감지하면 이제 충돌 이벤트 안의 블록이 실행됩니다. 크로니카의 원래 위치인 Z를 설정 위치(m) X 0 Y 0 앞뒤 순서(Z) -13 로 바꾸어 입력해 줍니다.

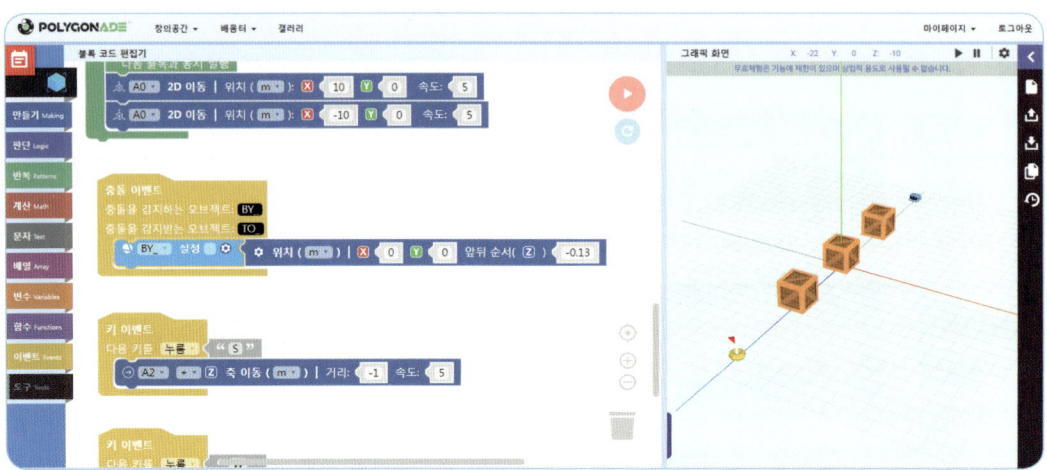

14 만들기 툴박스 카테고리에서 A 설정 충돌 감지하는 대상 적용 블록을 조립합니다. 나무상자는 충돌을 감지 받는 대상 적용, 크로니카는 충돌을 감지하는 대상 적용으로 바꾸어 줍니다.

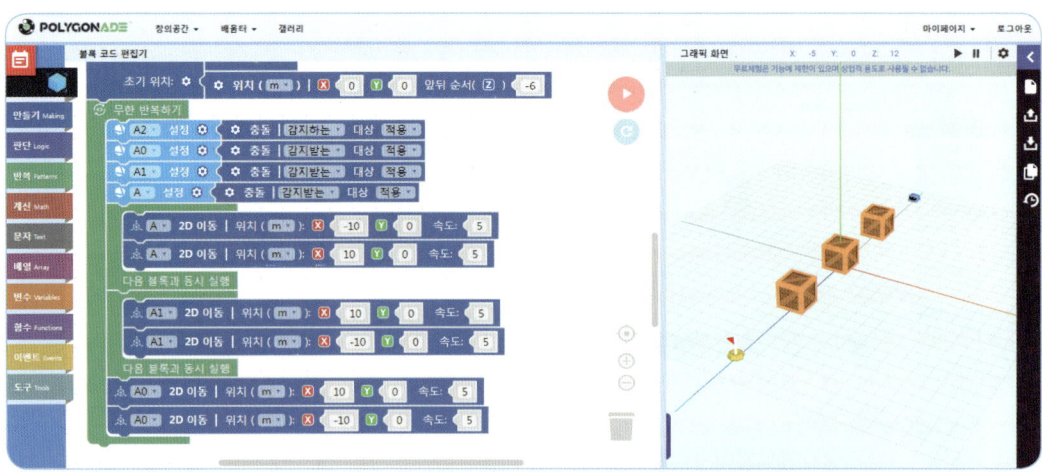

15 크로니카가 장애물과 부딪혔을 때, 팝업창으로 안내 메시지를 띄워볼까요? 문자 툴박스에서 팝업창 출력 " " 을 충돌 이벤트 블록 안에 넣어줍니다. 팝업창 출력 메시지는 "다시 해볼까요?"로 바꿉니다.

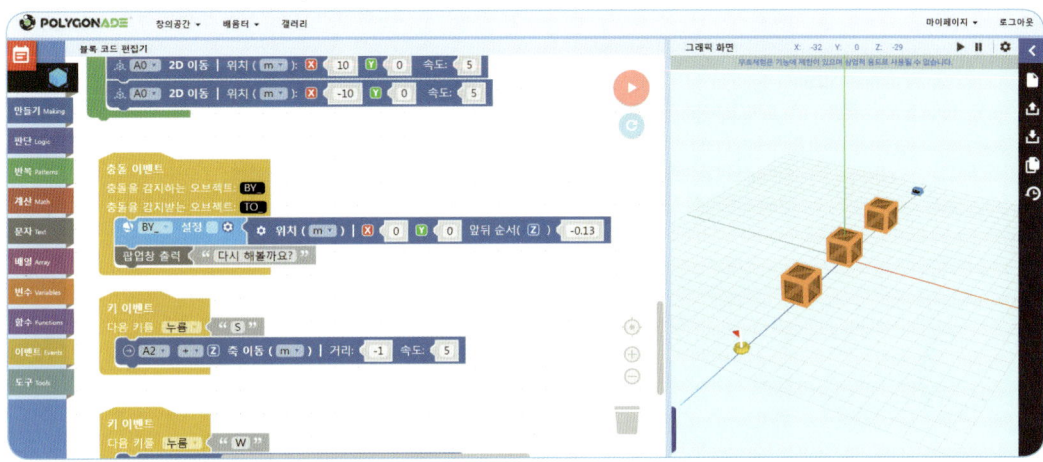

16 크로니카가 장애물에 부딪히면 "다시 해볼까요?"라는 팝업창이 나오면서 원래 위치로 움직입니다. 다양한 장애물을 만들어 크로니카가 장애물을 피할 수 있도록 만들어볼까요?

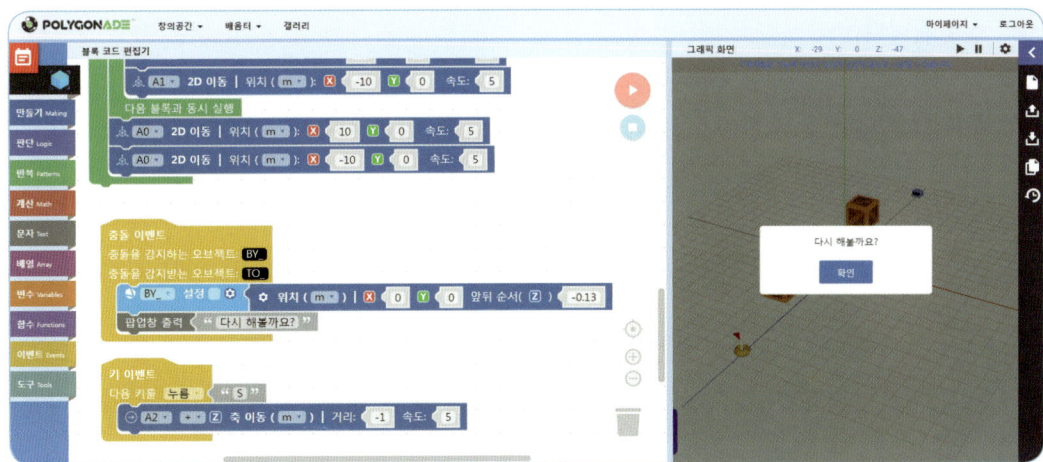

2 이벤트 블록의 활용법

01 키 눌림 이벤트: 기본 방향키를 사용할 수 있고, 숫자 혹은 알파벳 등 원하는 문구를 키 이벤트로 지정할 수 있습니다. 선택한 키를 눌렀을 경우 키 눌림 이벤트 블록안의 블록들이 실행됩니다.

02 특수키 값 설정: 특수키 값을 따로 설정해 줄 수 있습니다. 특수키 값은 키보드 화살표, 엔터, 스페이스바, 기능키로 설정할 수 있습니다.

03 키 이벤트 설정: 특정키를 비활성화 혹은 활성화 시킬 수 있습니다. 빈값에 특수키 값 블록을 넣을 수 있습니다.

04 마우스 이벤트: 마우스를 눌렀을 때, 뗐을 때, 더블 클릭했을 때를 선택하여 이벤트를 줄 수 있습니다. 해당 이벤트가 실행됐을 때 안의 블록들이 차례대로 실행됩니다.

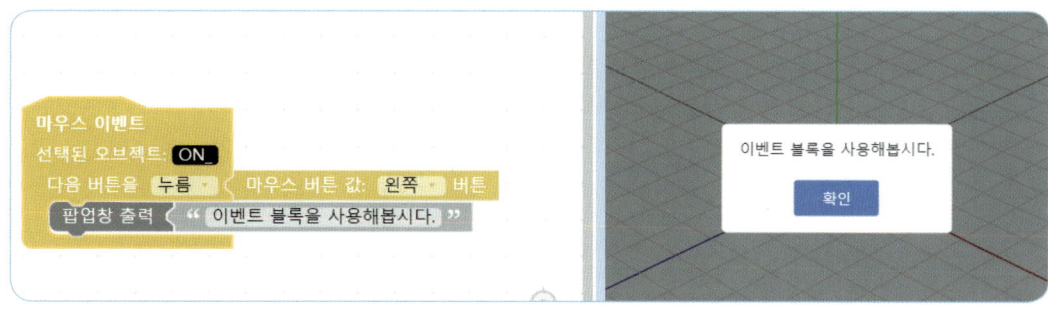

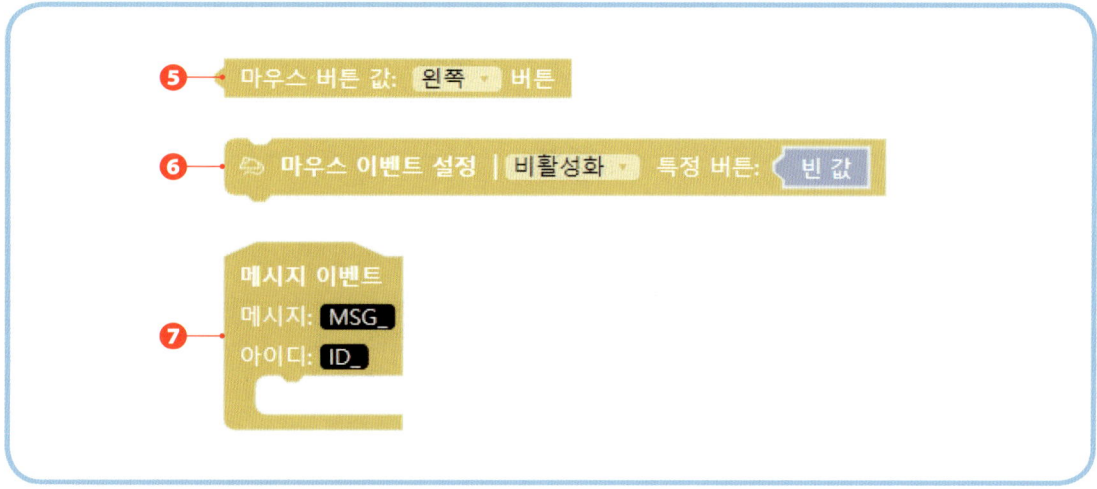

05 마우스 버튼 값 설정: 마우스 버튼 값을 따로 설정할 수 있습니다.

06 마우스 이벤트 설정: 마우스의 특정 버튼을 비활성화 혹은 활성화 시킬 수 있습니다. 빈 칸에는 [마우스 버튼 값 설정 블록]을 넣을 수 있습니다.

07 메시지 이벤트: 메시지는 MSG_라는 변수에 저장됩니다. 아이디는 ID_라는 변수에 저장됩니다. 이 블록을 이용하면 메시지를 보내는 명령이 실행됩니다.

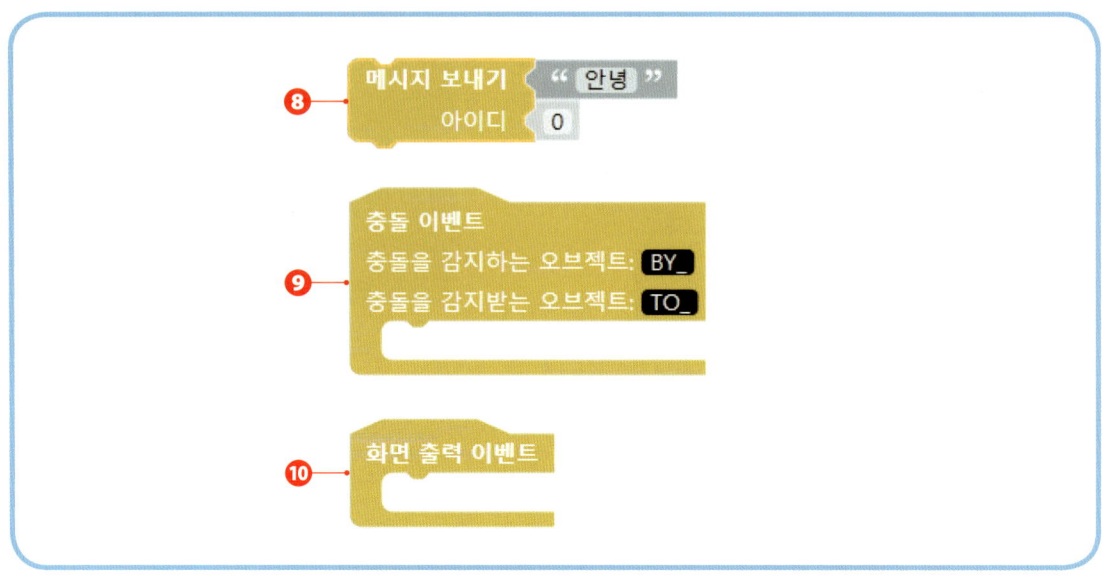

08 메시지 보내기: 보내고자 하는 메시지는 메시지 보내기에 저장됩니다. 메시지 보내기에 해당하는 부분은 'MSG_'라는 변수에 저장됩니다. 아이디에 해당하는 부분은 "ID_'라는 변수에 저장됩니다. 아이디에는 숫자 혹은 변수가 저장될 수 있습니다.

09 충돌이벤트: 충돌을 감지하는 오브젝트와 충돌을 감지 받는 오브젝트가 충돌하였을 경우 충돌 이벤트 안의 블록들이 순차적으로 실행됩니다. 충돌을 감지하는 오브젝트의 이름은 BY_, 충돌을 감지 받는 오브젝트의 이름은 TO로 설정되어 있습니다. 충돌 이벤트는 한 프로젝트에 하나만 사용 가능하며, 여러 개의 충돌을 주고 싶으면 '다음 조건이 참이면 다음을 실행' 블록을 이용합니다.

10 화면 출력 이벤트: 1초당 60번 TDV창을 새로 고침을 해줍니다. 화면 출력 이벤트 블록 안에 들어가는 내용은 설정 시간이 짧은 것들만 들어가야 합니다. 만약, 시간이 길어진다면 프로그램이 느려질 수 있습니다.

생각해보기

도로 오브젝트와 이벤트 툴박스 카테고리, 문자 툴박스 카테고리, 만들기 툴박스 카테고리에 있는 블록들을 조립하면 도로 위의 장애물을 피해 움직이는 레이싱 게임을 만들 수 있습니다. 지금까지 배운 블록들을 조립해 장애물의 개수와 위치를 자유롭게 조절해봅시다.

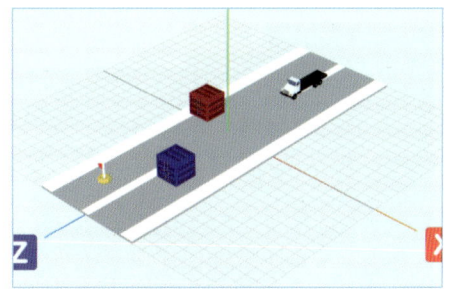

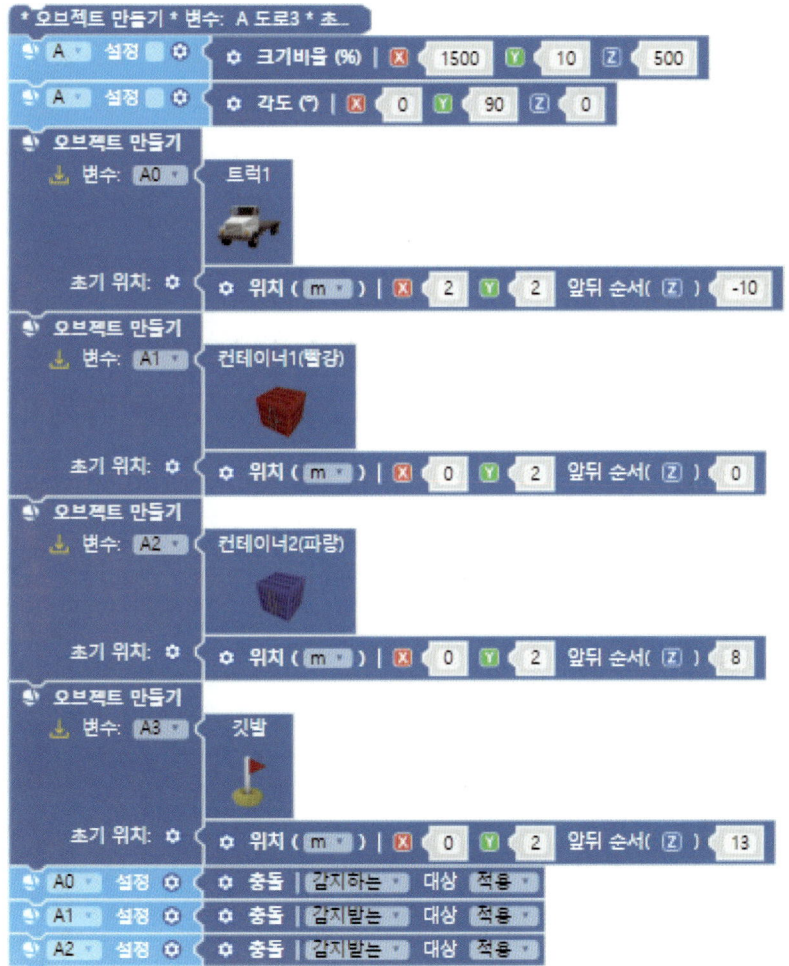

CHAPTER 05 장애물 피하기

위 프로젝트는 폴리곤에이드 사이트의 갤러리 또는 https://www.polyade.com/Gallery/Content/3825에서 확인할 수 있습니다.

키보드로 토끼 오브젝트를 움직여 풀 오브젝트에 닿으면 풀 오브젝트가 사라지도록 블록들을 조립했습니다. 키보드로 토끼 오브젝트를 움직일 수 있지만, 토끼 오브젝트와 풀 오브젝트가 닿아도 풀 오브젝트가 사라지지 않습니다. 무엇이 잘못되었을까요?

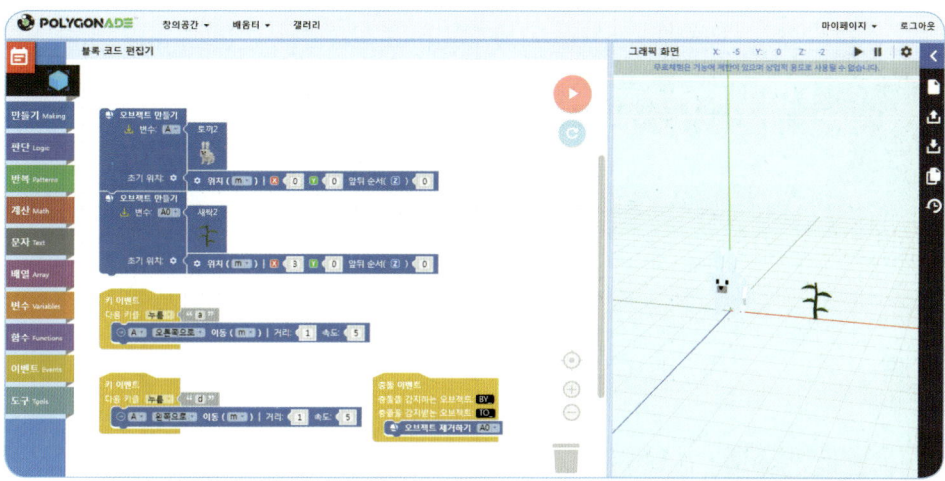

CHAPTER 06

풍선 맞추기 게임 만들기 계산

계산 툴박스는 숫자를 입력하고 산술연산, 반올림, 올림, 버림, 임의의 수를 설정할 수 있습니다. 계산 블록들을 이용해 풍선을 맞추면 점수가 올라가는 게임을 만들어볼까요?

사용할 블록

- 0
- ∞
- 1 + 1
- - 24
- 반올림 2.4
- 임의의 정수 (0 ≤ n ≤ 10)
- 32 ÷ 10 의 나머지

1 계산 블록으로 풍선 맞추기 게임 만들기

01 계산 툴박스의 블록들을 이용해 반올림, 올림, 버림을 계산해주는 캐릭터를 만들어 볼까요? 먼저 오브젝트 만들기 블록으로 오브젝트를 만듭니다. 오브젝트의 위치와 크기를 조정해 봅니다.

02 문자 툴박스에서 글 붙이기 블록을 조립합니다. 반복 툴박스에서 1초 기다리기 블록을 붙여 오브젝트가 반올림의 뜻과 계산하는 법을 설명할 수 있도록 합니다.

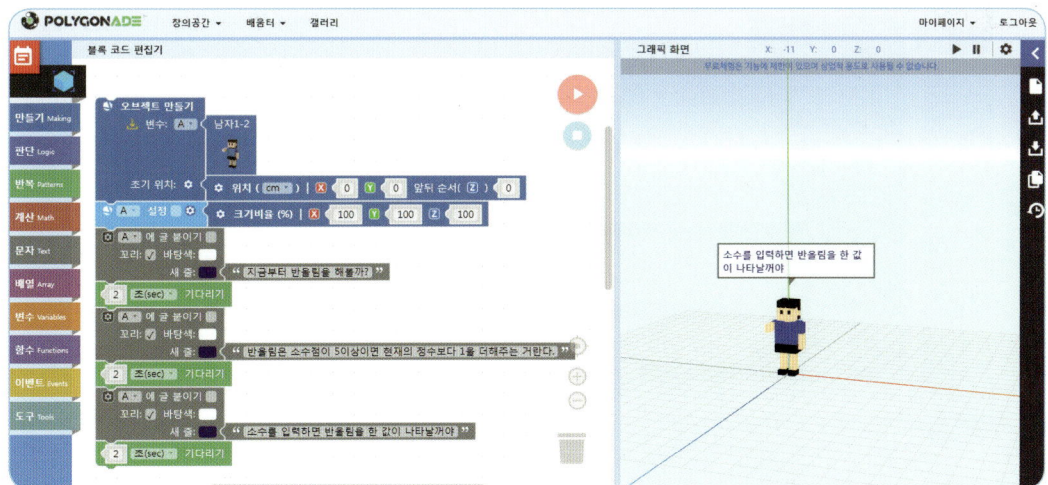

CHAPTER 06 풍선 맞추기 게임 만들기 **105**

03 숫자를 입력할 수 있도록 문자 툴박스의 `콘솔 출력(새 줄 ✓) " ▢ "` 블록을 가져옵니다. 콘솔 출력 블록 밑에는 입력한 값을 그래픽으로 나타낼 수 있도록 `T▾ ▢ 그래픽 출력 " ▢ "`을 조립합니다.

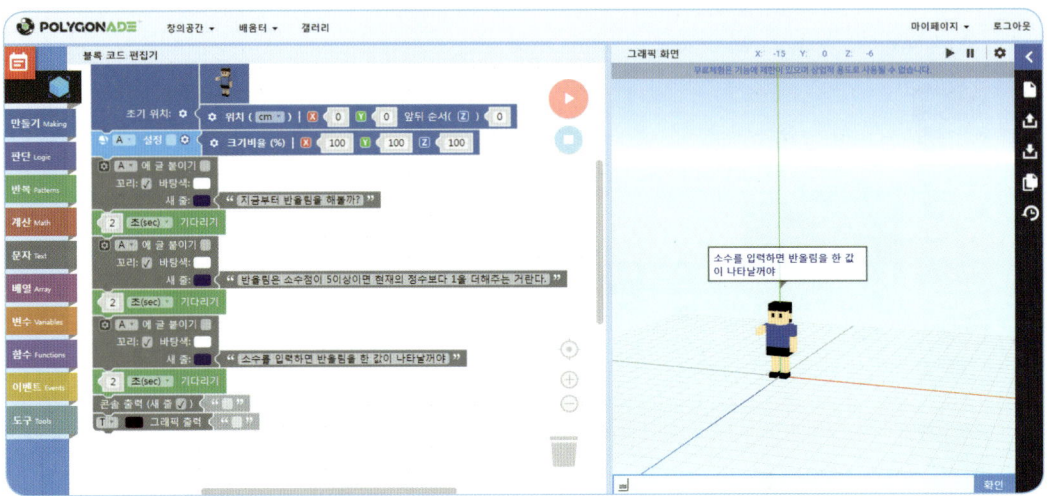

04 `T▾ ▢ 그래픽 출력 " ▢ "` 안에 계산 블록의 `반올림▾ 2.4`와 문자 블록의 `텍스트 입력하기` 블록을 넣어줍니다. 이제 입력한 숫자를 반올림한 값이 그래픽으로 출력됩니다.

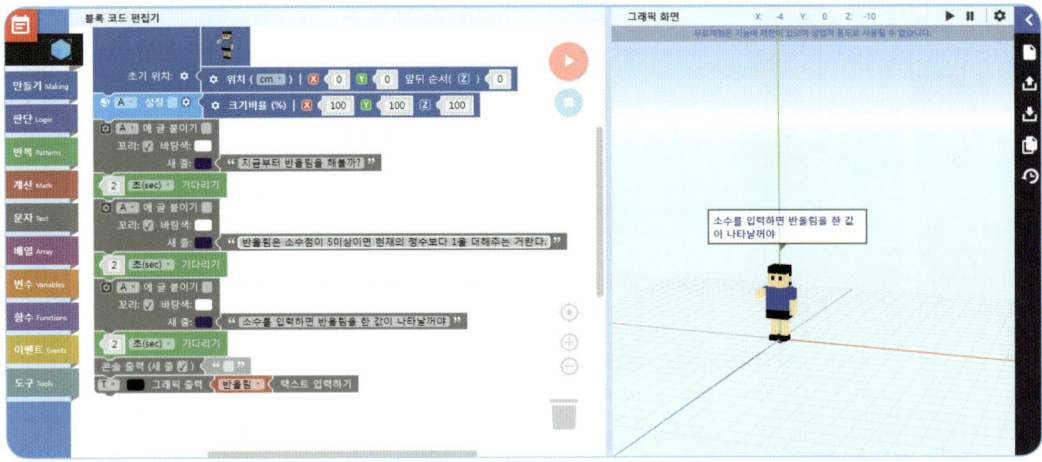

05 반올림한 값이 오브젝트와 겹쳐서 출력됩니다. 반올림한 값이 오브젝트 옆에 나올 수 있도록 위치를 바꿔줍시다. 구름 오브젝트를 추가해 숫자를 알아보기 쉽게 합니다.

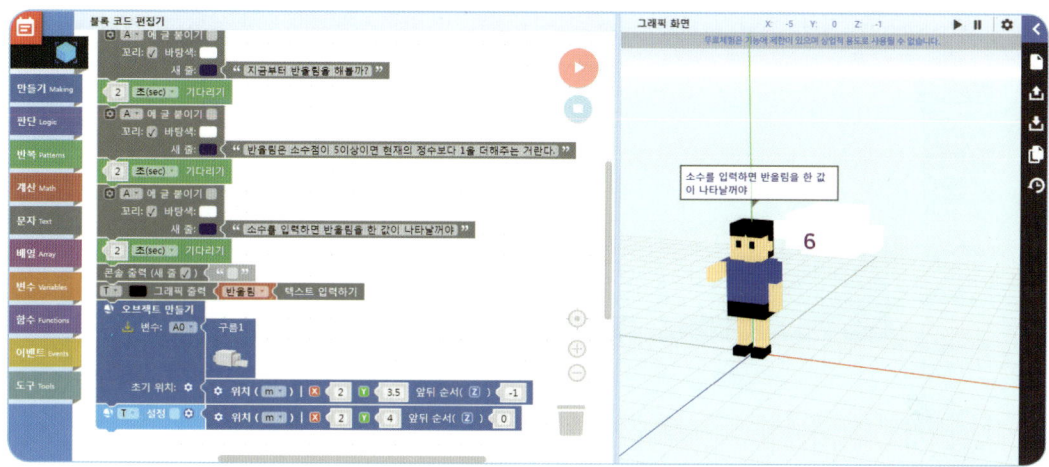

06 오브젝트가 반올림한 값을 계산해주고 프로그램이 끝납니다. 앞에서 배운 무한 반복하기 블록을 조립하면 오브젝트가 반올림 계산을 반복해서 도와줄 수 있도록 프로그램을 만들 수 있습니다.

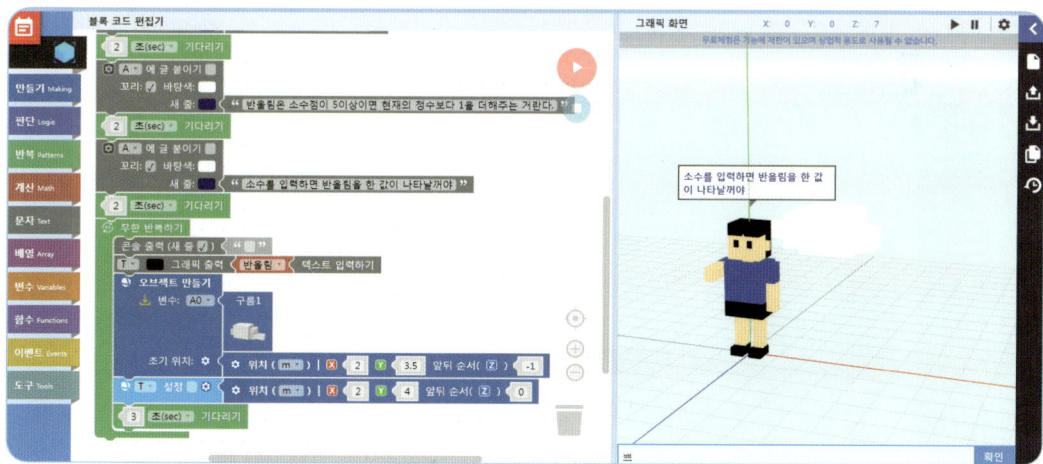

07 계산 블록을 조립해서 무작위로 움직이는 선물상자를 맞추는 게임을 만들어 봅시다. 마우스 왼쪽 버튼을 클릭하면 선물상자가 나타나도록 블록을 조립합니다.

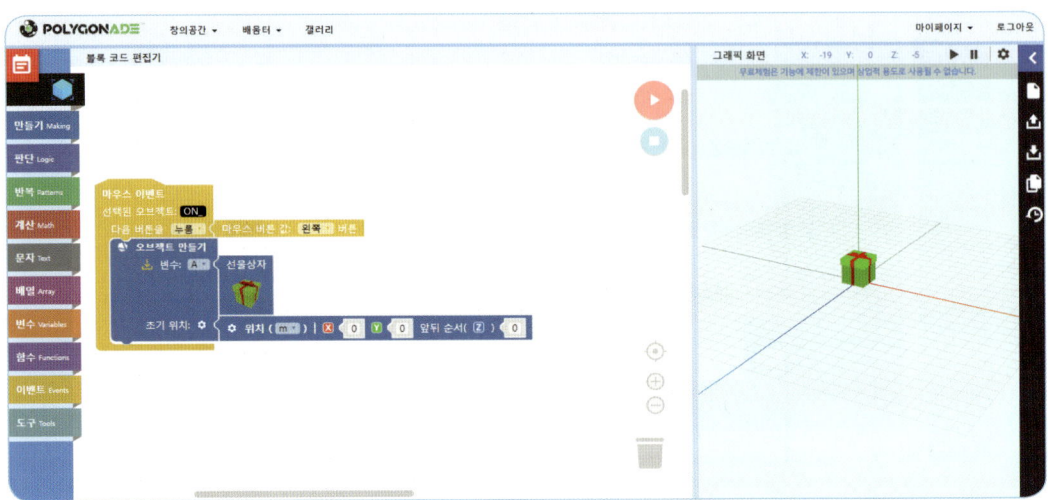

08 선물상자가 무작위로 나타나도록 계산 블록의 임의의 정수 (0 ≤ n ≤ 10)을 초기 위치의 X 0 안에 조립합니다. 위치는 m으로, 임의의 정수 안에 들어갈 숫자는 선물상자가 나타날 범위를 지정해줍니다.

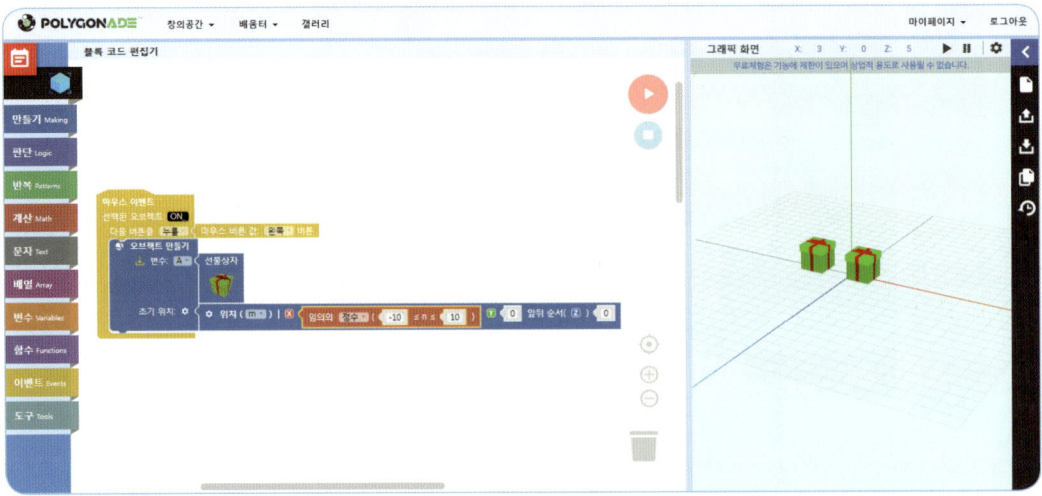

09 선물상자를 맞출 주인공을 오브젝트로 만듭니다. 오브젝트 만들기 블록으로 남자1을 꺼내 옵니다. 회전 블록을 이용해 선물상자를 바라보도록 합니다.

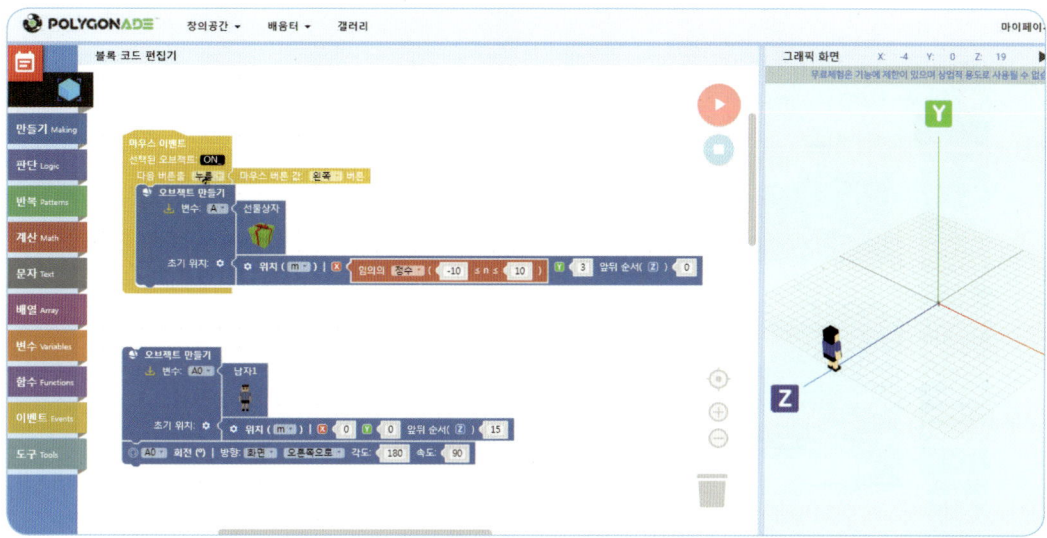

10 주인공이 선물상자를 바라보면 선물상자가 좌우로 움직이다가 지도 밖을 벗어나면 사라지도록 블록을 조립합니다. 무한 반복하기 안에 만약 이/가 '참'이면 블록을 넣습니다. 또는 블록을 만약 이/가 '참'이면 빈 칸 안에 넣습니다.

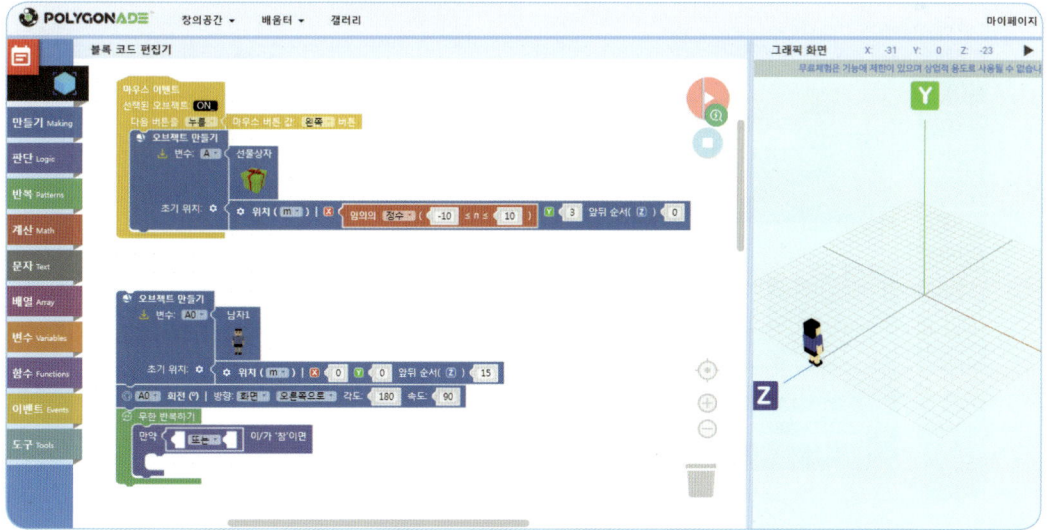

CHAPTER 06 풍선 맞추기 게임 만들기 109

11 만들기 툴박스에서 `A의 X 위치(cm)`을, 계산 툴박스에서 `10`을 가져와 `A의 X 위치(m) > 10`, `A의 X 위치(m) < -10`으로 조립한 후, `또는` 안에 넣어줍니다.

12 만약 `이/가 '참'이면` 안에는 `오브젝트 제거하기 A` 블록을 조립해주고, 밑에는 `A` `X 축 이동(m) | 거리: 1 속도 1`와 `임의의 정수 (0 ≤ n ≤ 10)`을 조립해 넣습니다. 선물상자가 좌우로 움직이다가 X좌표가 10보다 크거나, -10보다 작으면 사라집니다.

13 이벤트 블록의 키 이벤트 블록을 이용해 주인공을 좌우로 움직여 봅시다. 키보드 'a'키를 누르면 －X축으로, 'd'키를 누르면 X축으로 이동할 수 있도록 블록들을 조립합니다.

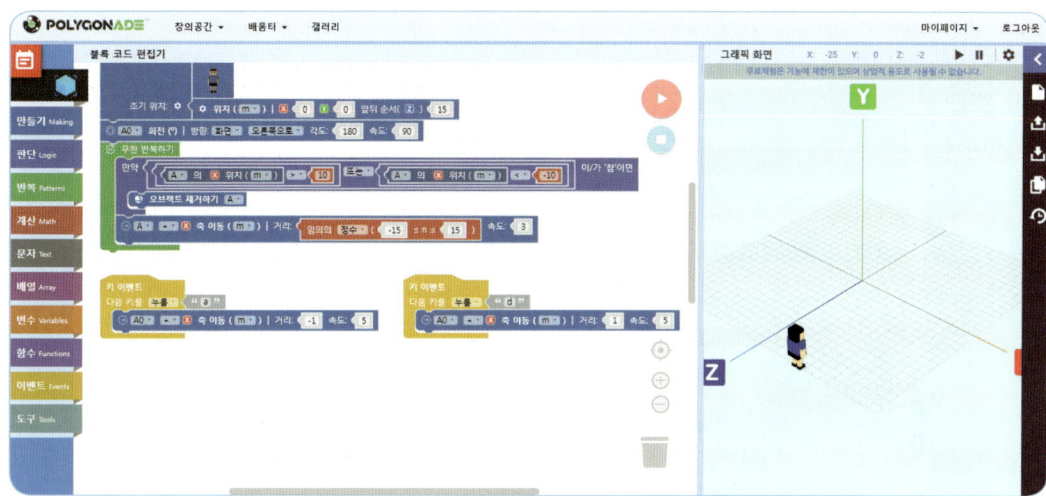

14 선물상자를 맞추기 위해 오브젝트를 발사합니다. 스페이스바를 누르면 하트 오브젝트가 Z 방향으로 이동할 수 있도록 합니다. 키 이벤트 블록 안에 오브젝트 만들기 블록을 조립합니다.

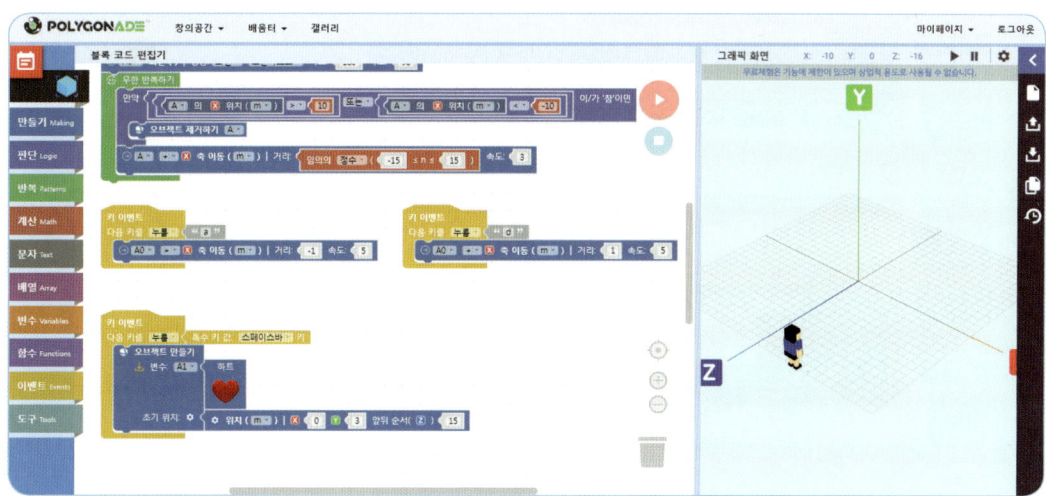

15 주인공이 오브젝트를 발사하는 것처럼 보이려면 하트 오브젝트와 주인공의 X좌표를 똑같게 합니다. 만들기 툴박스에서 A0의 X 위치(m)를 초기 위치 X안에 넣습니다.

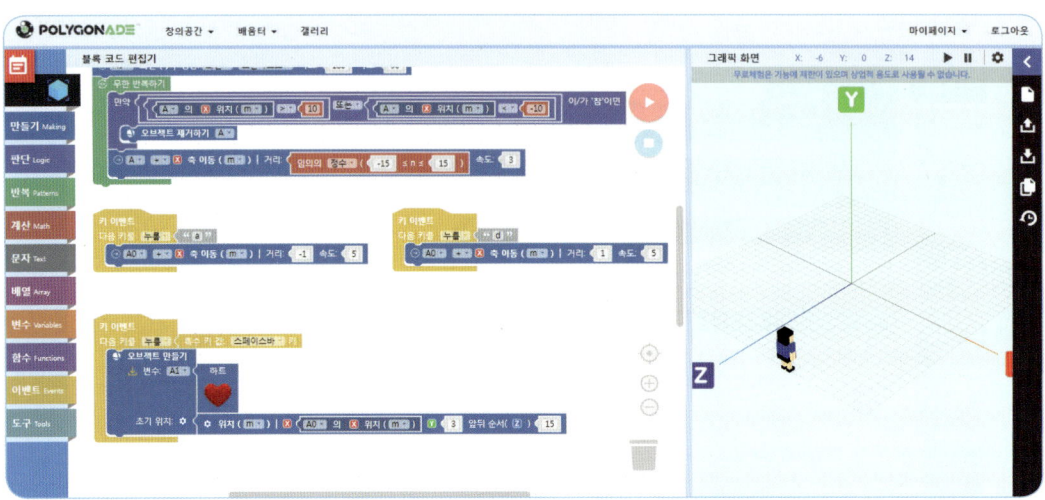

16 A의 Z축 이동(m) 거리: 1 속도: 1 블록을 키 이벤트 안에 넣습니다. 변수의 이름을 하트 오브젝트 변수로 바꾸어 주고, 거리는 Z축 -30, 속도는 10으로 바꾸어 줍니다.

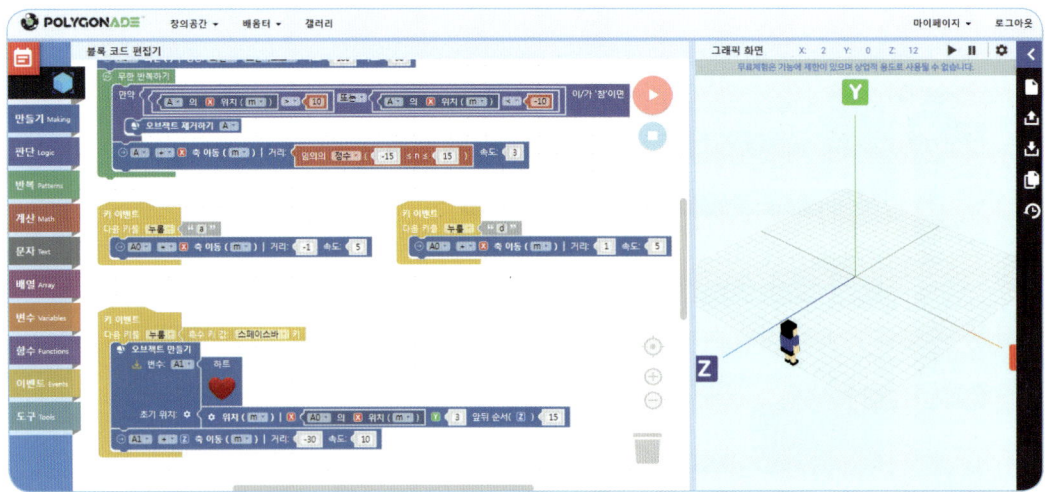

17 하트 오브젝트가 선물상자 오브젝트와 부딪히면 사라지도록 합니다. 만들기 툴박스에서 ![블록] 을 가져와 감지하는 대상과 감지 받는 대상을 설정하고 무한 반복하기 블록 위에 조립합니다.

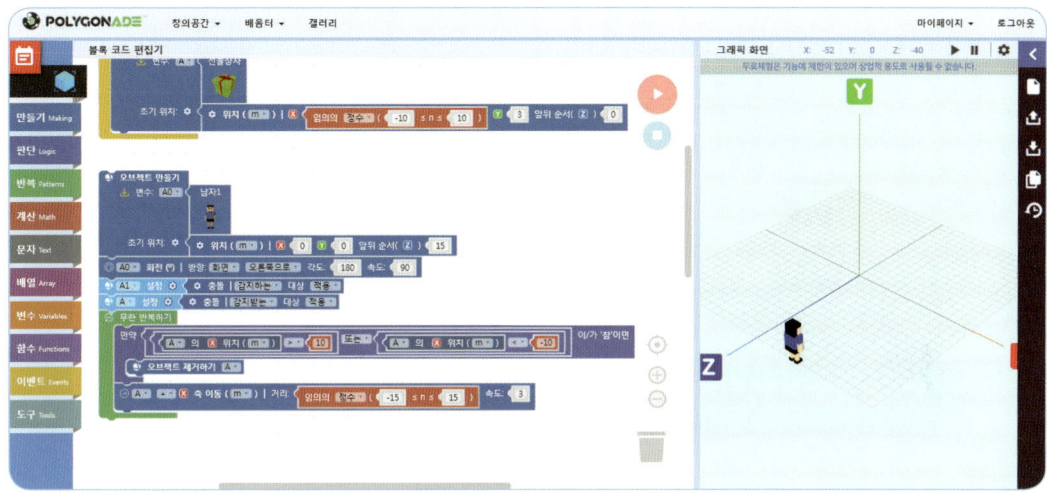

18 충돌 이벤트 블록과 글 붙이기 블록, 1초 기다리기 블록을 조립합니다. 선물상자가 충돌을 감지하면 "성공이야"라는 메시지와 함께 1초가 지난 후, 사라집니다.

CHAPTER 06 풍선 맞추기 게임 만들기 **113**

계산 툴박스의 `임의의 정수 ( 0 ≤ n ≤ 10 )` 블록을 이용해 무작위로 주인공을 쫓아오는 오브젝트를 만들 수 있습니다. 주인공을 조종해 나를 쫓아오는 오브젝트들을 피해봅시다.

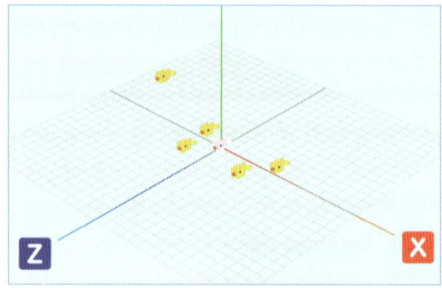

위 프로젝트는 폴리곤에이드 사이트의 갤러리 또는 https://www.polyade.com/Gallery/Content/3826에서 확인할 수 있습니다.

임의의 정수를 이용해 오브젝트들을 무작위로 배치하려고 합니다. 다음과 같이 초기 위치 안에 임의의 정수 (1 ≤ n ≤ 10) 블록을 넣어 조립했는데, 오브젝트들이 다 같은 위치로 움직입니다. 어떤 블록을 고쳐야 할까요?

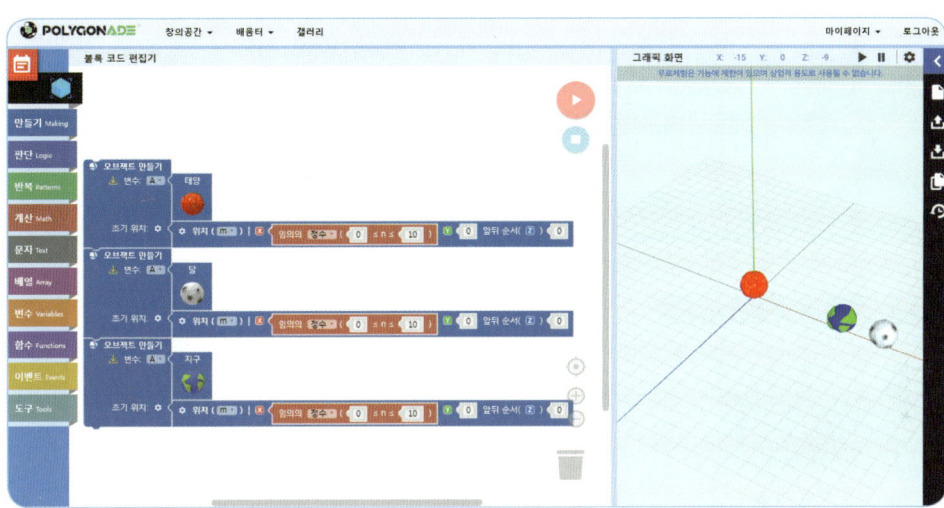

CHAPTER 07

행성 관찰하기, 입체도형 그리기 〔도구〕

도구 툴박스는 선 그리기, 선 색깔, 화면 시점 전환 등을 설정할 수 있습니다. 도구 블록들을 이용해 VR체험 프로그램, 도형 그리기 프로그램을 만들어볼까요?

사용할 블록

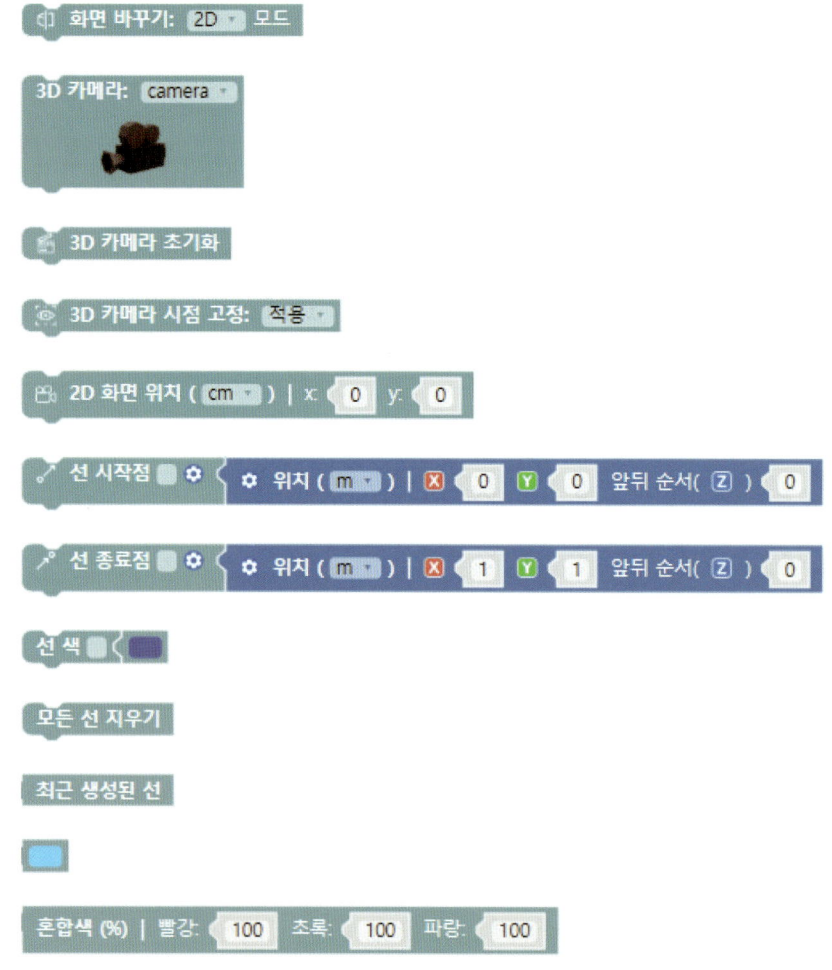

1 도구 블록으로 VR체험, 도형 그리기 프로그램 만들기

01 도구 툴박스에서 카메라 모드 블록을 이용해 VR체험을 해 봅시다. VR체험을 하기 위해서 그래픽 출력 화면을 3D모드로 바꾸고, 3D카메라 블록을 조립합니다.

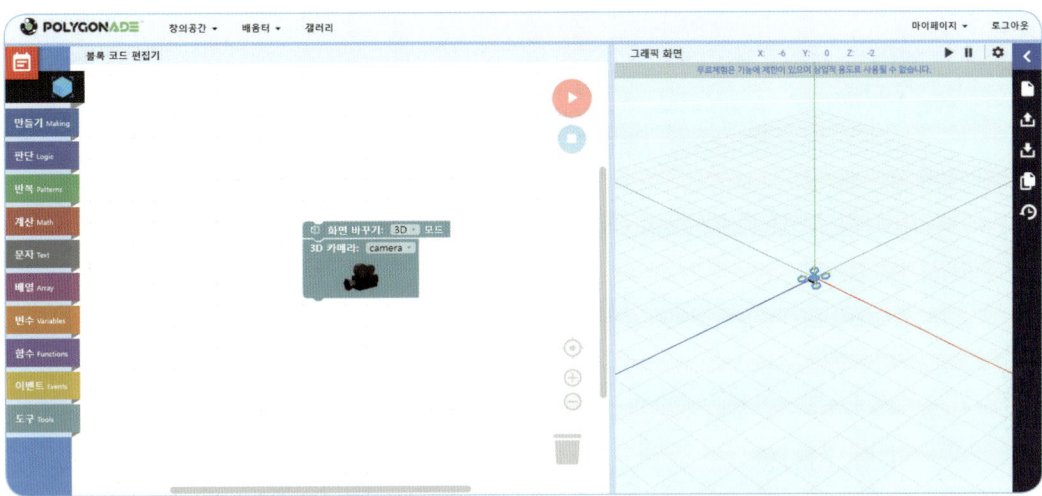

02 만들기 툴박스에서 블록을 가져옵니다. 변수 A를 3D카메라 변수인 camera로 바꿔줍니다. 만들기 툴박스에서 블록도 변수를 camera로 바꿔주고 3D카메라 블록 밑에 조립합니다.

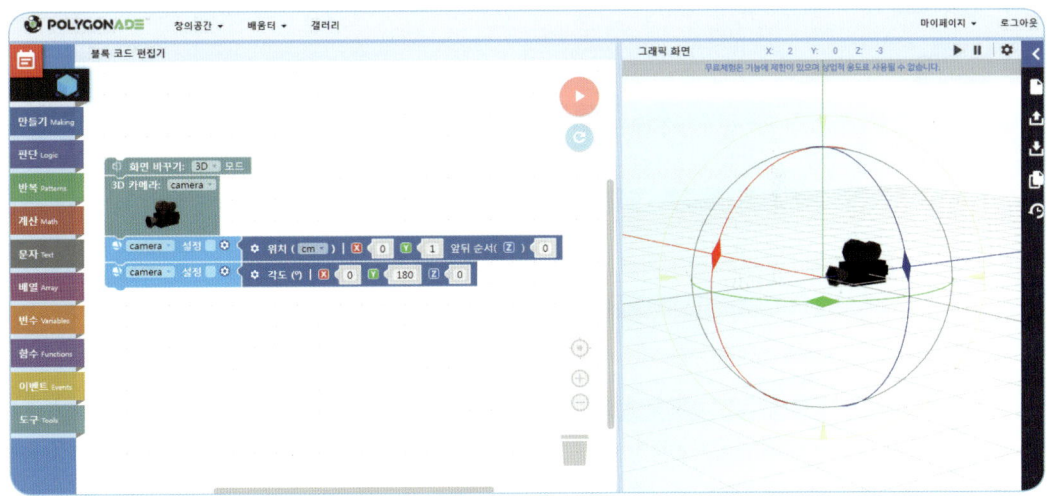

CHAPTER 07 행성 관찰하기, 입체도형 그리기　117

03 키보드의 특정키를 누르면 3D카메라가 움직여 다양한 오브젝트들을 볼 수 있습니다. 만들기 툴박스에서 블록을 불러옵니다. 변수 A를 camera로 바꾸고, 키 이벤트 블록 안에 조립합니다.

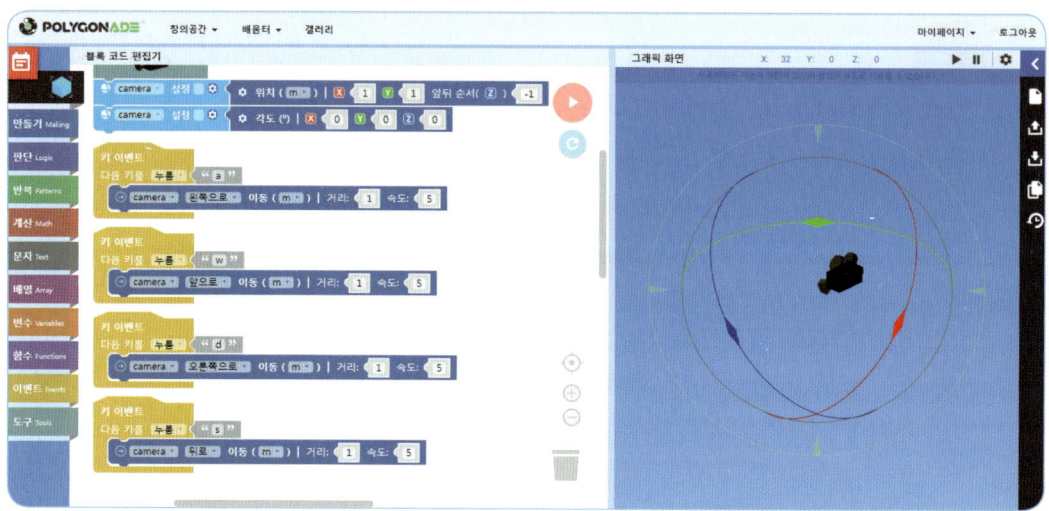

04 키보드 "1"을 누르면 왼쪽으로, "2"키를 누르면 오른쪽으로, "3"을 누르면 뒤쪽으로, "4"를 누르면 앞쪽으로 회전할 수 있도록 합니다. 만들기 툴박스에서 블록을 불러와 변수와 방향을 바꿔줍니다.

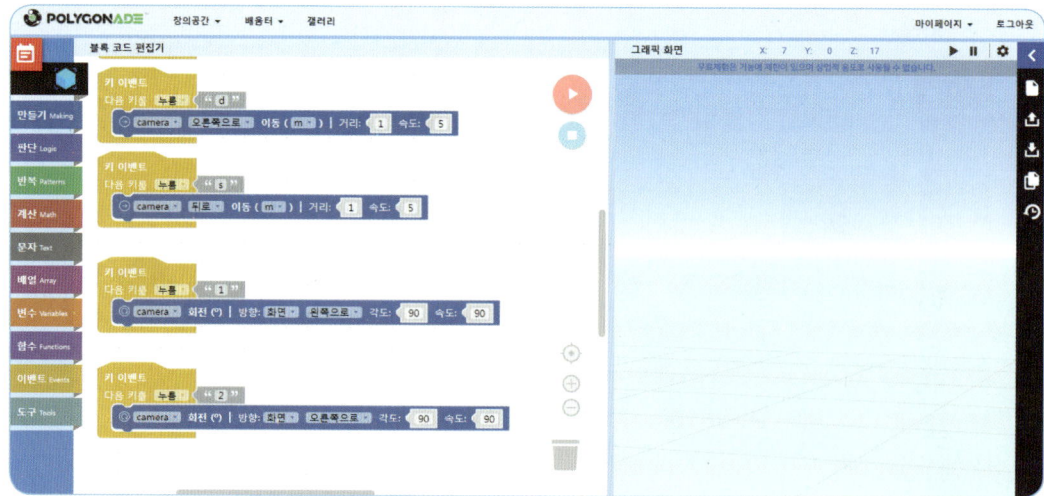

05 이제 관찰할 오브젝트들을 만들어 봅시다. 밤하늘의 다양한 행성과 별들을 관찰해볼까요? 오브젝트 목록에서 지구, 달, 토성 오브젝트들을 불러옵니다.

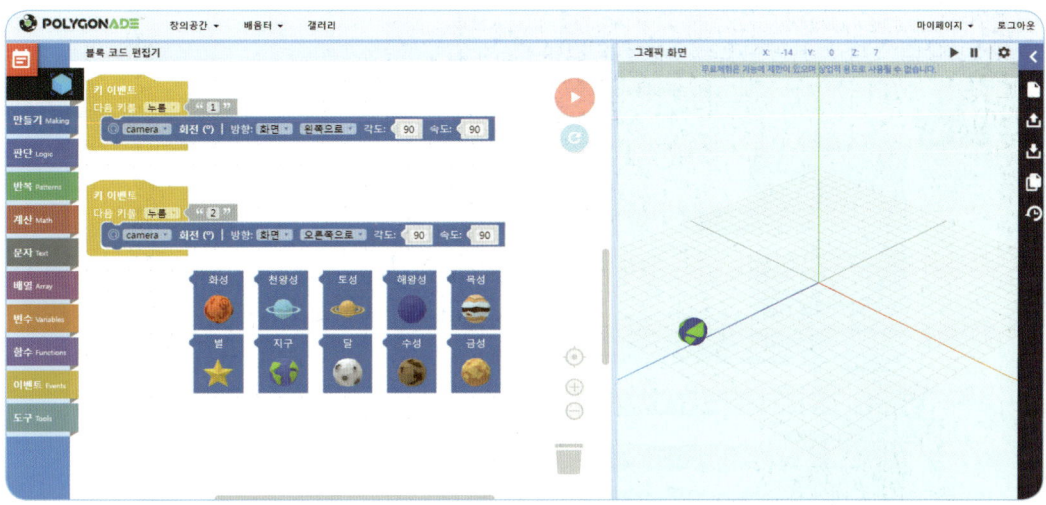

06 지구의 초기 위치를 정해줍니다. 그리고 지구가 스스로 회전할 수 있도록 무한 반복하기 블록 안에 A 회전 (°) 방향: 화면 앞쪽으로 각도: 90 속도: 90 블록을 넣습니다. 각도를 360로 설정하면 스스로 회전하는 지구를 만들 수 있습니다.

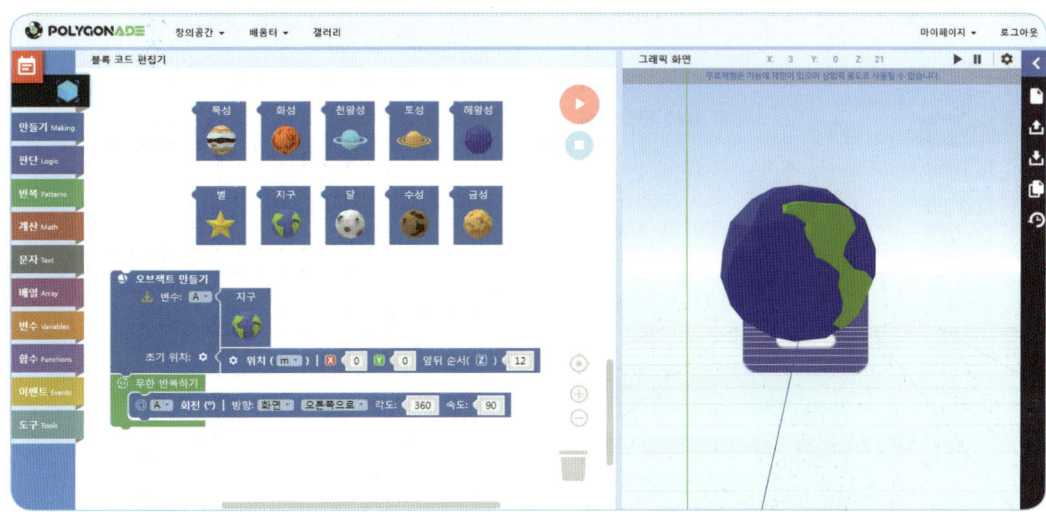

07 별 오브젝트를 꺼내온 다음 크기 비율을 이용해 작게 만듭니다. 작게 만든 별 오브젝트를 지구 오브젝트 옆에 만들어 봅시다. 반복 툴박스에서 다음 블록과 동시 실행 블록을 가져와 별과 지구가 동시에 회전할 수 있도록 합니다.

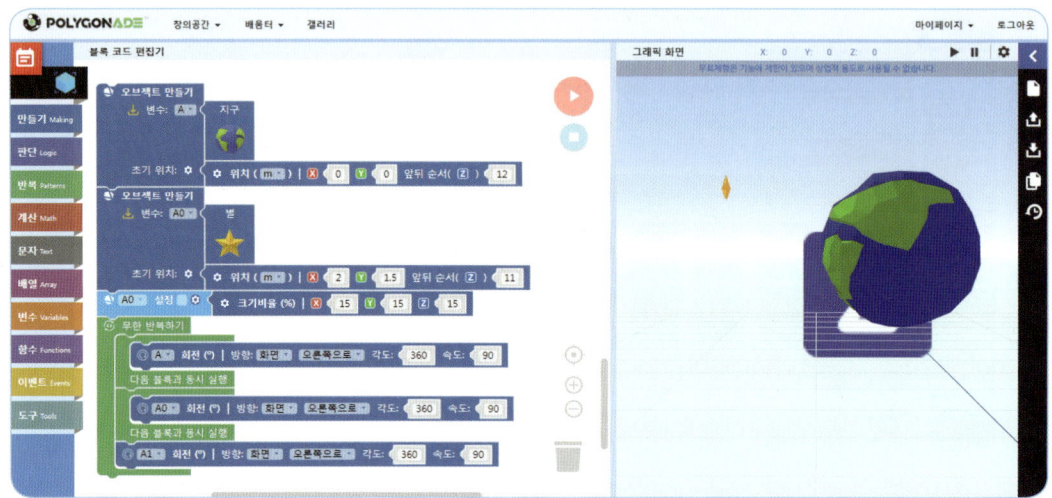

08 만들기 툴박스에서 그리드 숨기기 블록을 조립합니다. 이제 토성, 별, 지구와 같은 오브젝트를 만든 다음. 실행 버튼을 누르면 행성과 별들이 제자리에서 회전하는 것을 관찰할 수 있습니다.

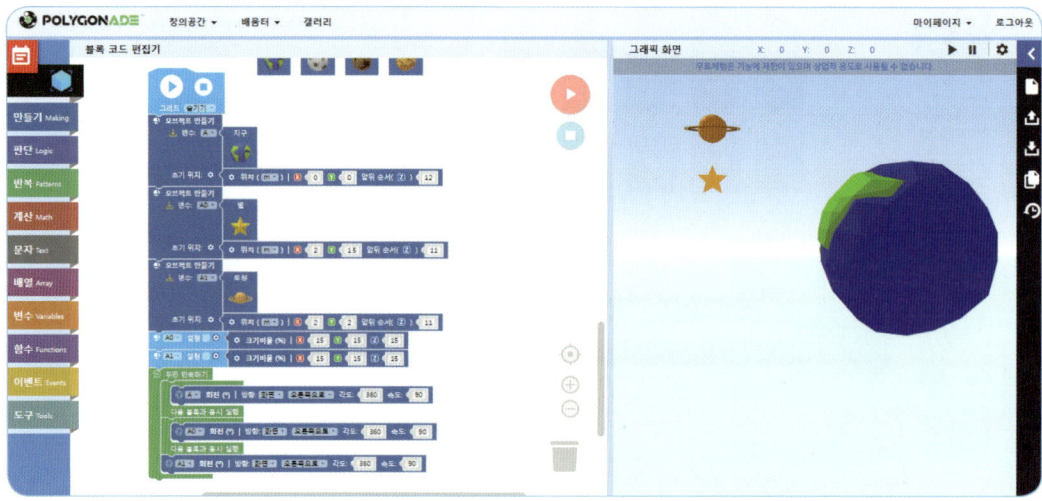

09 선 시작점과 선 종료점 블록을 이용해 도형을 그려 봅시다. 보라색 정사각형 테두리를 먼저 그려봅니다.

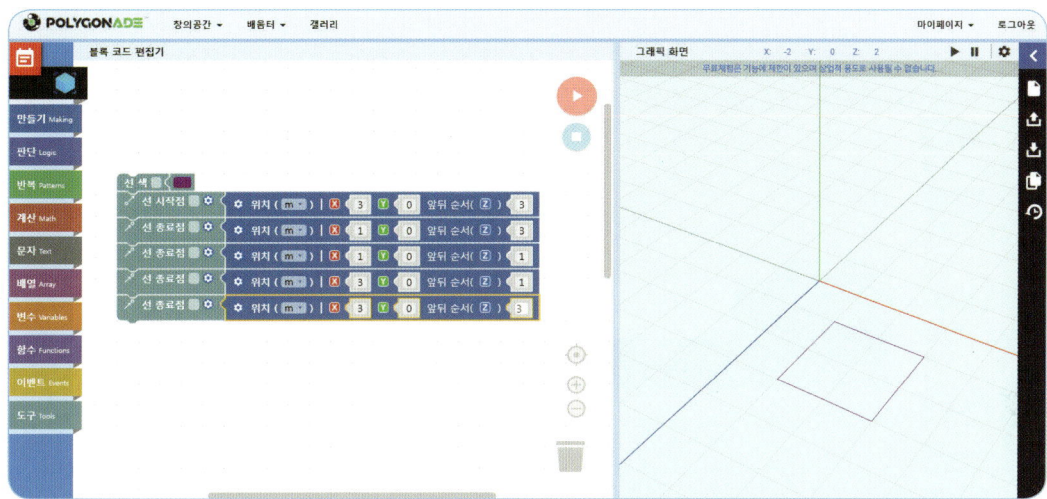

10 선 시작점과 선 종료점 블록을 추가해 삼각뿔을 만들어 봅니다.

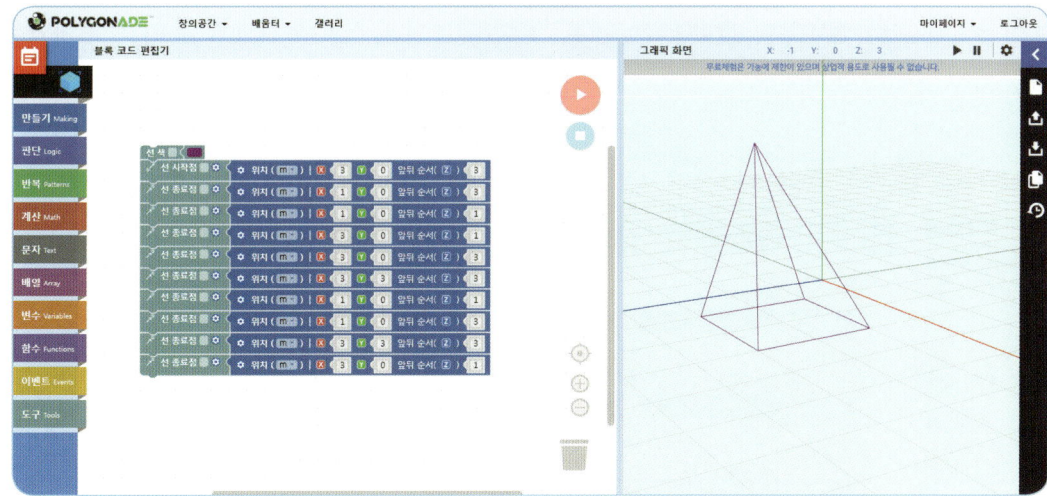

11 키보드로 캐릭터를 움직여 직접 선을 그려볼까요? 먼저 선을 그릴 캐릭터를 오브젝트 매니저에서 불러옵니다. 만들기 툴박스에서 오브젝트 크기 비율을 조절할 수 있는 `A 설정` `크기비율 (%) X 100 Y 100 Z 100` 로 오브젝트의 크기를 줄일 수 있습니다.

12 키 이벤트 블록과 `A + X 축 이동 (m) | 거리: 1 속도: 1` 블록으로 오브젝트를 좌우방향으로, `A + Z 축 이동 (m) | 거리: 1 속도: 1` 블록으로 오브젝트를 앞뒤 방향으로 움직일 수 있도록 합니다.

13 스페이스 키를 누르면 선 시작점을 지정하고, 엔터 키를 누르면 선 종료점을 지정할 수 있도록 키 이벤트를 설정합니다. 선 시작점 블록안의 좌표에 `A의 X 위치(m)`, `A의 Y 위치(m)`, `A의 Z 위치(m)`를 각각 넣어줍니다.

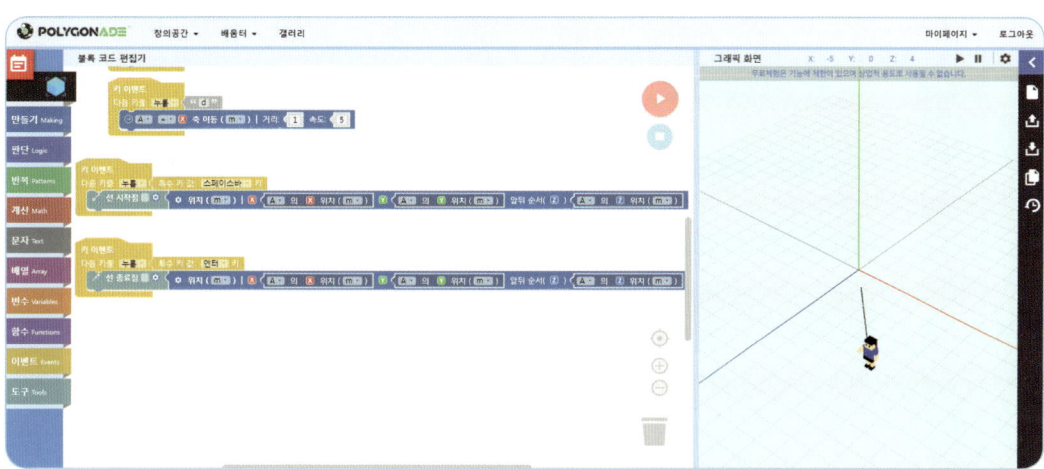

14 이제 캐릭터를 움직여 선 시작점과 선 종료점을 정해 선을 그릴 수 있습니다. 키 이벤트 블록을 이용해 Y좌표로 이동하는 키를 넣으면 입체도형도 그릴 수 있습니다.

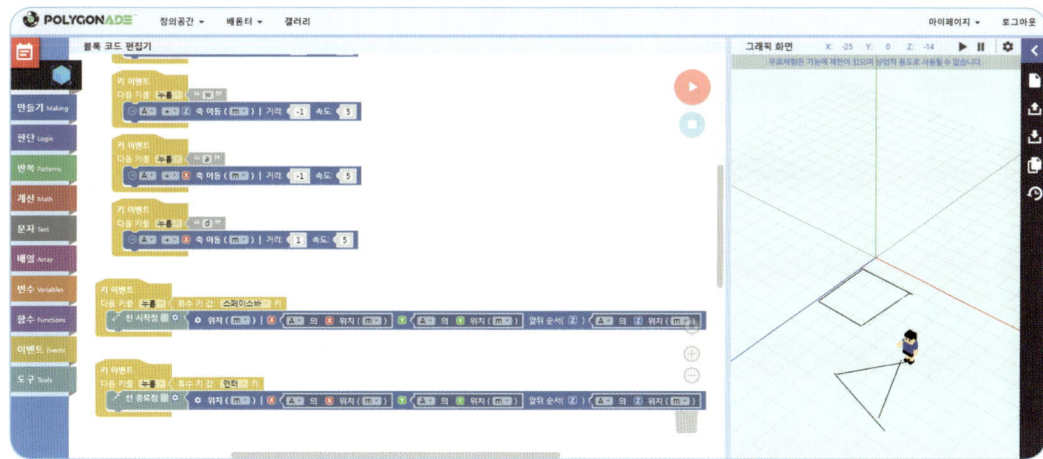

15 이번에는 키보드의 숫자 키 "1", "2", "3"을 누르면 선의 색깔을 바꿀 수 있도록 키 이벤트 블록을 조립합니다. 키 이벤트 블록에서 "키를 누름" 값을 숫자 키로 변경하고, 도구 툴박스에서 선 색 블록을 안에 넣습니다.

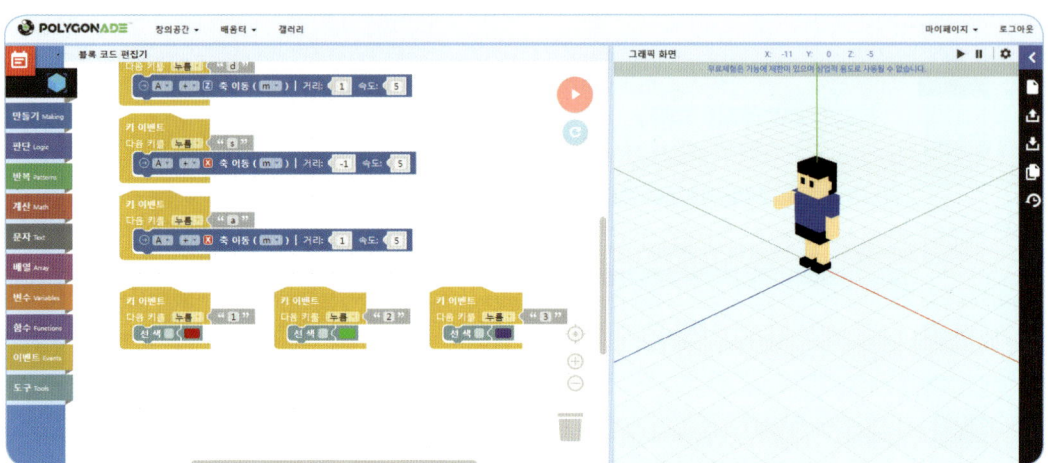

16 마지막으로 키보드 숫자 키 "4"를 누르면 모든 선을 지울 수 있도록 합니다. 도구 툴박스에서 모든 선 지우기 블록을 키 이벤트 블록 안에 넣습니다.

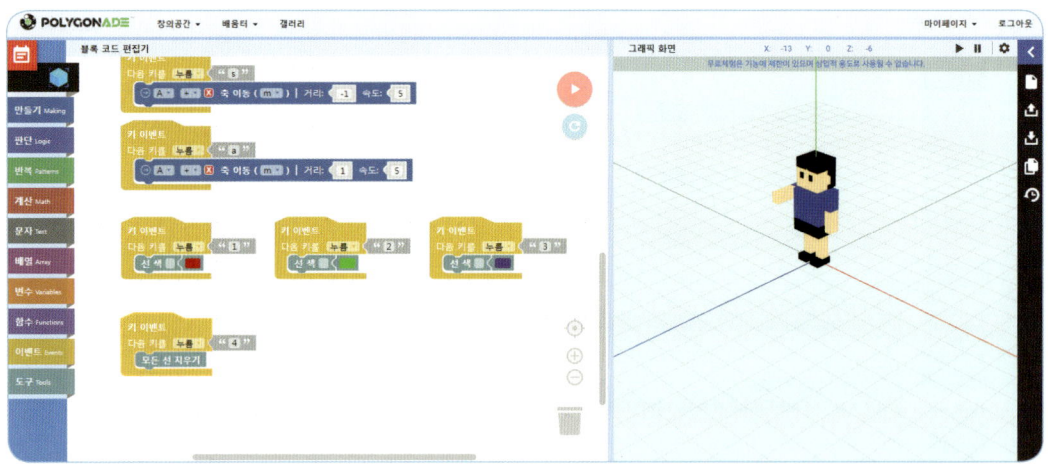

2 도구 블록의 활용법

01 화면 바꾸기: 2D화면으로 된 TDV창이 3D화면으로 변경됩니다. 키 이벤트 블록과 조립하면 2D화면 전환 혹은 3D화면 전환을 원할 때마다 사용할 수 있습니다.

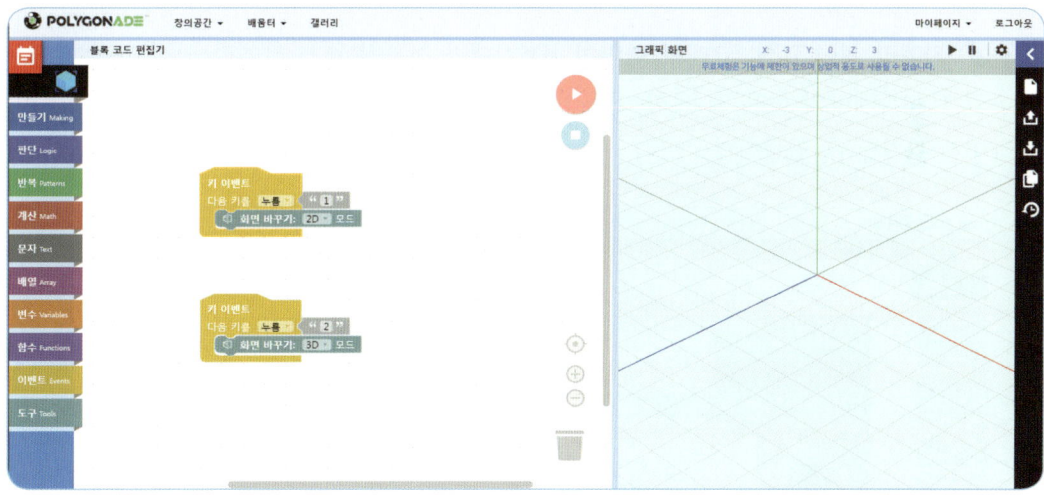

02 카메라: 카메라 오브젝트를 불러올 수 있습니다. 카메라가 바라보는 시선대로 움직일 수 있습니다. 단, 주의할 점은 3D화면으로 전환한 후 실행하여야 합니다.

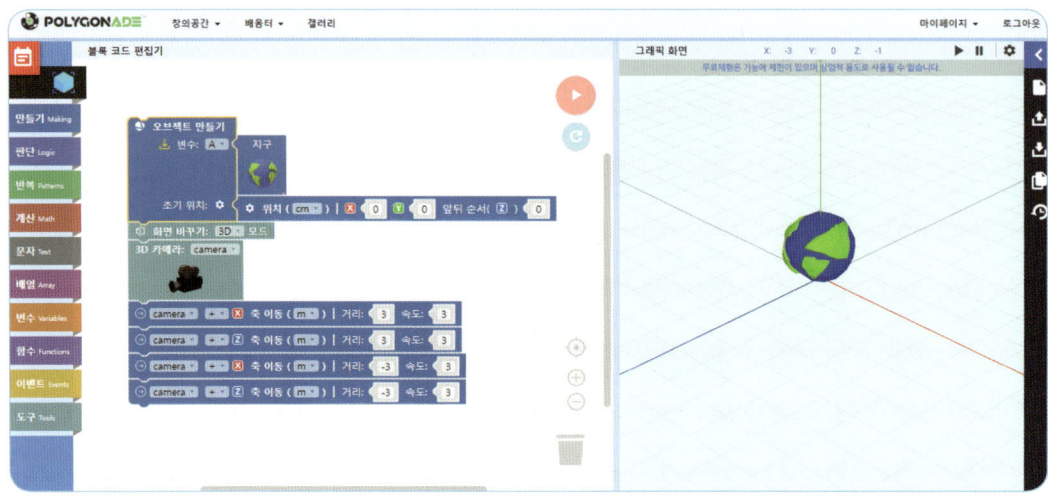

03 3D 카메라 초기화: 3D 카메라의 위치를 처음 위치로 바꿉니다.

04 3D 카메라 시점 고정: 그래픽 화면이 3D일 때만 적용됩니다. 카메라 시점 고점이 적용되어 있으면 카메라의 눈은 계속 한 곳을 바라본 채로 이동합니다. 오브젝트 주위를 한 바퀴 돌면서 관찰할 수 있습니다.

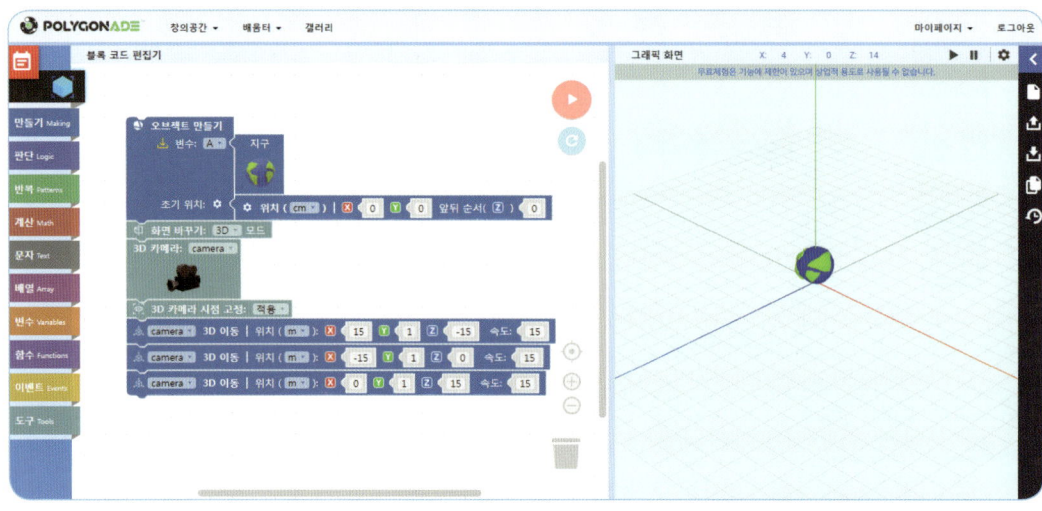

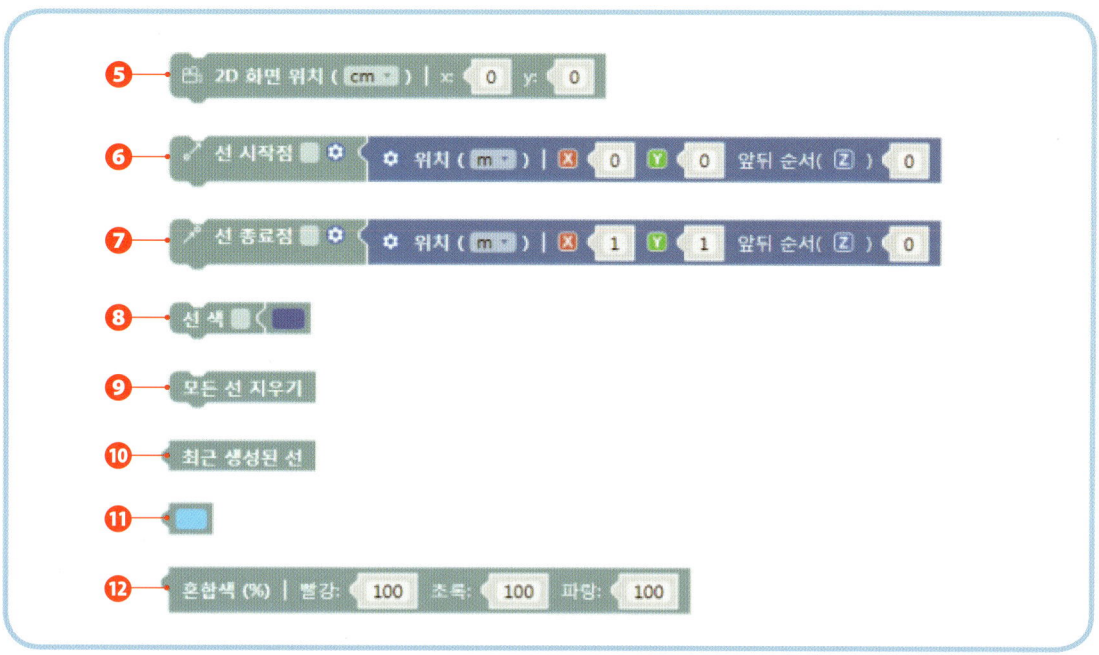

05 **화면 위치 설정**: 2D 화면출력 창에서 장면을 전환할 때 사용할 수 있습니다.

06 **선 시작점**: 선이 시작하는 위치를 설정할 수 있습니다. 한 칸을 움직일 때는 1m 또는 100cm 로 표시하면 됩니다.

07 **선 종료점**: 선이 끝나는 위치를 설정할 수 있습니다. 선 종료점을 계속 붙이면 선 시작점으로 자동 세팅됩니다.

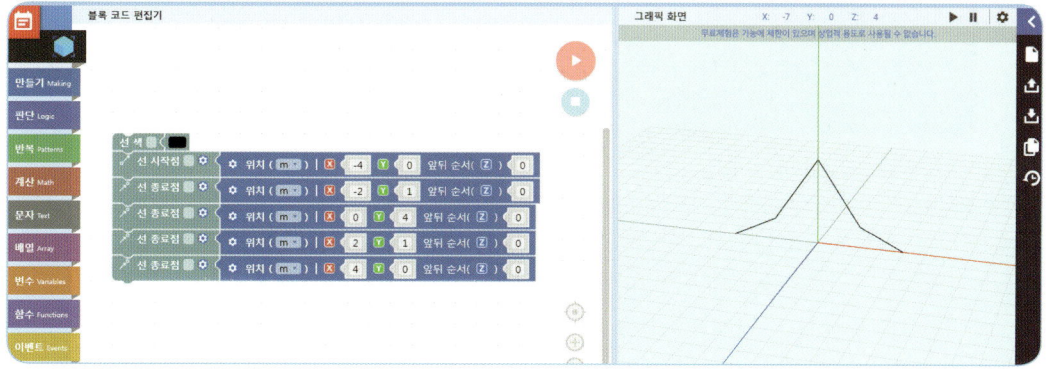

08 선 색: 선의 색깔을 설정할 수 있습니다.

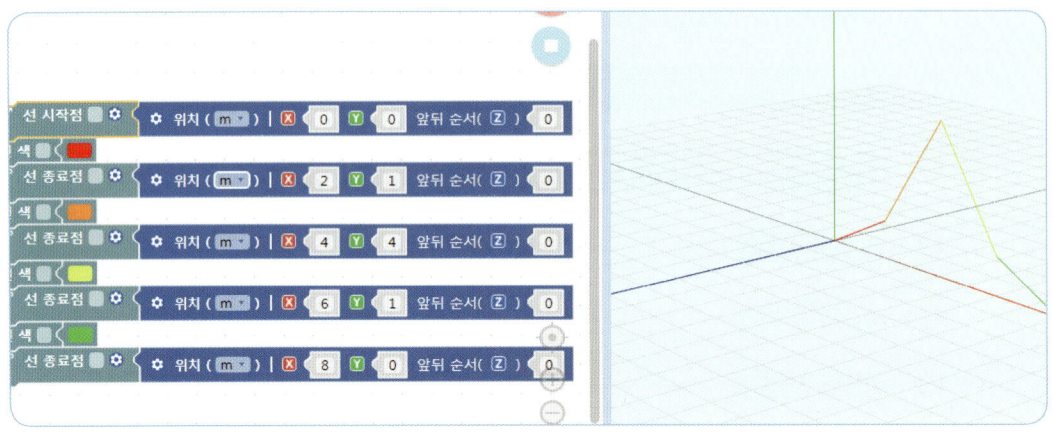

09 모든 선 지우기: 만들어 놓은 모든 선을 지울 수 있습니다. 만약 모든 선 지우기 블록을 사용한 이후 선을 새로 그리고자 한다면 선 시작점 블록을 가져오면 됩니다.

10 최근 생성된 선: 이 블록을 변수에 저장해서 일반 오브젝트처럼 이동시킬 수 있습니다. 가장 마지막에 생성된 선만 해당됩니다. 만약, 여러 개의 선을 한 번에 이동하고 싶다면 배열을 이용해서 묶어 이동합니다.

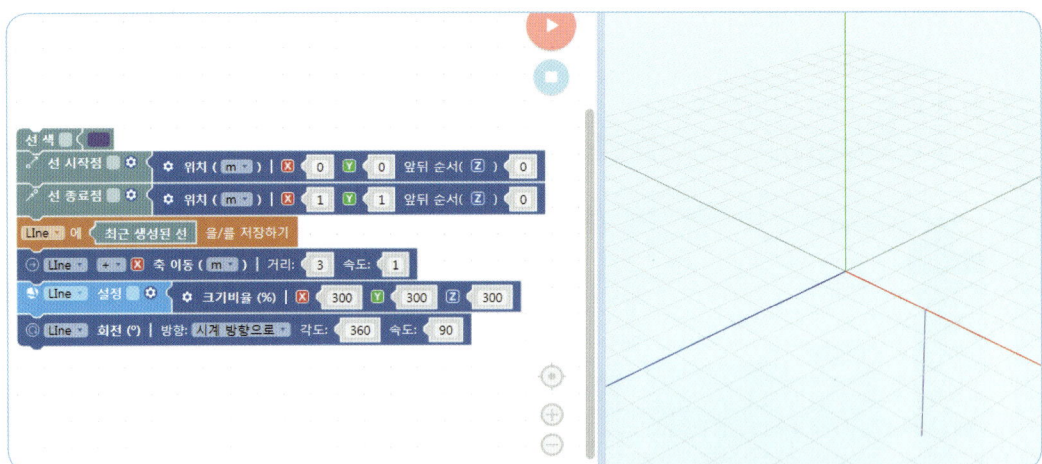

11 **색 블록**: 색깔을 지정할 수 있습니다.

12 **혼합색**: 빨강, 초록, 파랑의 비율을 조절해서 원하는 대로 색을 변경할 수 있습니다.

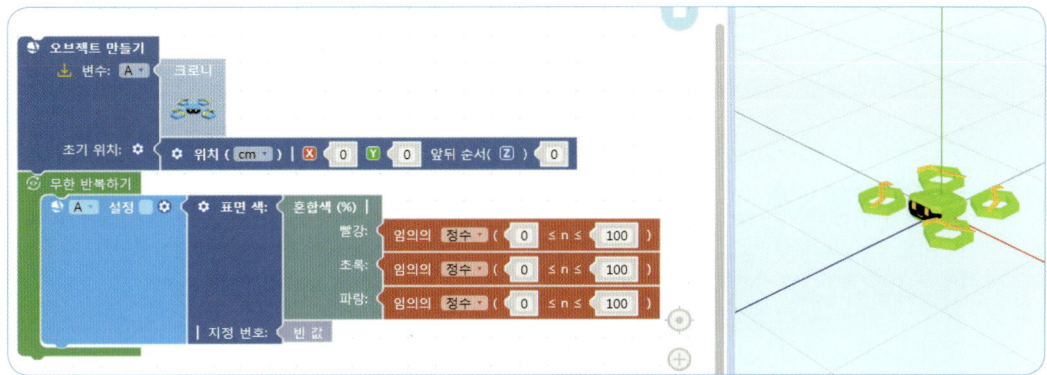

생각해보기

캐릭터 오브젝트를 위, 아래로 움직이는 키를 추가하면 키보드를 이용해 입체도형을 그릴 수 있습니다. 키 이벤트와 오브젝트 위치 설정 블록을 조립해 캐릭터만을 움직여서 다양한 입체도형을 그려봅시다.

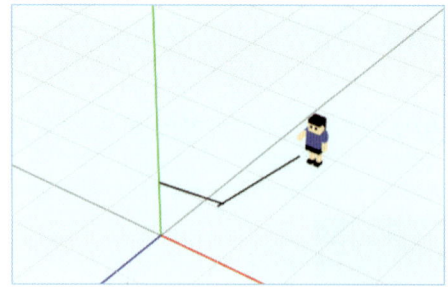

위 프로젝트는 폴리곤에이드 사이트의 갤러리 또는 https://www.polyade.com/Gallery/Content/3827에서 확인할 수 있습니다.

3D카메라 블록을 이용해 키보드의 화살표 방향을 누르면 화면 시점이 바뀌도록 블록들을 조립했습니다. 시작 버튼을 눌러도 그래픽 출력 화면이 계속 화면이 고정되어 있습니다. 어떤 블록을 추가해야 할까요?

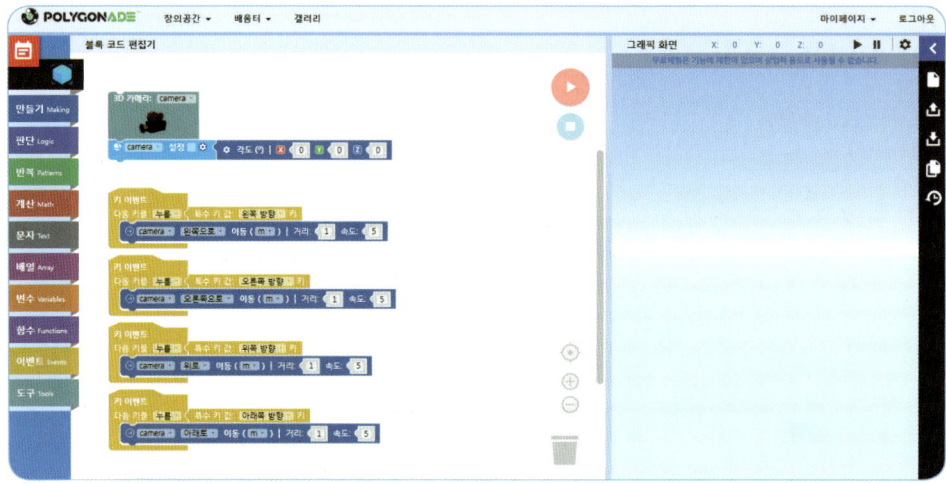

MEMO

PART III

폴리곤에이드 한발 더 나아가기

Chapter 01 꼬리잡기 게임 만들기 `변수`
Chapter 02 전자계산기 만들기 `함수`
Chapter 03 픽셀아트 작품 만들기 `배열`
Chapter 04 짝수의 합 그림으로 표현하기 `배열`
Chapter 05 두 수의 교환, 크로니의 교환 `변수`
Chapter 06 세 수 가운데 제일 큰 수 찾기 `논리`
Chapter 07 크로니 개수 맞추기 `논리`

CHAPTER 01

꼬리잡기 게임 만들기 `변수`

게임을 할 때 그 전에 받았던 점수에 새로운 점수가 계속 더해져서 새로운 값이 나옵니다. 이렇게 변하는 수 또는 변하는 값을 넣는 공간을 '변수'라고 부릅니다. 변수를 이용해 꼬리잡기 게임 작품을 만들어 봅시다.

사용할 블록

- 변수 만들기
- BY_ 에 ◯ 을/를 저장하기
- BY_ 을/를 주어진 값만큼 바꾸기 `1`
- BY_
- camera
- ID_
- MSG_
- ON_
- RECV_
- SEND_
- TO_

1 변수 블록으로 꼬리잡기 게임 만들기

01 변수 블록을 이용해 오브젝트의 크기를 조절할 수 있습니다. 물고기를 쫓아다니는 돌고래 꼬리잡기 게임을 만들어 봅시다. 먼저, 돌고래와 물고기들이 떠다니는 맵을 만듭니다.

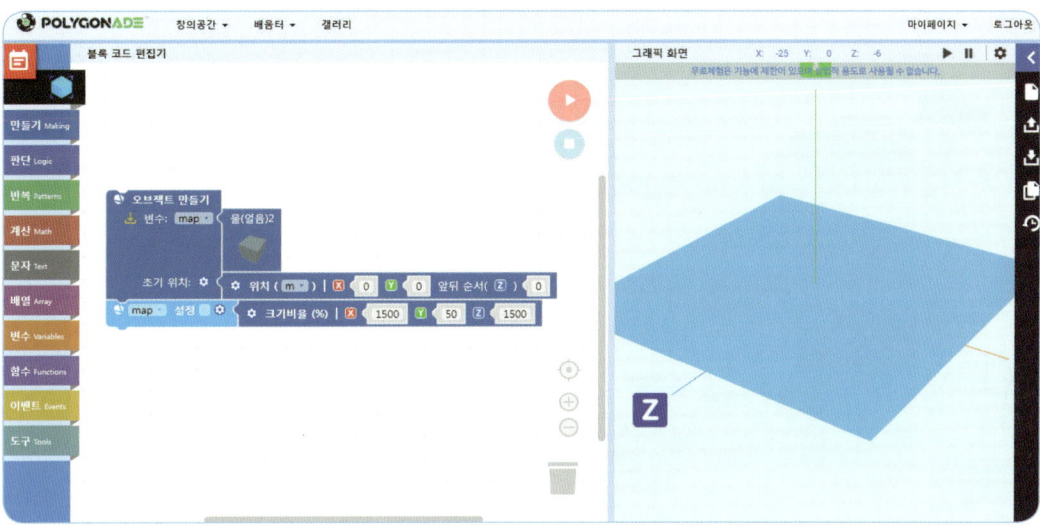

02 오브젝트 매니저에서 물고기 오브젝트를 두 개를 꺼내옵니다. 꺼내온 물고기 오브젝트의 색깔을 바꾸기 위해 [L0 설정] [표면 색:] [지정 번호: 빈 값] 을 이용합니다.

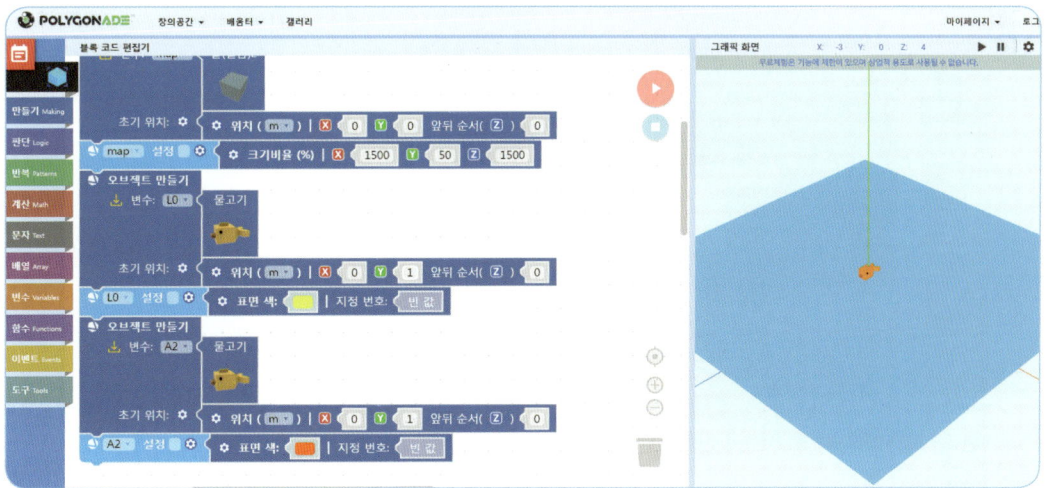

03 `L0 설정` `위치(m) X 0 Y 1 앞뒤 순서(Z) 0` 의 X축과 Z축안에 계산 툴박스에 있는 `임의의 정수(0 ≤ n ≤ 10)`을 넣습니다. 이제 시작 버튼을 누르면 물고기들이 무작위로 화면에 나타납니다.

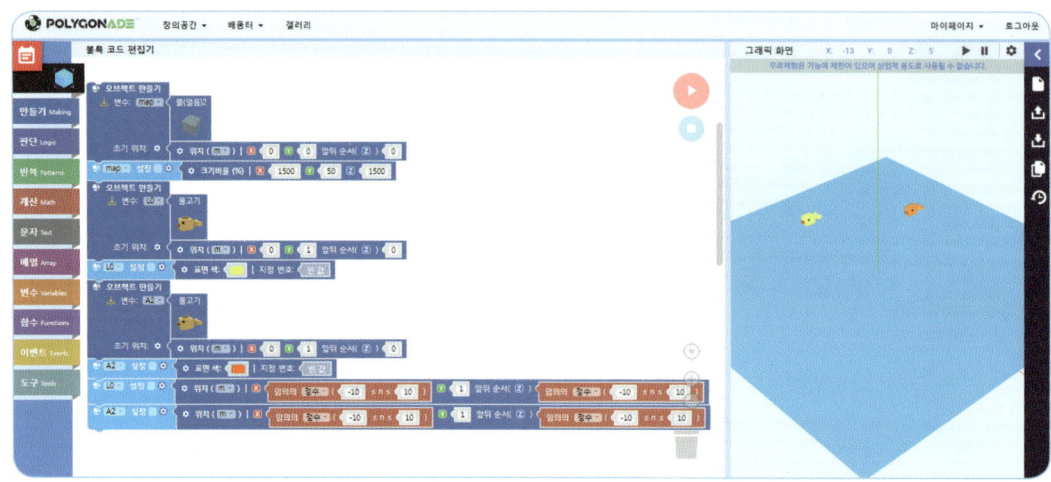

04 물고기를 잡기 위해 돌고래 오브젝트를 만들어 줍니다. 충돌 설정을 위해 돌고래 오브젝트는 `충돌 감지하는 대상 적용`으로, 물고기 오브젝트는 `충돌 감지받는 대상 적용`으로 지정해줍니다.

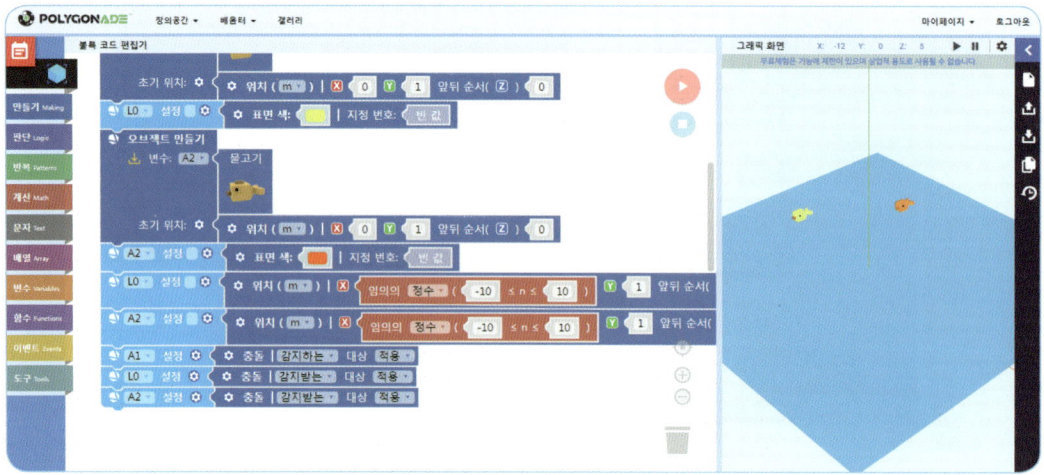

05 돌고래가 물고기와 부딪히면 점수가 올라가도록 합니다. 점수를 나타내기 위해 문자 툴박스에서 그래픽 출력 블록을 가져옵니다. 문자의 색깔을 바꿀 수 있습니다.

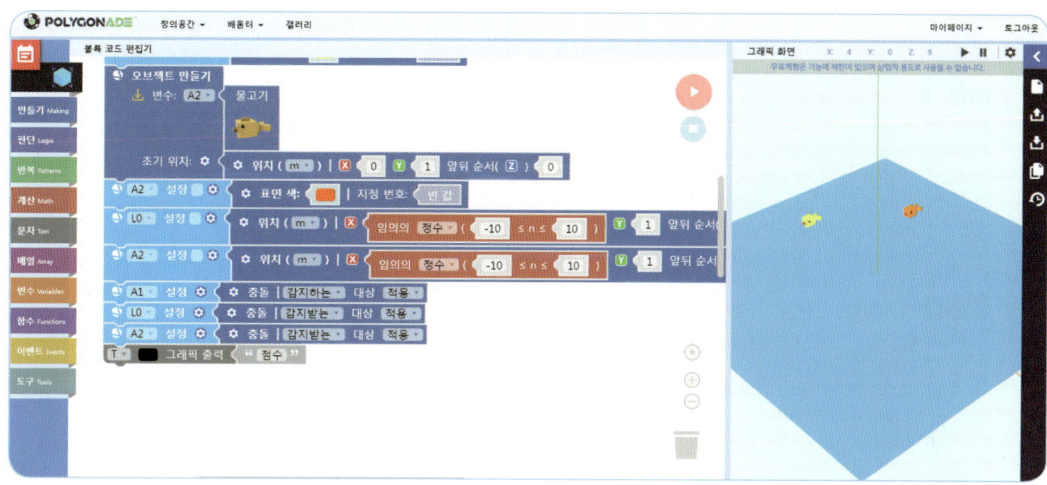

06 만들기 툴박스에서 위치와 크기비율 블록을 그래픽 출력 블록 밑에 조립합니다. 블록들의 숫자를 변경해줍니다.

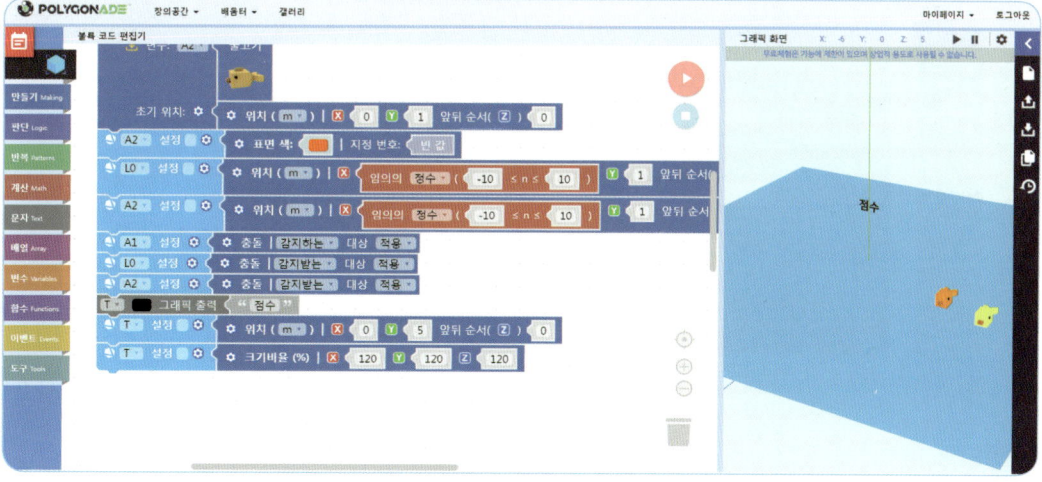

07 돌고래 오브젝트의 속성을 설정합니다. 변수 툴박스에서 변수 만들기 를 눌러 돌고래의 크기를 바꿔줄 "size"변수와 점수를 높여주는 "score"변수를 만듭니다.

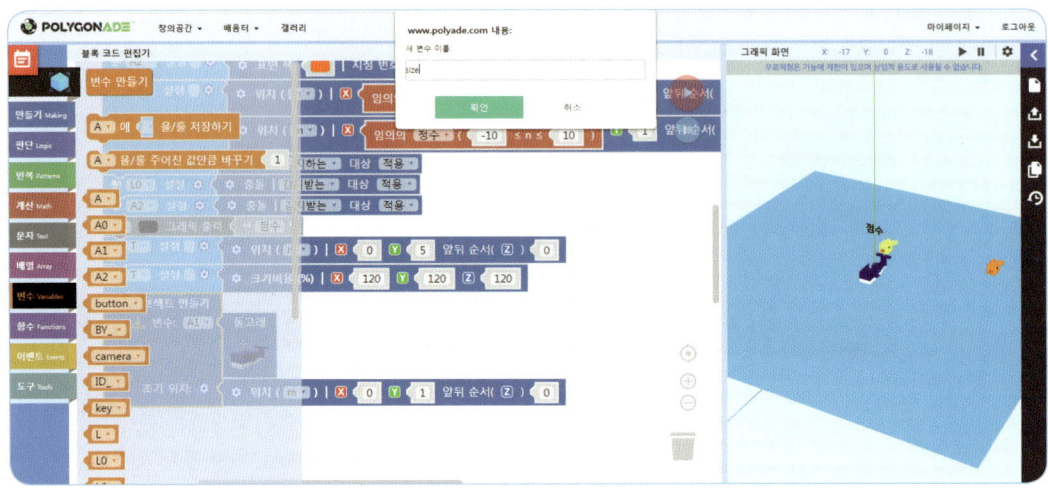

08 A 에 을/를 저장하기 에서 변수 이름을 바꾸고, 계산 툴박스에서 0 을 변수의 값을 넣는 부분에 넣어 크기 블록 밑에 붙여줍니다.

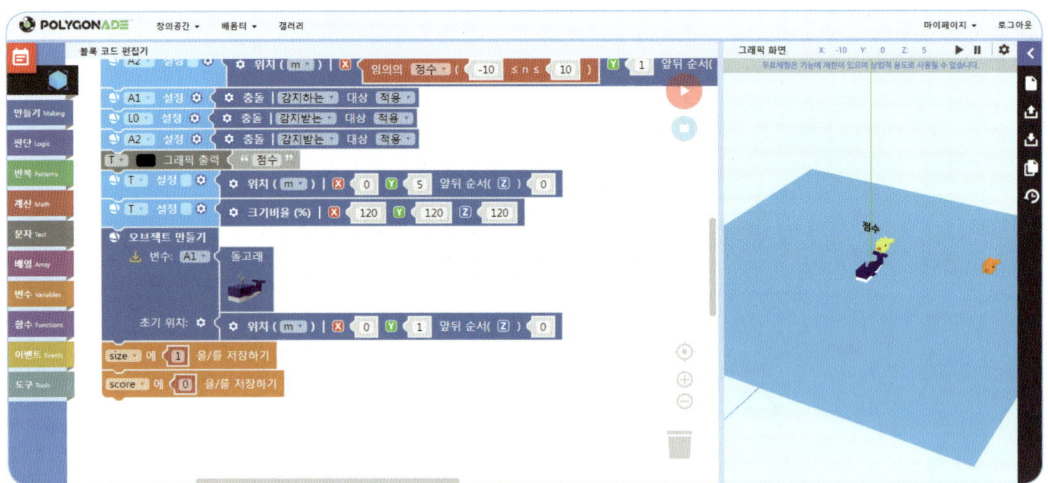

09 키보드 "w"키를 누르면 돌고래 오브젝트가 앞으로 움직이고, "s"키를 누르면 돌고래 오브젝트가 뒤로 움직이도록 합니다. 이벤트 툴박스에서 `키 이벤트` 를 불러오고, `A1 앞으로 이동 ( m ) | 거리: 1 속도: 7` 를 넣어줍니다.

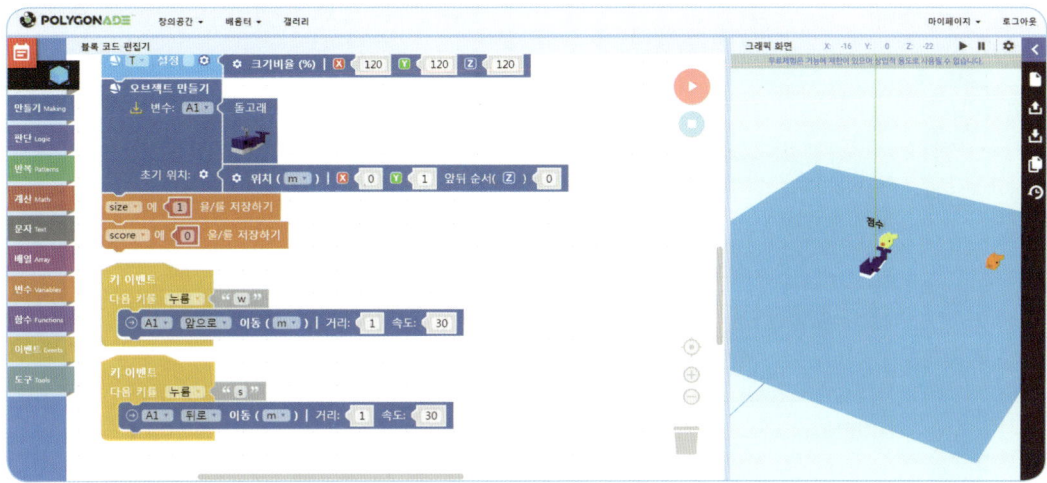

10 키보드 "a"키를 누르면 돌고래 오브젝트가 왼쪽으로, "d"키를 누르면 돌고래 오브젝트가 오른쪽으로 움직이도록 합니다. 키 이벤트 블록 안에 `A1 회전 (°) | 방향: 화면 오른쪽으로 각도: 15 속도: 90` 을 넣습니다.

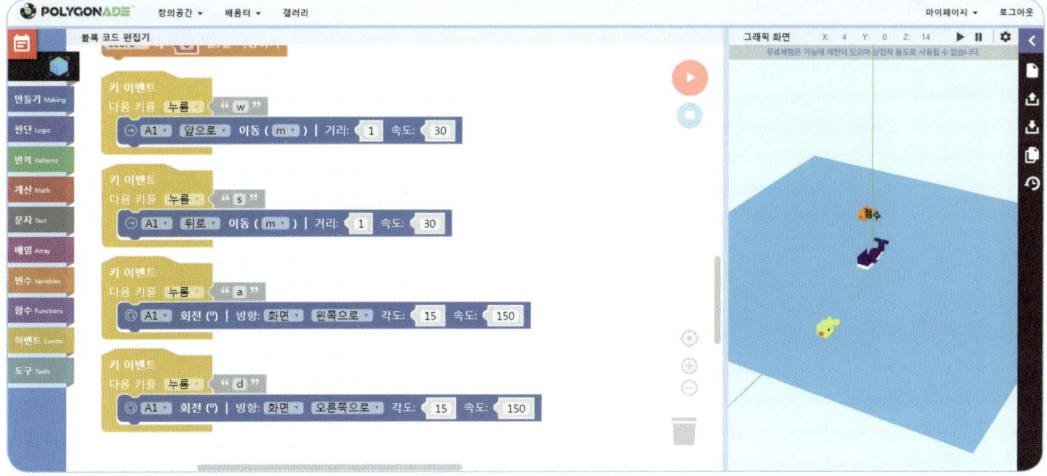

CHAPTER 01 꼬리잡기 게임 만들기

11 돌고래 오브젝트와 물고기 오브젝트가 충돌하면 점수가 올라가도록 블록들을 조립합니다. `충돌 이벤트` 안에 `만약 이/가 '참'이면`을 넣습니다. 변수 블록과 판단 블록을 이용해 다음과 같이 블록들을 조립합니다.

12 `오브젝트 제거하기 TO`과 `A 을/를 주어진 값만큼 바꾸기 1`을 `충돌 이벤트` 안에 넣습니다. 변수A를 점수를 저장하는 변수 score로 바꾸고 1을 올리고 싶은 점수 값으로 바꿉니다.

13 오브젝트 제거하기 TO_ 블록은 돌고래와 부딪힌 물고기가 사라지게 합니다. 이번에는 TO_ 설정 ⚙ A1 오브젝트에 연결하기 을 넣어 돌고래가 물고기를 계속 붙잡고 움직이도록 합니다.

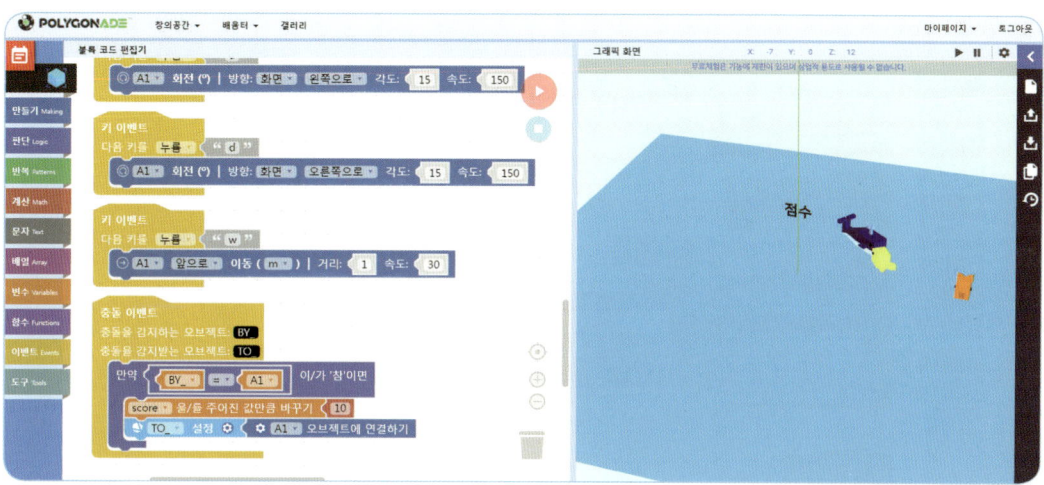

14 돌고래가 물고기를 붙잡을 때마다 점수가 올라갑니다. 이제 점수를 3D그래픽으로 출력해봅시다. T2 그래픽 출력 " " 안에 점수를 나타내는 변수 score 를 넣습니다.

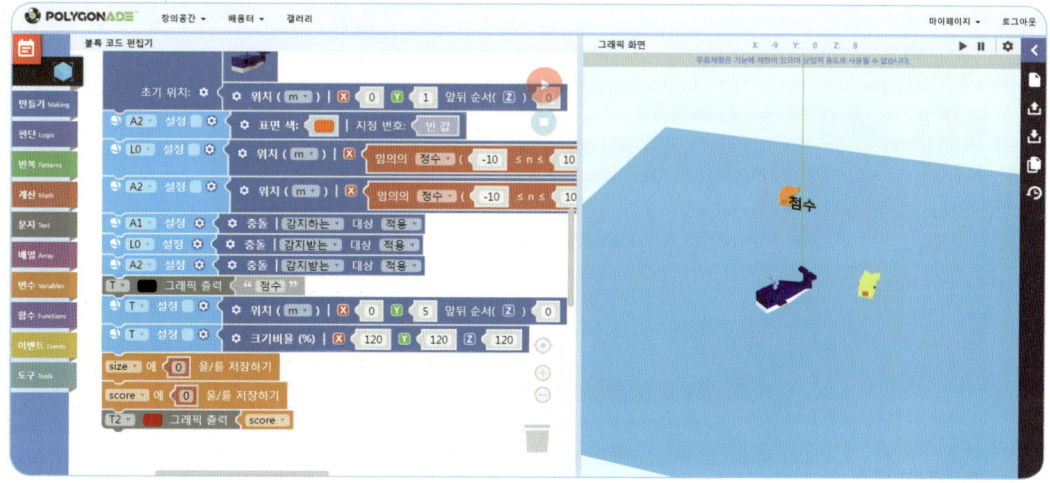

15 `충돌 이벤트` 안에 점수를 나타내는 그래픽 출력 블록을 넣고, 위치를 조절해 줍니다. 이제 키보드로 돌고래를 움직여 물고기를 붙잡을 때 마다, `A 을/를 주어진 값만큼 바꾸기 1` 에 넣은 점수가 올라갑니다.

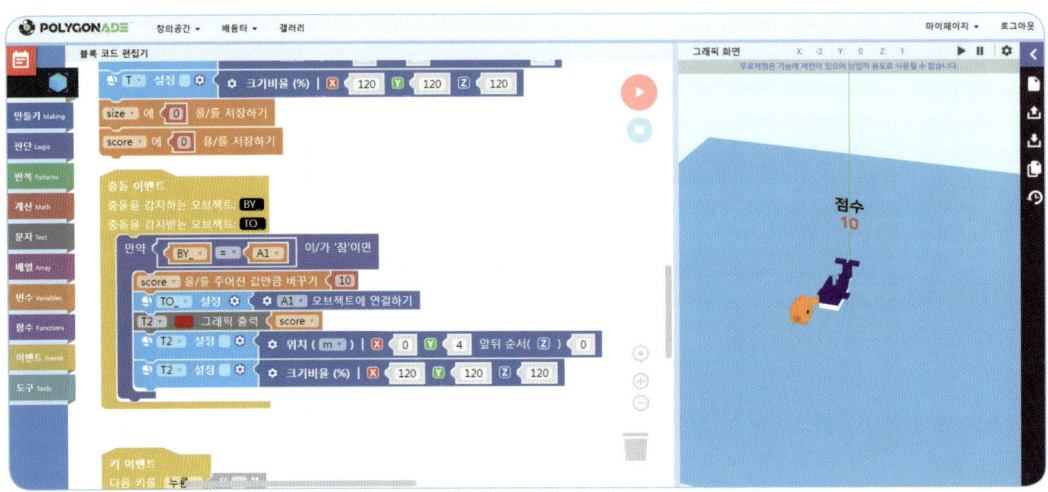

16 이번에는 돌고래가 물고기를 붙잡을 때마다 돌고래가 점점 커지도록 블록들을 조립해봅니다. 만약 `BY = A1` 이/가 '참'이면 아래에 변수 툴박스에 있는 `A 을/를 주어진 값만큼 바꾸기 1` 을 조립합니다.

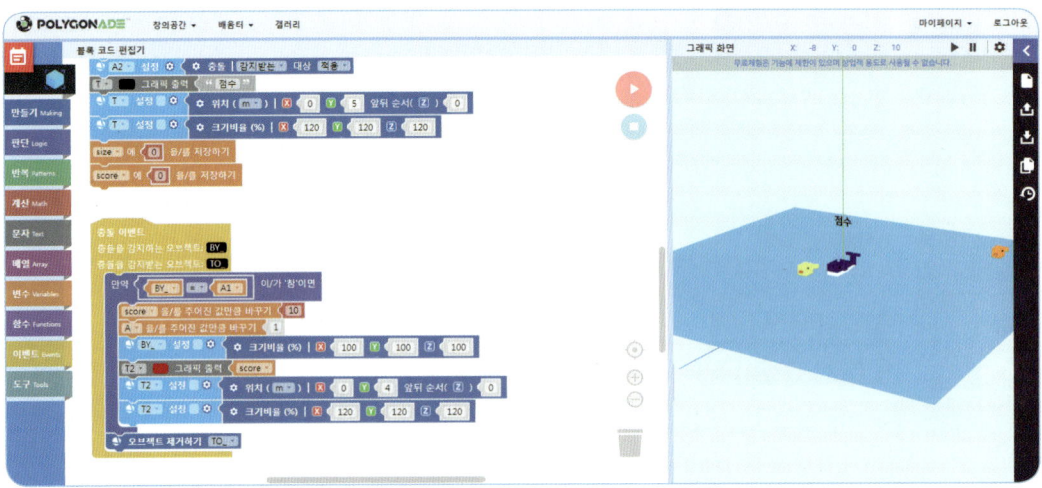

17 A 을/를 주어진 값만큼 바꾸기 1 의 변수 이름을 'size'로 바꾸고, 0 을 바꾸기 옆에 붙여줍니다. 만들기 툴박스에서 크기비율을 설정할 수 있는 BY_ 설정 크기비율 (%) X 100 Y 100 Z 100 을 바로 밑에 붙여줍니다.

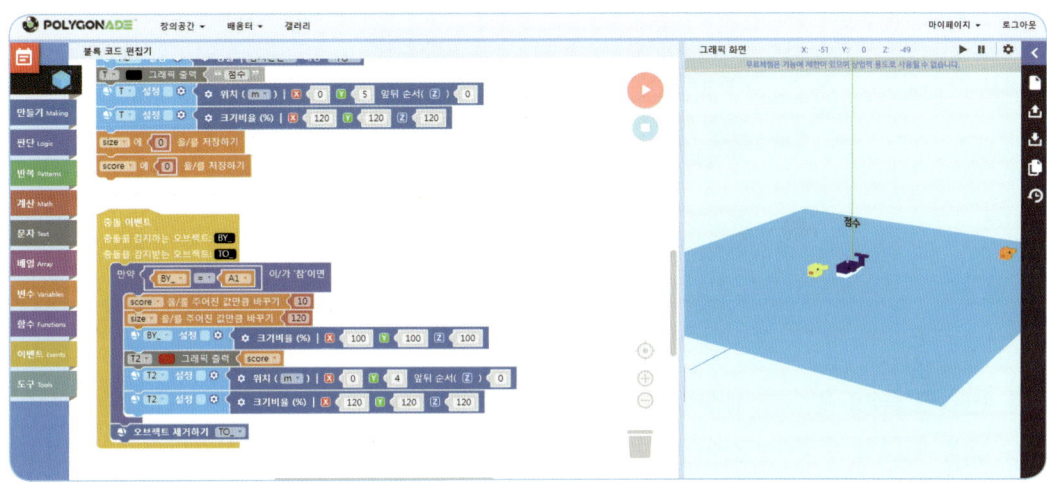

18 크기비율 블록을 불러와 변수 이름을 'BY_'로 바꿔줍니다. 크기비율의 X축, Y축, Z축에는 size 을 넣습니다. 이제 돌고래가 움직이다가 물고기를 붙잡을 때마다 크기가 커집니다.

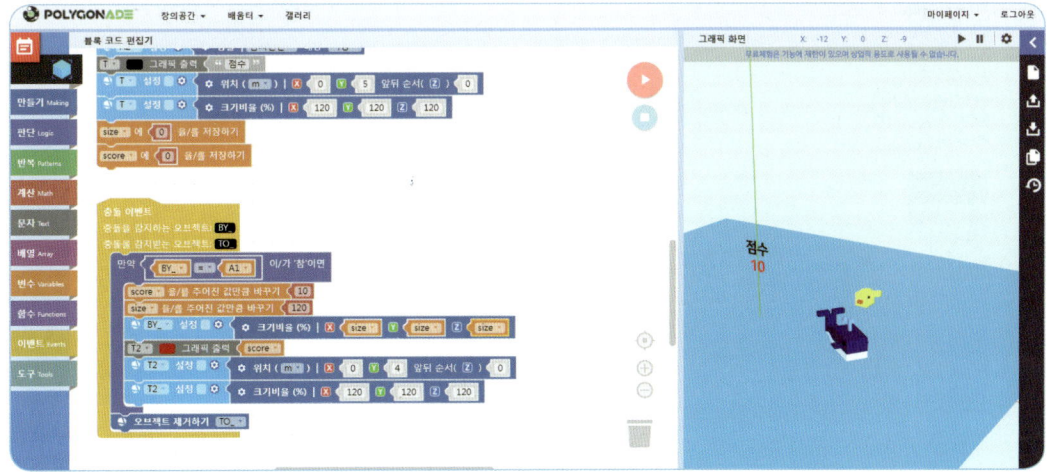

2 변수 블록의 활용법

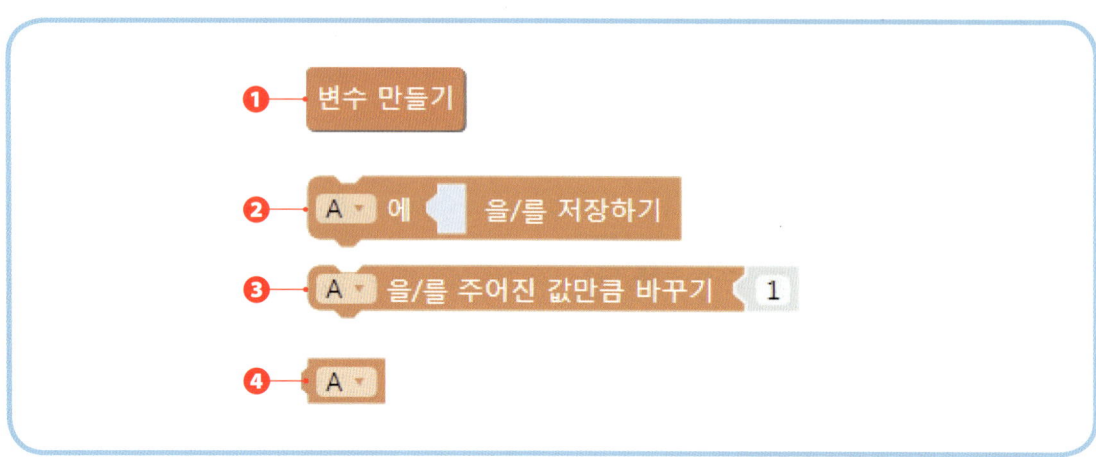

01 변수 만들기: 변수를 생성할 수 있습니다. 변수 만들기 버튼을 누르면 팝업창에 변수의 이름을 입력할 수 있는 창이 뜹니다. 변수를 삭제하기 위해서, 생성한 블록의 화살표를 눌러 [블록 삭제]를 클릭합니다.

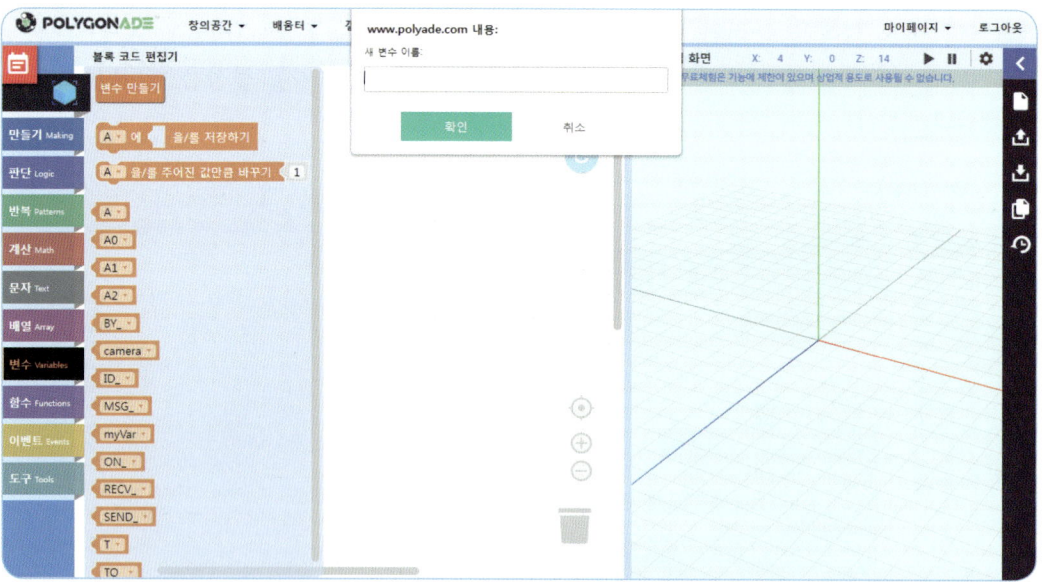

02 **변수에 값 저장하기**: 변수에 값을 저장할 수 있습니다. 값의 문자 혹은 숫자를 넣을 수 있습니다.

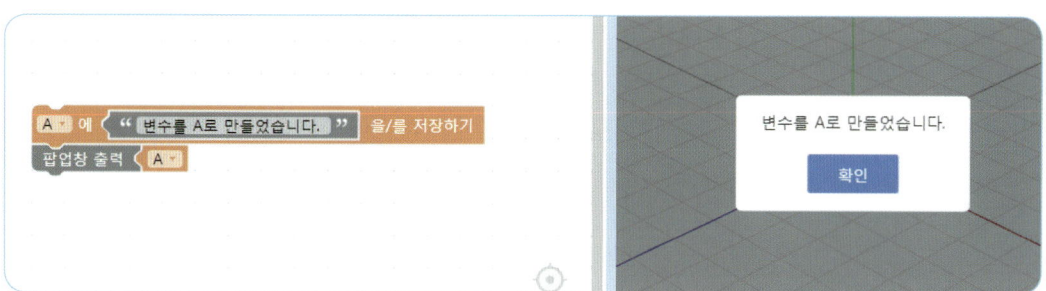

03 **변수의 값 증감하기**: 변수의 값을 증가하거나 감소시킬 수 있습니다. 오른쪽에 변수 혹은 숫자를 넣어 변수의 값을 조절합니다.

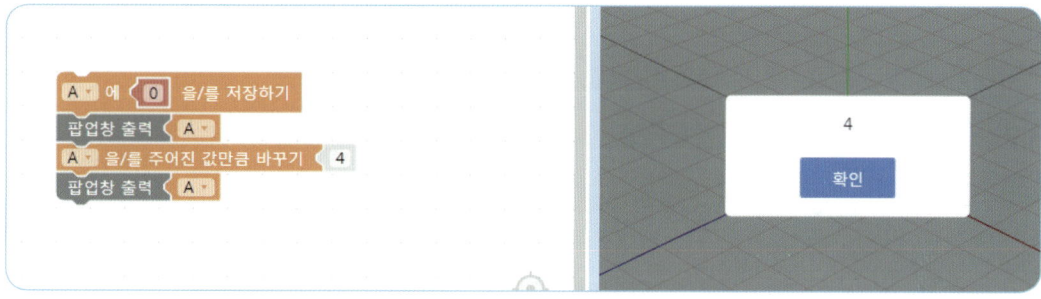

04 **변수의 값 가져오기**: 변수의 값을 가져오거나 출력할 수 있습니다.

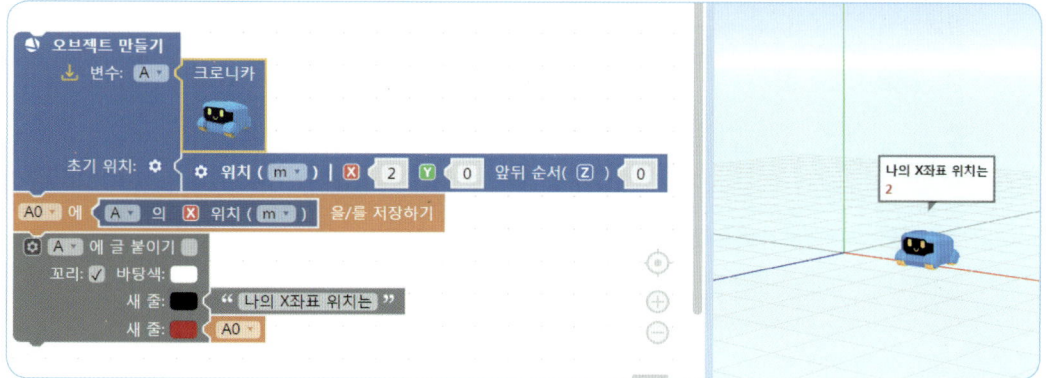

 생각해보기

만들기 툴박스에 있는 오브젝트 여러 개 만들기 블록을 이용하면 한꺼번에 많은 오브젝트들을 만들 수 있습니다. 오브젝트 여러 개 만들기 블록과 변수 블록들을 이용해 돌고래가 물고기를 붙잡으면 점수가 올라가고 돌고래의 크기도 커지도록 블록들을 조립해 봅시다.

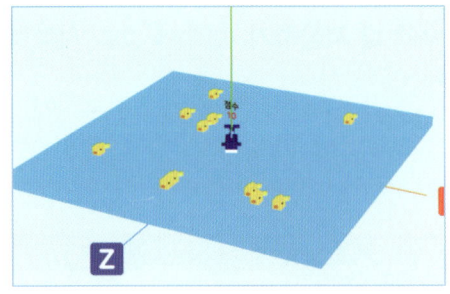

```
키 이벤트
  다음 키를 누름 ▼  " D "
    A1 ▼ 회전 (°) | 방향: 화면 ▼ 오른쪽으로 ▼ 각도: 15 속도: 150

키 이벤트
  다음 키를 누름 ▼  " W "
    A ▼ 앞으로 ▼ 이동 ( m ▼ ) | 거리: 1 속도: 30

키 이벤트
  다음 키를 누름 ▼  " A "
    A1 ▼ 회전 (°) | 방향: 화면 ▼ 왼쪽으로 ▼ 각도: 15 속도: 150

키 이벤트
  다음 키를 누름 ▼  " S "
    A ▼ 뒤로 ▼ 이동 ( m ▼ ) | 거리: 1 속도: 30

충돌 이벤트
  충돌을 감지하는 오브젝트: BY_
  충돌을 감지받는 오브젝트: TO_
    만약  BY_ ▼  =  ▼  A1 ▼  이/가 '참'이면
      score ▼ 을/를 주어진 값만큼 바꾸기  10
      size ▼ 을/를 주어진 값만큼 바꾸기  120
      BY_ ▼ 설정  ⚙  크기비율 (%) | X size ▼ Y size ▼ Z size ▼
      T2 ▼  그래픽 출력  score ▼
      T2 ▼ 설정  ⚙  크기비율 (%) | X 120 Y 120 Z 120
      T2 ▼ 설정  ⚙  위치 ( m ▼ ) | X 0 Y 4 앞뒤 순서( Z ) 0
      오브젝트 제거하기  TO_ ▼
```

 위 프로젝트는 폴리곤에이드 사이트의 갤러리 또는 https://www.polyade.com/Gallery/Content/3828에서 확인할 수 있습니다.

다음과 같이 블록을 조립하였는데 변수 이름이 잘못되어서 변수 이름을 바꾸려고 합니다. A오브젝트의 변수 이름을 고치니 다른 블록의 변수 이름까지 한꺼번에 바뀌어 버립니다. 어떤 블록을 활용해야 할까요?

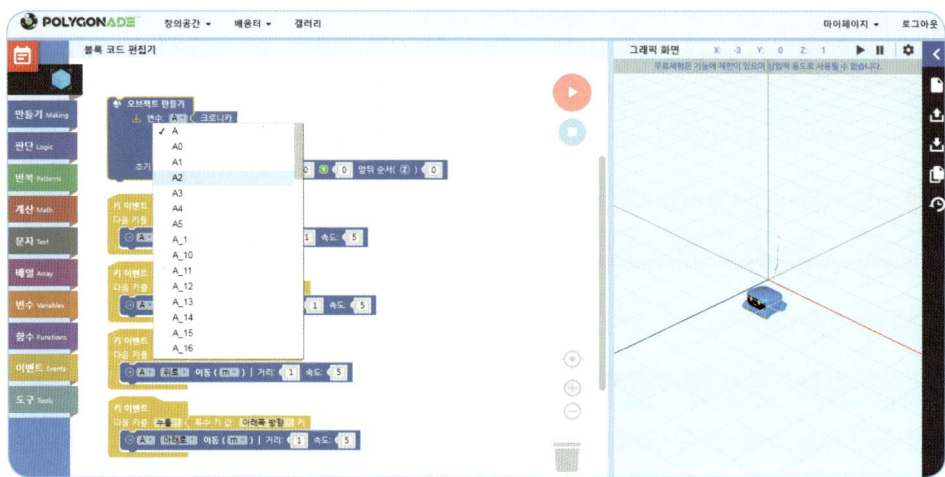

CHAPTER

02 전자계산기 만들기 함수

함수란 하나의 특별한 목적을 수행하기 위해 독립적으로 설계한 코드의 집합이라고 말할 수 있습니다. 프로그램에서 특정 작업을 여러 번 반복해야 할 때는 해당 작업을 수행하는 함수를 작성합니다. 그래서 프로그램이 필요할 때마다 작성한 함수를 호출하면 해당 작업을 반복해서 수행할 수 있습니다. 함수를 이용해 전자계산기 프로그램을 만들어 봅시다.

사용할 블록

1 함수 블록으로 전자계산기 프로그램 만들기

01 ⚙❓함수 func 를 이용해 덧셈과 뺄셈 계산을 해주는 전자계산기를 만들어 봅시다. 먼저 덧셈과 뺄셈을 해야 하는 숫자의 값을 정하기 위해 오브젝트 2개를 만들어 줍니다.

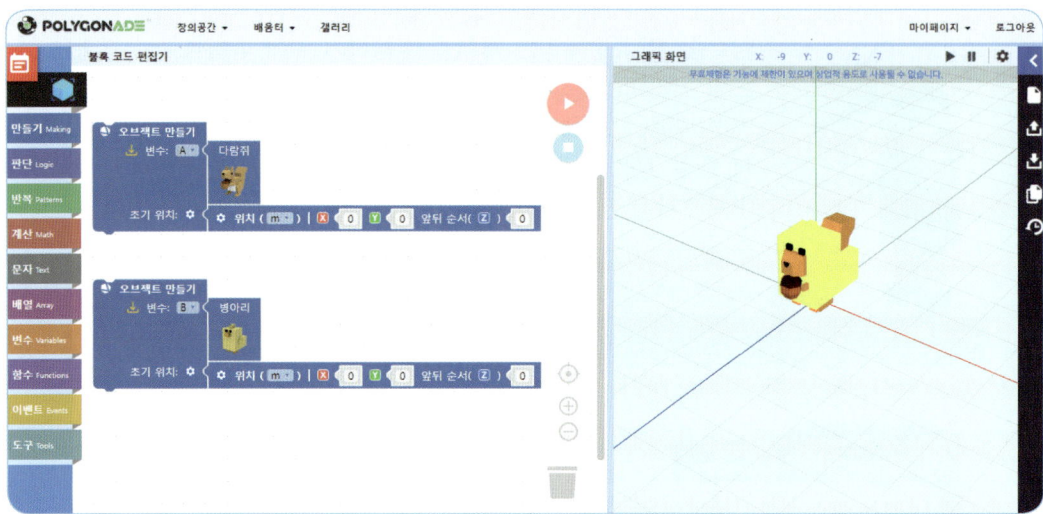

02 키보드의 특정키를 입력하면 다람쥐와 병아리가 X축 위를 움직이도록 합니다. 키보드의 "a", "s"키를 누르면 다람쥐, "d", "f"를 누르면 병아리가 움직이도록 블록들을 조립합니다.

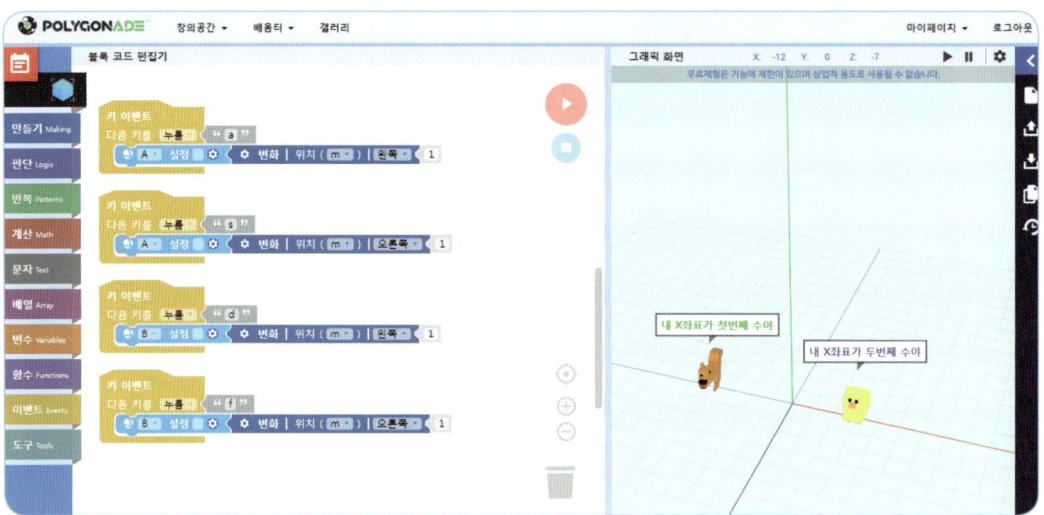

03 문자 툴박스에서 ⚙️`A 에 글 붙이기` 를 오브젝트 만들기 밑에 붙여줍니다. 오브젝트들이 자신들의 X좌표가 덧셈, 뺄셈을 하게 되는 숫자라는 것을 설명해줍니다.

04 다람쥐 오브젝트와 병아리 오브젝트의 좌표 값을 `T ▢` `그래픽 출력 " "` 을 이용해 표시해줍니다. 그래픽 출력 블록 옆에 `A ▼ 의 X 위치(m▼)` 을 붙여줍니다. `무한 반복하기` 안에 그래픽 출력 블록을 넣어줍니다.

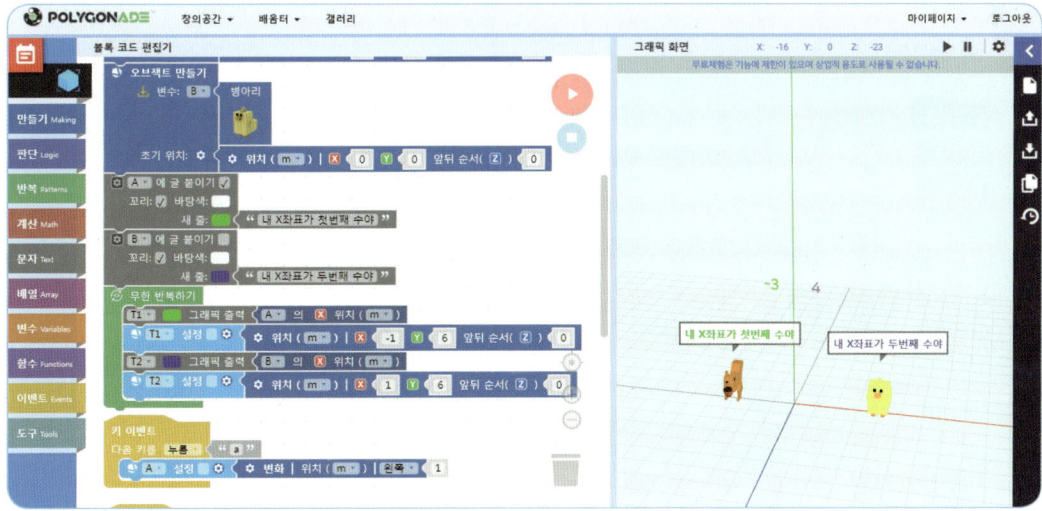

05 변수 만들기 로 다람쥐X좌표, 병아리X좌표라는 변수를 만들어 줍니다. 함수 func 안에 팝업창 출력 블록과 다람쥐X좌표, 병아리X좌표 블록을 조립한 팝업창 출력 다람쥐X좌표 + 병아리X좌표 을 넣어줍니다.

06 키 이벤트 안에 A 에 을/를 저장하기 를 넣습니다. 변수의 이름을 다람쥐X좌표, 병아리X좌표로 바꾸고 A 의 X 위치(m) 를 빈 칸에 넣습니다. A 에 을/를 저장하기 밑에는 함수 툴박스에 있는 add 를 붙여줍니다.

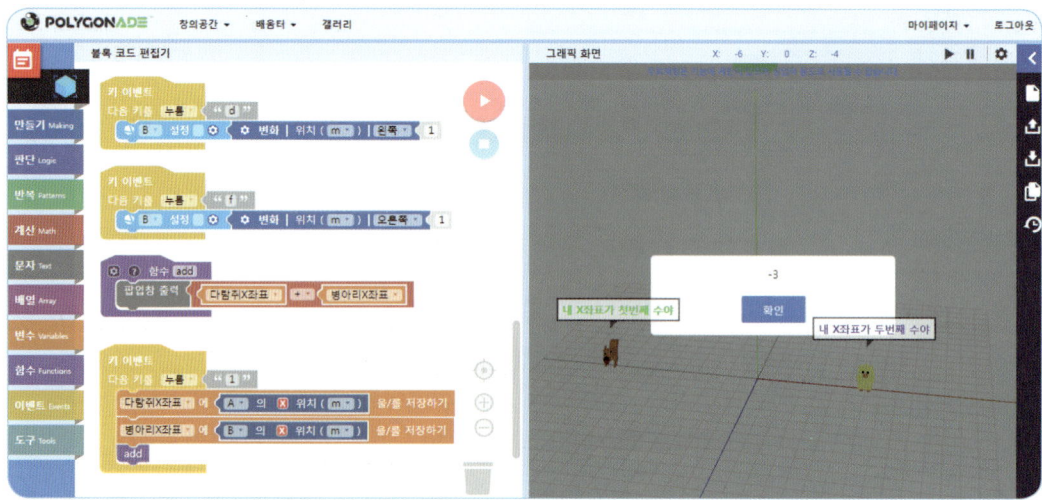

07 키보드 숫자 1을 누르면 앞에서 만든 add 가 실행되어 팝업창으로 결과가 출력됩니다. 이번에는 뺄셈 함수를 만들어 봅시다. 함수 func 의 이름을 minus로 바꾸고 블록 안에 다람쥐X좌표 - 병아리X좌표 을 넣습니다.

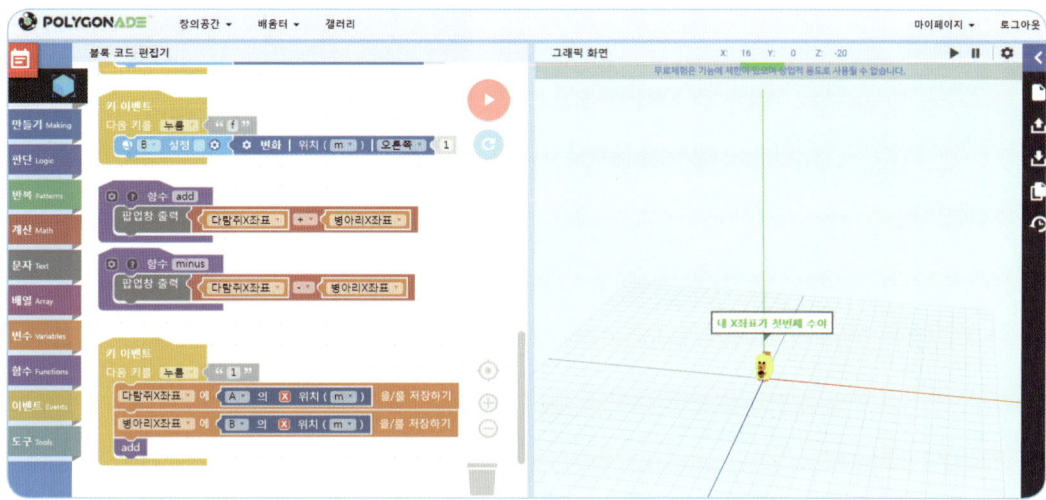

08 키 이벤트 의 다음 키를 누름을 '2'로 바꿉니다. 키 이벤트 블록 안에 다람쥐X좌표와 병아리X좌표에 오브젝트의 X좌표 위치를 저장한 블록을 넣습니다. 그 밑에는 minus 을 붙여줍니다.

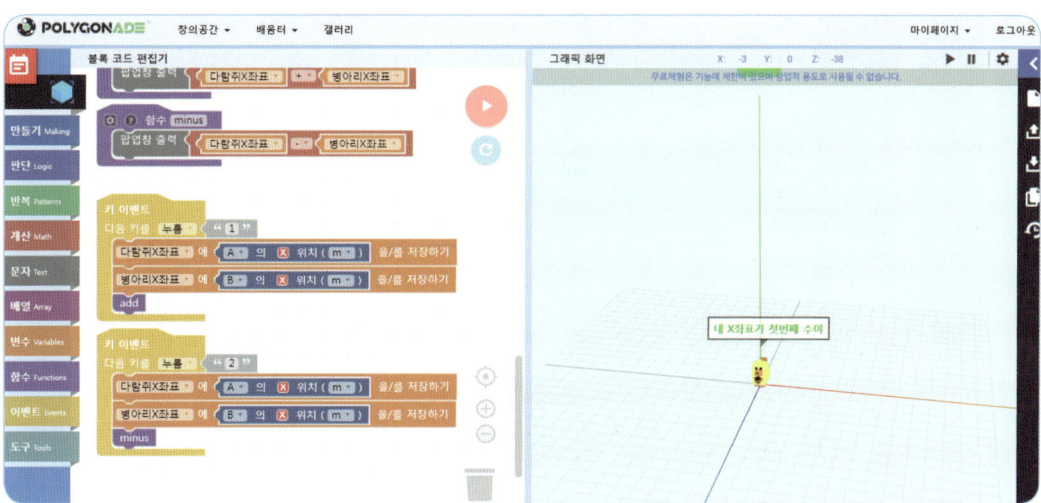

09 이제 키보드 "a", "s", "d", "f"로 오브젝트들을 이동해 X좌표 숫자를 지정합니다. 숫자키 1을 누르면 덧셈, 숫자키 2를 누르면 뺄셈을 한 값이 팝업창으로 출력됩니다.

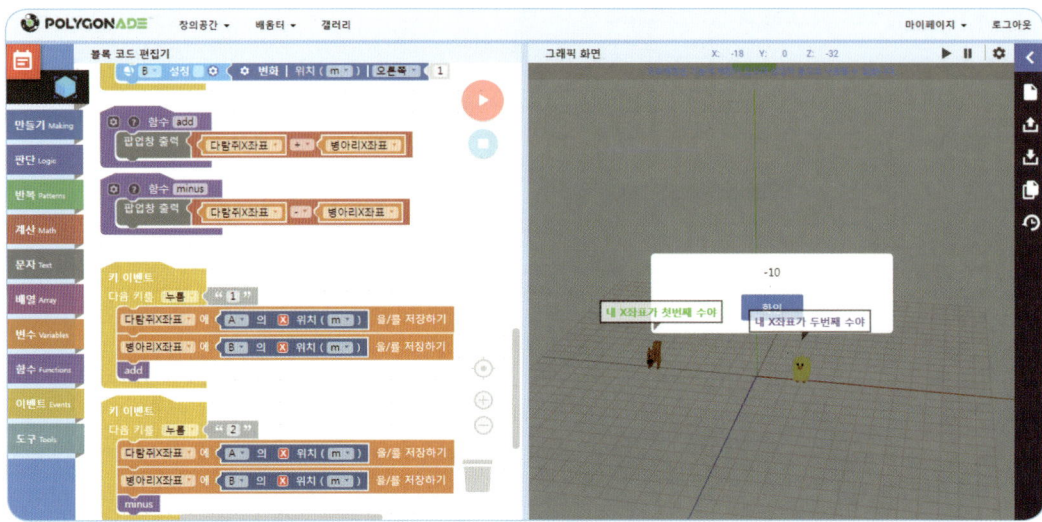

10 이번에는 다람쥐와 병아리의 X좌표만큼 오브젝트들을 만들어 직접 개수를 셀 수 있도록 합니다. 미리 만들었던 숫자키 1을 누르는 키 이벤트 블록 안에 `10 회 반복하기` 을 넣습니다.

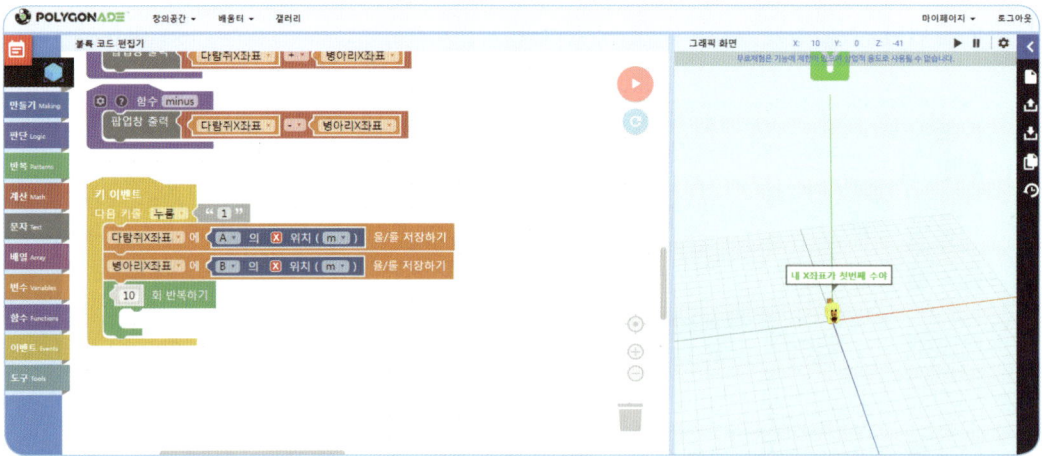

11 `다람쥐X좌표` 변수를 `10 회 반복하기` 안에 넣습니다. 반복하기 블록 밑에는 오브젝트 만들기로 물고기 오브젝트를 만들어 줍니다. 실행버튼을 누르면 다람쥐의 X좌표만큼 물고기 오브젝트가 나타납니다.

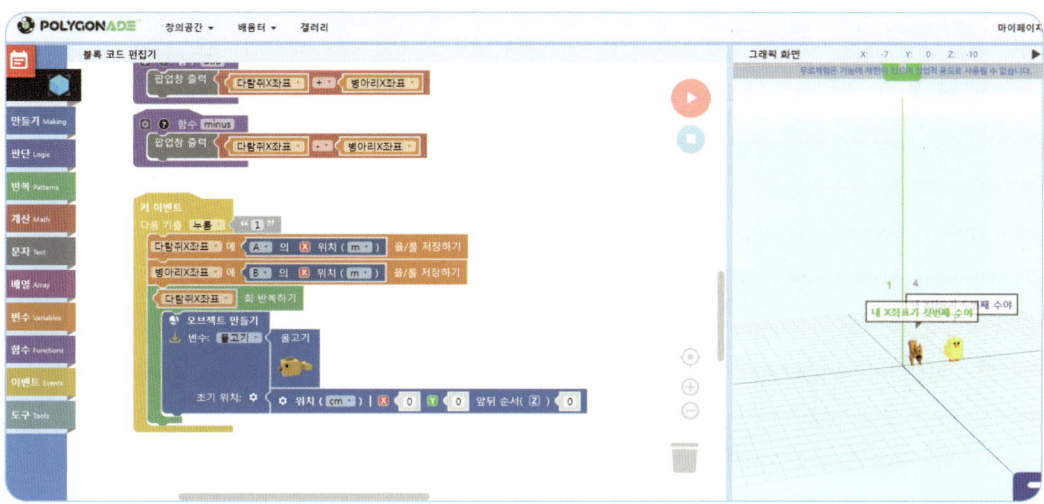

12 물고기 오브젝트들이 일정 구역에 무작위로 이동할 수 있도록 합니다. `물고기 3D 이동 | 위치 ( m ): X 1 Y 0 Z 1 속도: 5`을 오브젝트 만들기 블록 아래에 붙여줍니다. `임의의 정수 ( 1 ≤ n ≤ 10 )`를 X좌표와 Z좌표에 넣습니다.

CHAPTER 02 전자계산기 만들기

13. 병아리X좌표의 숫자만큼 펭귄 오브젝트가 일정 구역으로 움직이도록 합니다. 변수를 `10 회 반복하기` 안에 넣고 펭귄이 움직일 구역을 `펭귄 3D 이동 | 위치 ( m ): X 1 Y 0 Z 1 속도: 5` 으로 정해줍니다.

14. `add` 를 마지막에 붙여줍니다. 덧셈과 뺄셈 결과를 팝업창으로 출력하면서 물고기와 펭귄 오브젝트가 생성됩니다.

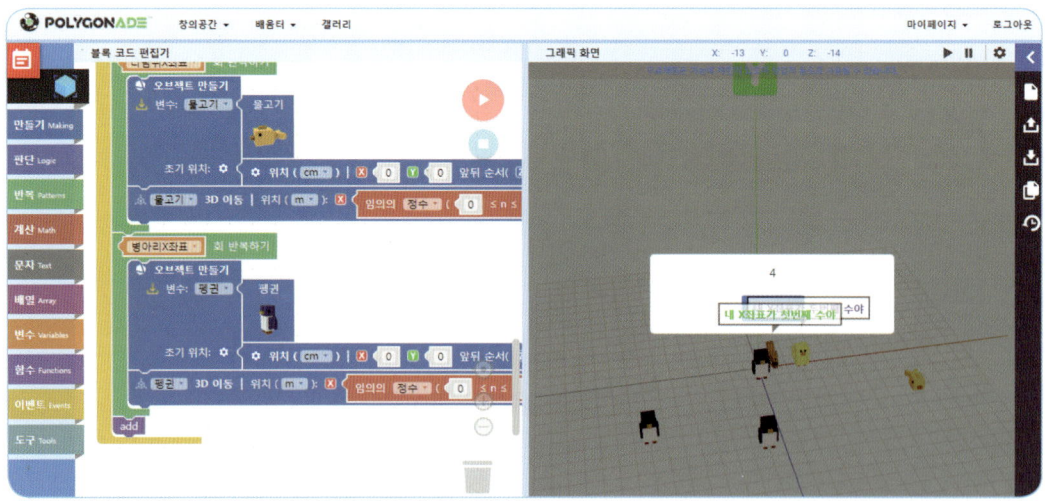

2 함수 블록의 활용법

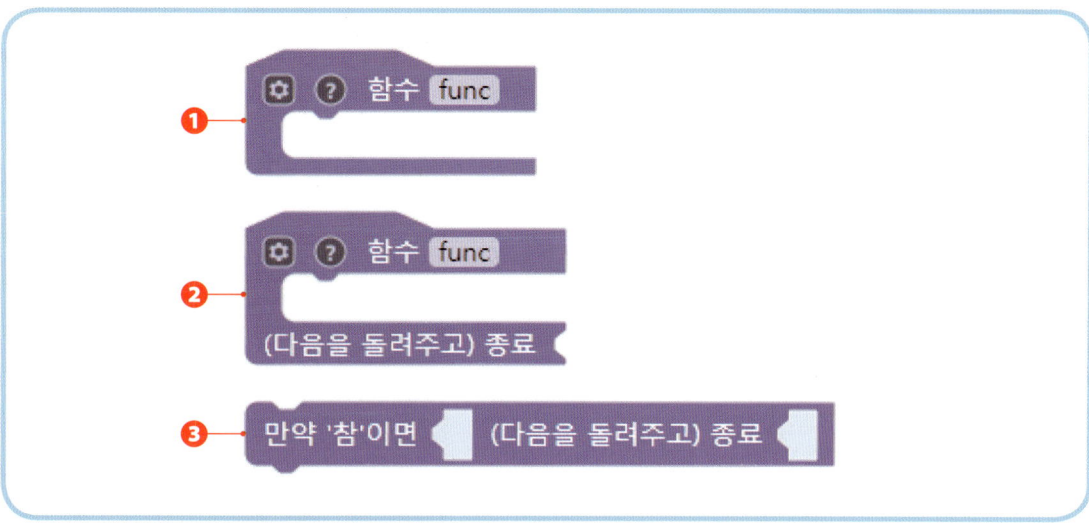

01 **함수 만들기**: 함수 안의 블록을 채워놓는다면, 필요한 경우 func 함수를 불러와 사용할 수 있습니다. 블록을 이용하여 매개 변수를 사용할 수 있습니다.

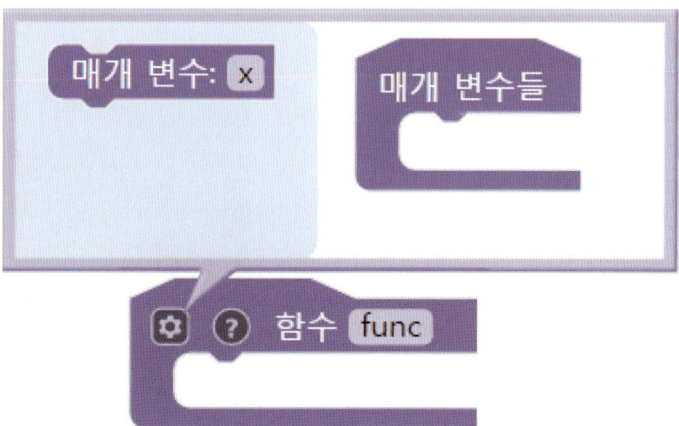

❶ **더하기 함수 만들기**: 'add'라는 함수를 만들어 봅시다. 변수 툴박스에서 변수 만들기 블록으로 A, B라는 변수를 만듭니다. A에 을/를 저장하기 안에 더하기 계산을 할 숫자를 넣어 저장하고 함수 블록 안에 저장한 변수를 넣습니다.

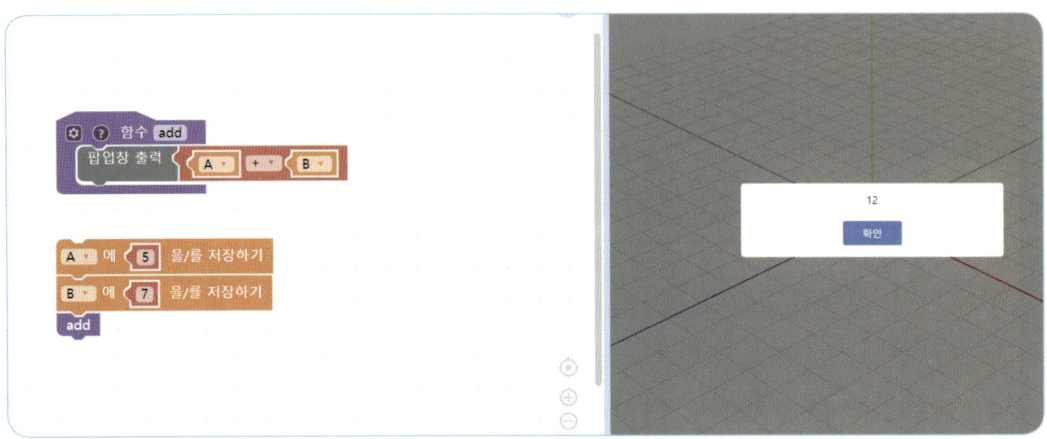

02 **반환 값이 있는 함수 만들기**: 필요한 경우 func 블록을 불러와 사용할 수 있습니다. 변환 값을 가지고 있는 함수로 블록 안에 있는 내용을 실행하고 나면 함수가 종료됩니다.

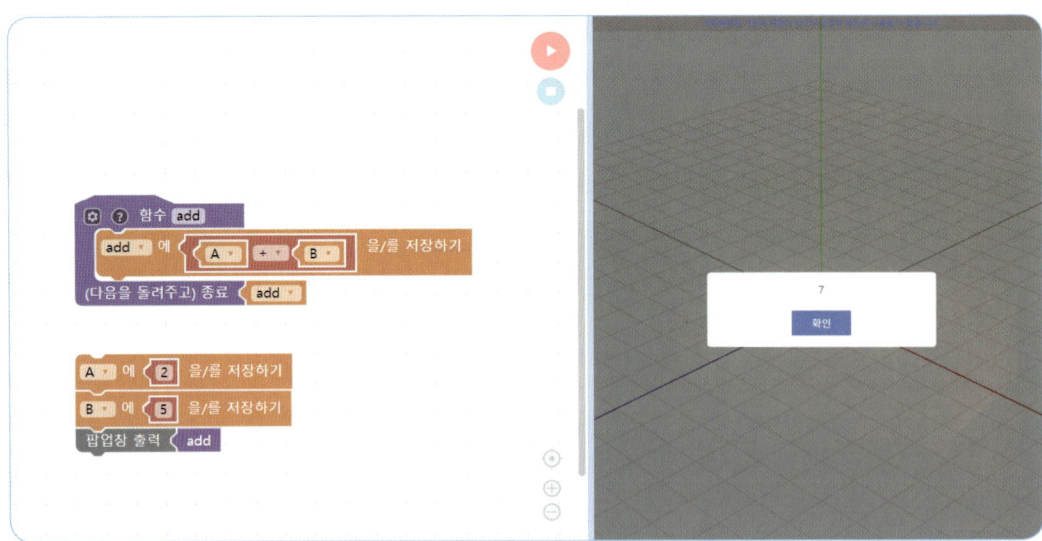

03 **함수의 반환 값 조건**: 함수 내부에서만 사용할 수 있습니다. 변수 만들기 블록으로 A, B라는 변수를 만듭니다. A 에 을/를 저장하기 안에 5와 2를 넣어 변수에 숫자를 저장합니다. 아래와 같이 함수를 실행하면 A+B라는 값이 출력됩니다.

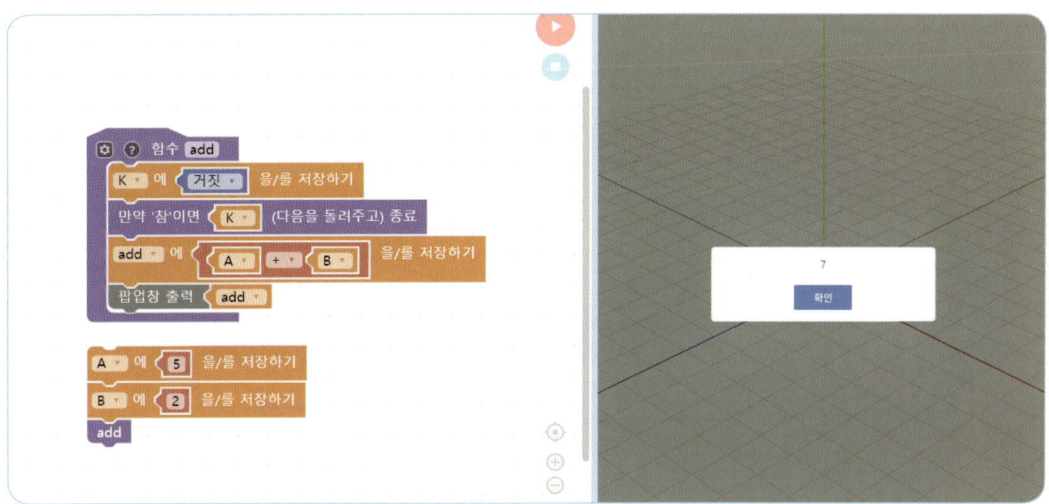

❶ **반환 값이 있는 변수의 반환값 조건**: 이번에는 함수 내에서 반환값을 만들어 봅시다. 만약 참이라면 블록안의 값이 성립이 안 되기 때문에, add 라는 변수를 더한 값을 출력합니다.

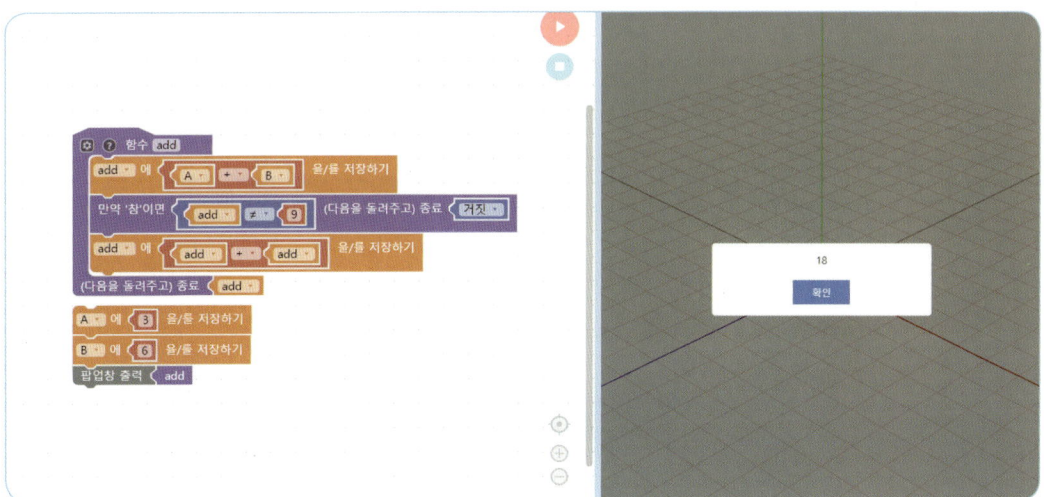

키 이벤트 블록과 함수 블록들을 이용해 덧셈, 뺄셈, 곱셈, 나눗셈 사칙연산을 할 수 있는 계산기 프로그램을 만들어 봅시다.

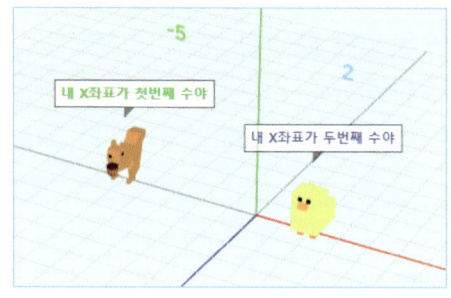

키 이벤트
다음 키를 누름 "d"
　B - X 축 이동 (m) | 거리: 1 속도: 1

키 이벤트
다음 키를 누름 "s"
　A + X 축 이동 (m) | 거리: 1 속도: 1

키 이벤트
다음 키를 누름 "f"
　B + X 축 이동 (m) | 거리: 1 속도: 1

함수 add
　팝업창 출력 (다람쥐X좌표 + 다람쥐X좌표)

함수 multiple
　팝업창 출력 (다람쥐X좌표 × 다람쥐X좌표)

함수 minus
　팝업창 출력 (다람쥐X좌표 - 다람쥐X좌표)

함수 divide
　팝업창 출력 (다람쥐X좌표 ÷ 다람쥐X좌표)

키 이벤트
다음 키를 누름 "1"
　다람쥐X좌표 에 A 의 X 위치 (m) 을/를 저장하기
　병아리X좌표 에 B 의 X 위치 (m) 을/를 저장하기
　add

위 프로젝트는 폴리곤에이드 사이트의 갤러리 또는 https://www.polyade.com/Gallery/Content/3829에서 확인할 수 있습니다.

지구 오브젝트 X좌표 위치와 달 오브젝트 X좌표의 위치를 더한 값을 팝업창으로 출력하려고 합니다. 다음과 같이 블록들을 조립했는데 좌표의 위치를 더한 값이 팝업창으로 출력되지 않습니다. 어떤 블록을 추가해야 할까요?

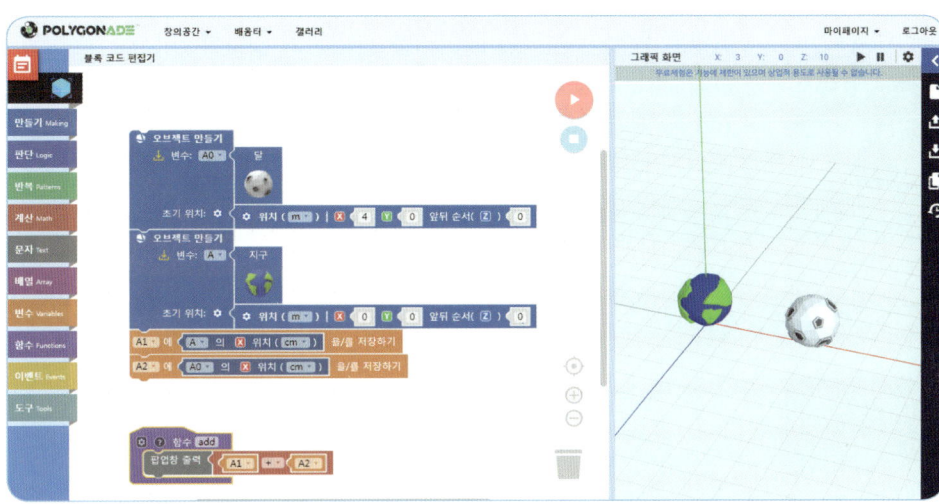

CHAPTER 03

픽셀아트 작품 만들기 `배열`

배열은 동일한 성격의 데이터를 관리하기 쉽도록 하나로 묶는 일을 말합니다. 배열을 이용해 오브젝트들을 정렬해 보고, 배열에 다양한 요소를 추가해 봅시다.

사용할 블록

- `L 에 빈 배열 만들기 을/를 저장하기`
- `배열 만들기`
- `L 에 배열 만들기 | 요소 개수: 5 값: 빈 값 을/를 저장하기`
- `배열 L 의 인덱스 0 요소`
- `배열 L 의 인덱스 0 위치에 저장하기`
- `배열 L 에 추가 저장하기`
- `배열 L 의 요소 개수`
- `L 에 정렬 | 숫자순 오름자순 배열: 배열 만들기 2 3 1 을/를 저장하기`
- `L 에 오브젝트 정렬 | 숫자순 오름자순 배열: L 속성: "P" 을/를 저장하기`
- `지역 변수 B 에 저장하기`

1 배열 블록으로 픽셀아트 작품 만들기

01 오브젝트가 움직이는 좌표에 다양한 색깔의 직사각기둥 블록들을 쌓을 수 있는 프로그램을 만들어 봅시다. 먼저 직사각기둥 블록들을 쌓아 올릴 남자1 오브젝트를 만듭니다.

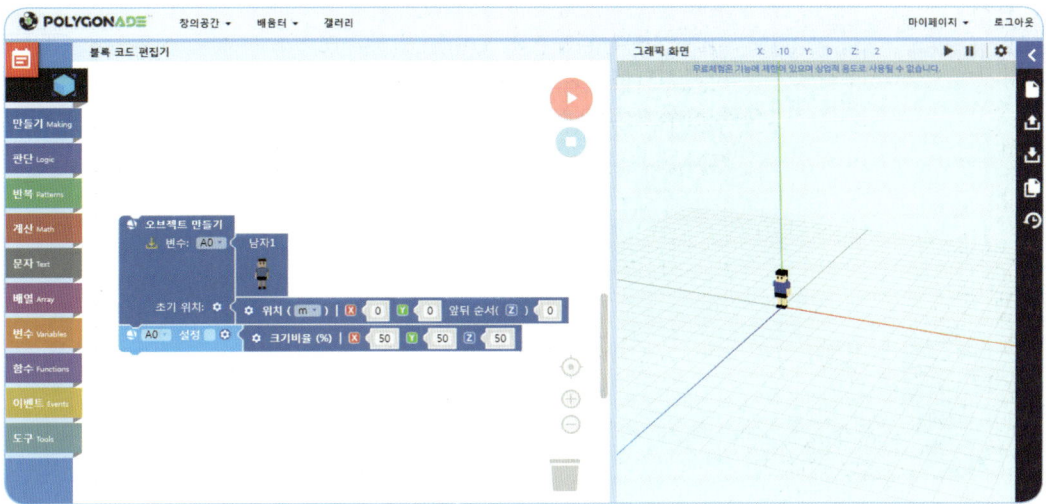

02 키보드 "a"와 "d"키를 누르면 남자1오브젝트가 X좌표 위를 움직이도록 블록들을 조립합니다. A0 설정 ✿ 변화 위치(m) 오른쪽 1 을 키 이벤트 블록 안에 넣습니다.

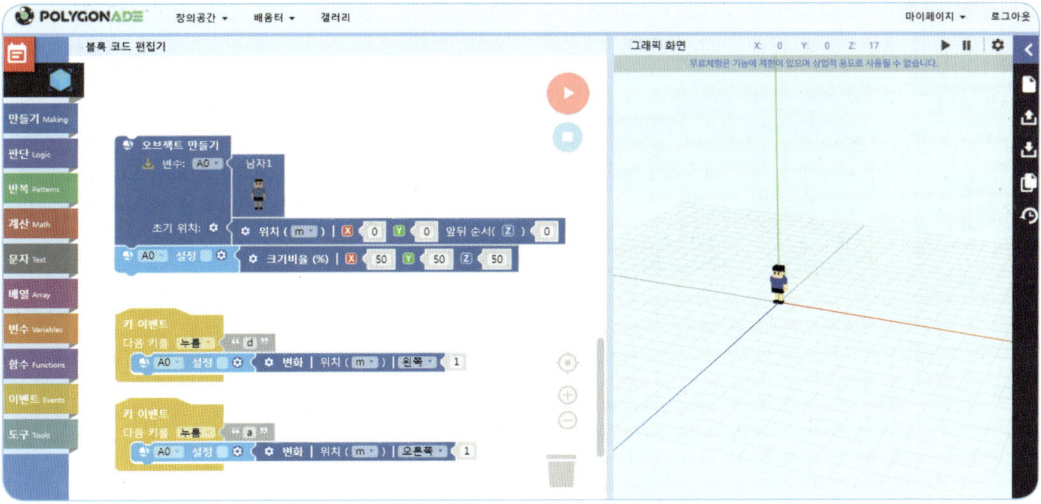

03 키보드 숫자 1을 누르면 남자1 오브젝트가 있는 곳에 직사각기둥을 쌓을 수 있도록 합니다. `키 이벤트` 안에 `오브젝트 여러 개 만들기` 블록을 넣고, 만들 개수를 7개로 바꿉니다.

04 `L0 설정 표면 색: 지정 번호: 빈 값`을 `오브젝트 여러 개 만들기` 밑에 붙여줍니다. 변수 이름을 A로 바꿔주고, 직사각기둥 블록의 색깔을 정해줍시다.

168　**PART III 폴리곤에이드 한발 더 나아가기**

05 직사각기둥의 개수를 정할 변수 `I`, 배열의 인덱스 요소를 저장할 변수 `L`을 변수 만들기 블록을 눌러 만들어 줍니다.

06 변수 툴박스에 있는 `A 에 　 을/를 저장하기`을 불러옵니다. 변수 A를 `I`로 바꾸고, 계산 블록에 있는 `0`을 빈 칸에 넣어줍니다. 이제 1번 키를 누르면 변수 `I`에 `0`이 저장됩니다.

CHAPTER 03 픽셀아트 작품 만들기 169

07 직사각기둥 오브젝트들의 개수가 저장된 배열 A만큼 직사각기둥 오브젝트를 만듭니다. 회 반복하기 을 불러와 10회를 배열 A의 요소 개수 로 바꿔줍니다.

08 배열 A의 요소 개수 회 반복하기 아래 A에 을/를 저장하기 을 넣습니다. 변수 A를 L로 바꾸고, 빈 칸에는 배열 A의 인덱스 I 요소 를 넣습니다. 오브젝트 여러 개 만들기에 있는 개수를 바꾸면 바꾼 값이 L 변수에 저장됩니다.

09 이제 직사각기둥 오브젝트들의 배열이 만들어 지는 위치를 설정해 줍니다. 만들기 툴박스에 있는 L0 설정 ✿ 위치(m) X 0 Y 1 앞뒤 순서(Z) 0 을 L 에 배열 A 의 인덱스 I 요소 을/를 저장하기 밑에 붙여줍니다. X좌표의 위치를 남자1 오브젝트의 X좌표 위치로 바꿉니다.

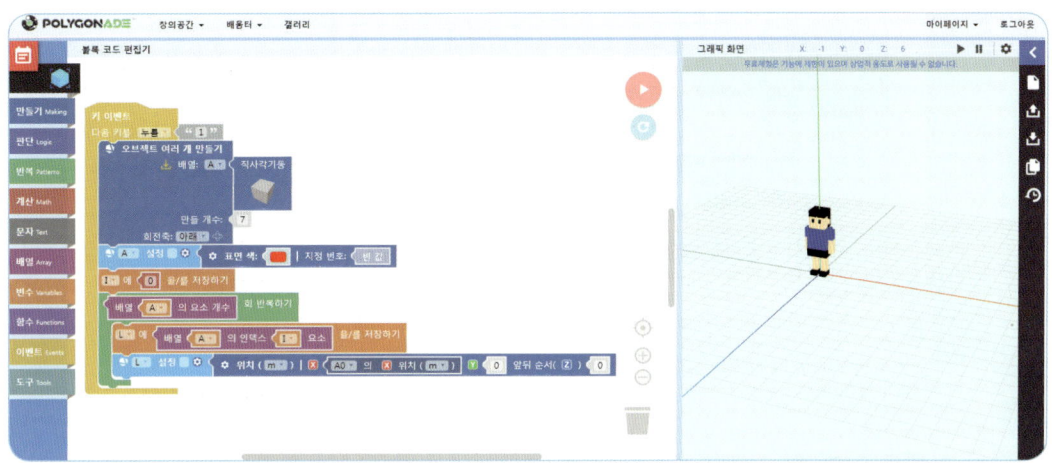

10 L 설정 ✿ 위치(m) X A0 의 X 위치(m) Y 0 앞뒤 순서(Z) 0 의 Y좌표 안에 변수 I 을 넣습니다. 이제 변수 I 의 값을 입력합니다. 변수 툴박스에 있는 I 을/를 주어진 값만큼 바꾸기 1 을 위치 설정 블록 밑에 붙여줍니다.

CHAPTER 03 픽셀아트 작품 만들기 171

11 키보드 숫자 1을 누르면 남자1 오브젝트가 있는 곳에 빨간색 직사각기둥 7개가 쌓인 것을 볼 수 있습니다.

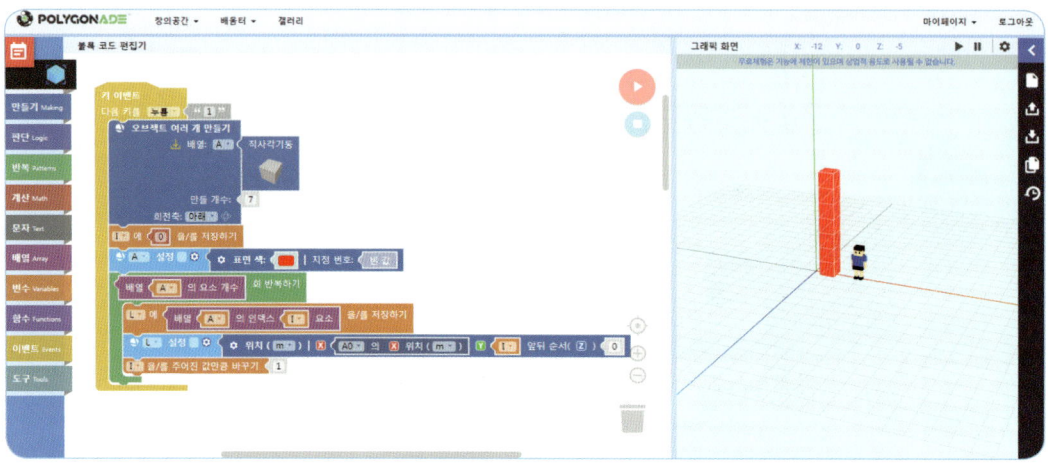

12 키 이벤트 안에 있는 블록을 복사-붙여넣기 해서 숫자 2~5를 누르면 다양한 색깔의 직사각기둥이 쌓이도록 만들어 봅시다.

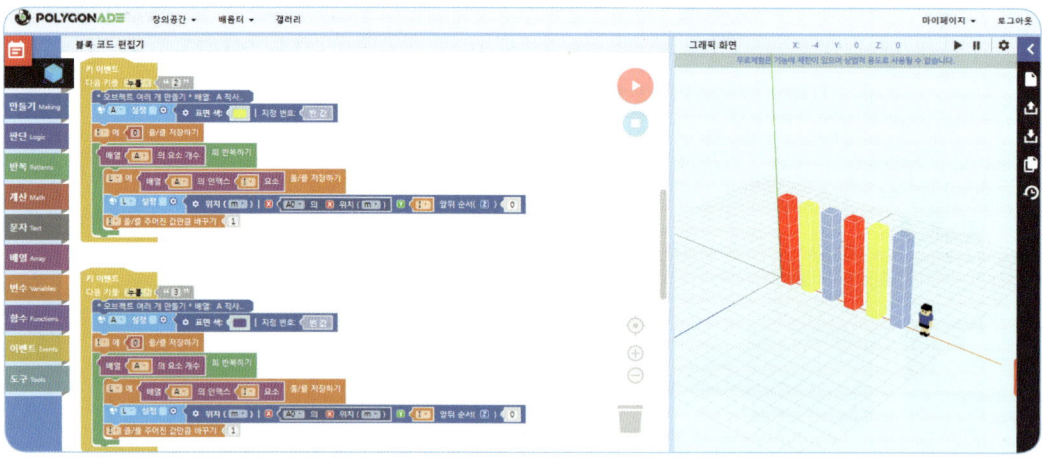

2 배열 블록의 활용법

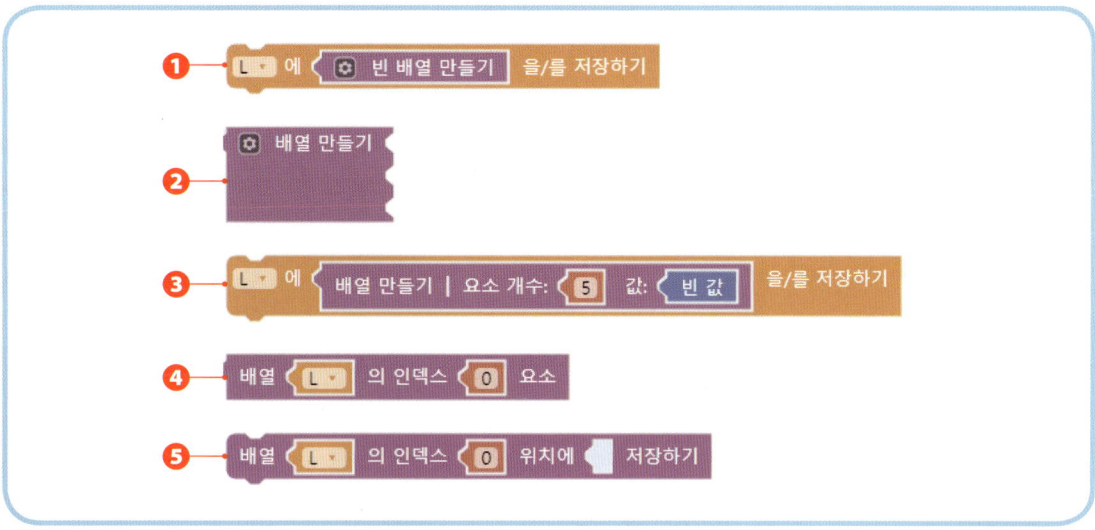

01 변수에 배열 저장하기: 만들어진 배열을 변수에 저장하여 한 번에 불러올 수 있습니다.

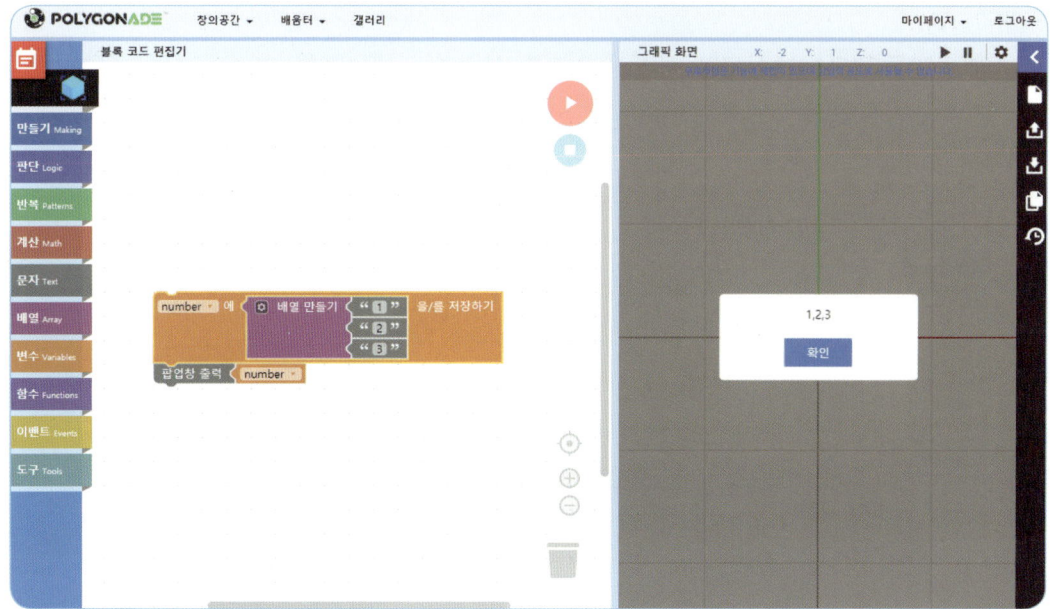

02 배열 만들기: 변수를 이용하여 원하는 배열 목록을 만들 수 있습니다. ⚙ 버튼을 이용해 항목을 원하는 수만큼 오른쪽으로 끌어다 출력할 수 있습니다.

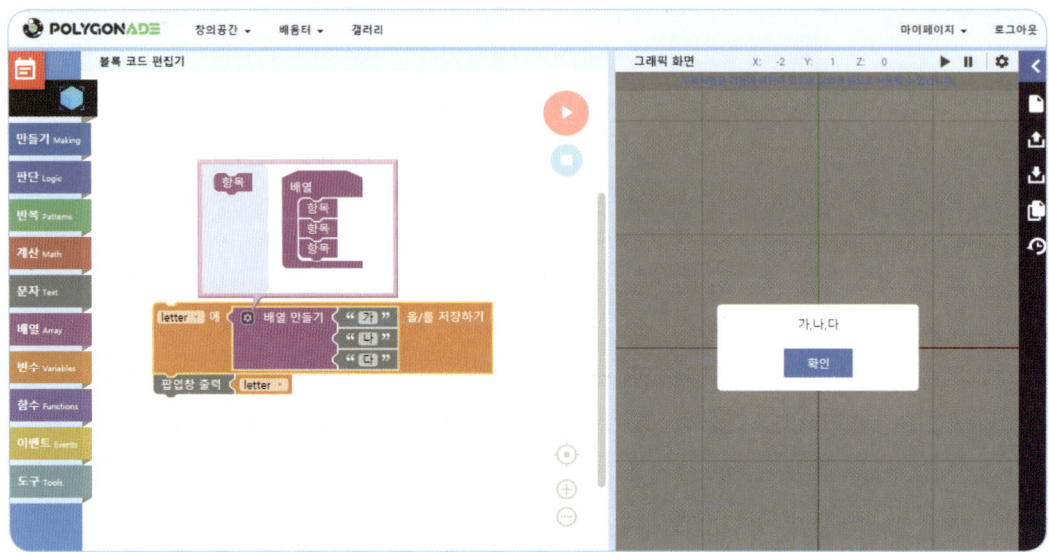

03 배열 만들기(요소 개수, 값): 배열의 요소를 설정하여 빈 배열을 만들 수 있습니다. 빈 값 에는 숫자를 넣을 수도 있습니다. 요소 개수와 숫자를 넣어 배열을 만들어 봅시다.

04 배열의 인덱스 값 가져오기: 배열의 이름을 변경할 수 있고, 설정한 배열의 몇 번째 값을 반환합니다. 배열의 인덱스 값에는 숫자 혹은 변수의 숫자가 들어갈 수 있습니다.

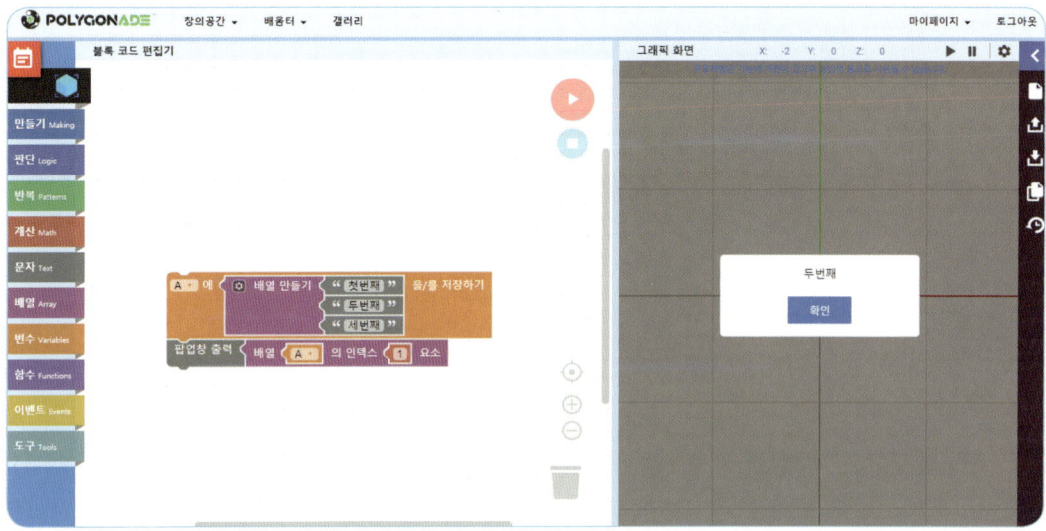

05 배열의 특정 인덱스에 다른 값 저장하기: 원하는 배열을 설정하고, 원하는 배열의 몇 번째 방에 들어있는 값을 변경할 수 있습니다. 인덱스의 위치와 저장하는 값은 숫자 혹은 변수가 들어갈 수 있습니다.

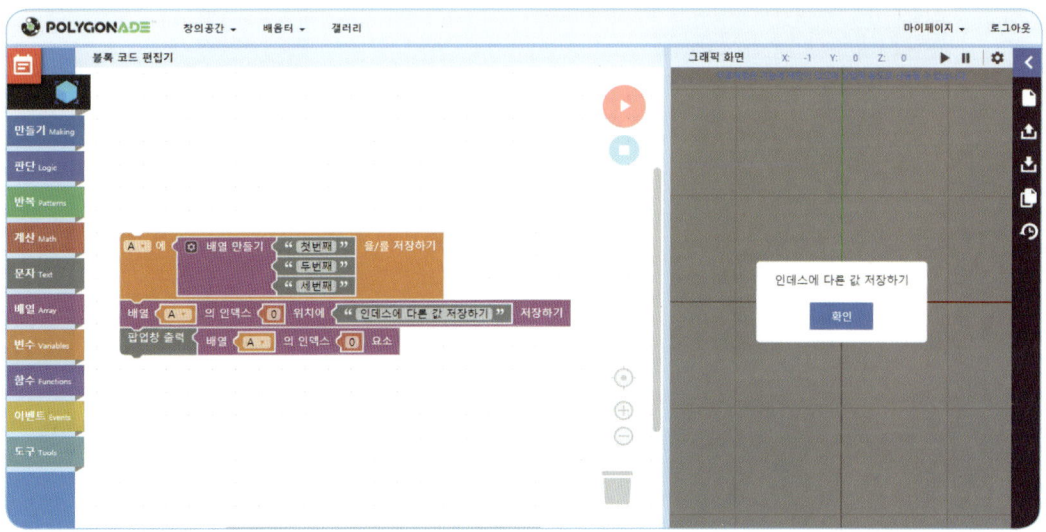

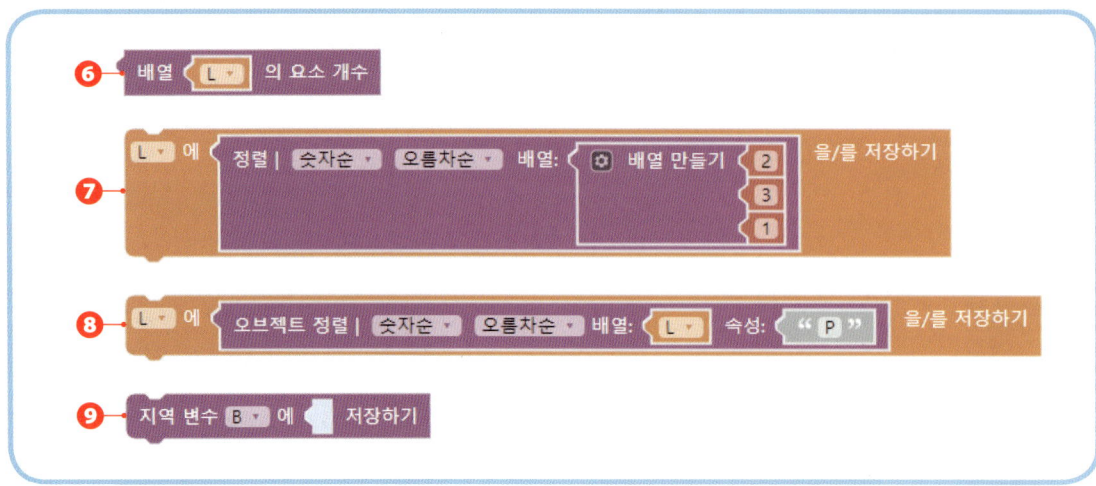

06 배열에 저장된 대상들 개수 출력하기: 배열에 저장된 대상들의 개수를 알 수 있습니다. 이 블록은 문자 툴박스 카테고리에서 출력 블록과 이어 붙여 사용할 수 있습니다. 텍스트 블록 또는 계산 블록과 조립할 수 있습니다.

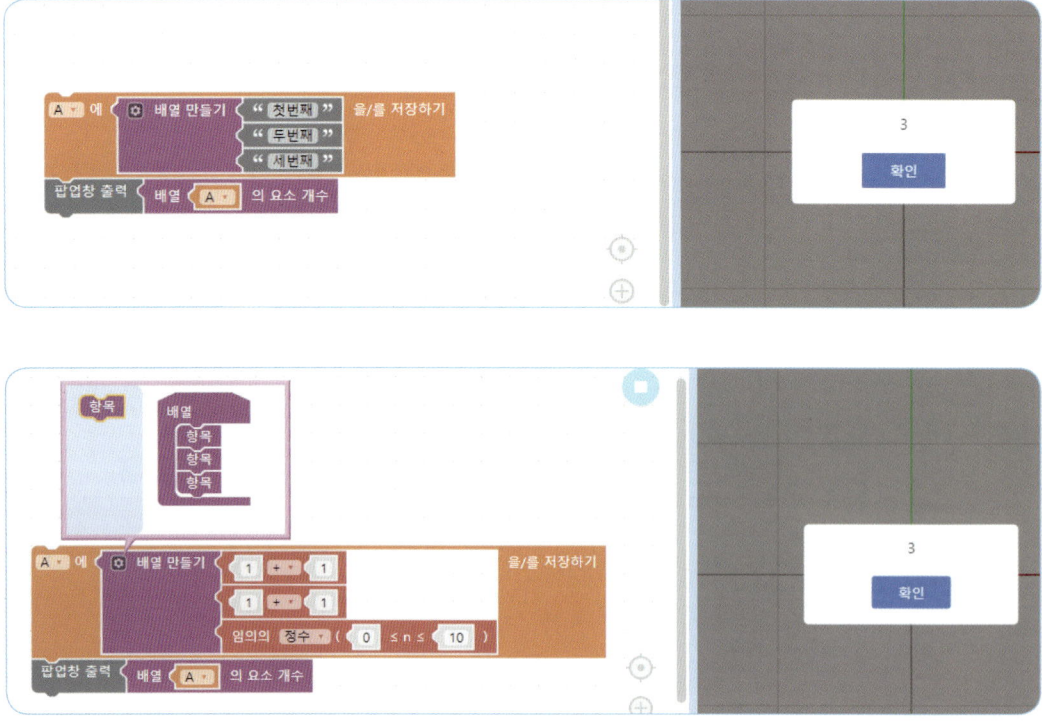

07 정렬하기: 배열 내용을 정렬해서 자기 자신의 배열 또는 다른 배열 변수에 저장할 수 있습니다. 숫자순 혹은 문자 순으로 오름차순과 내림차순 정렬이 가능합니다.

08 ❶ 오브젝트 정렬하기: 오브젝트를 속성에 따라 정렬할 수 있습니다. 크기 혹은 무게에 따라 서로 다른 속성을 박스 오브젝트에 설정합니다. "정렬되지 않은 박스" 코드가 실행된 상태입니다.

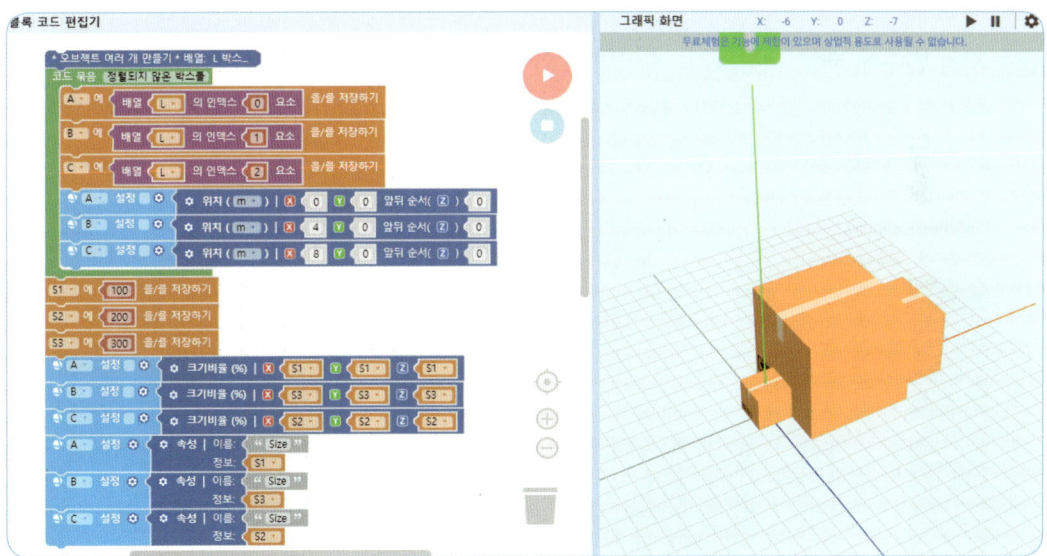

❷ **지역 변수에 배열 저장하기**: 배열의 인덱스 요소를 저장한 후, "L"에 오름차순으로 정렬한 블록을 저장합니다. 상자들의 크기비율을 저장한 값을 불러오기 위해 속성은 "Size"로 변경합니다.

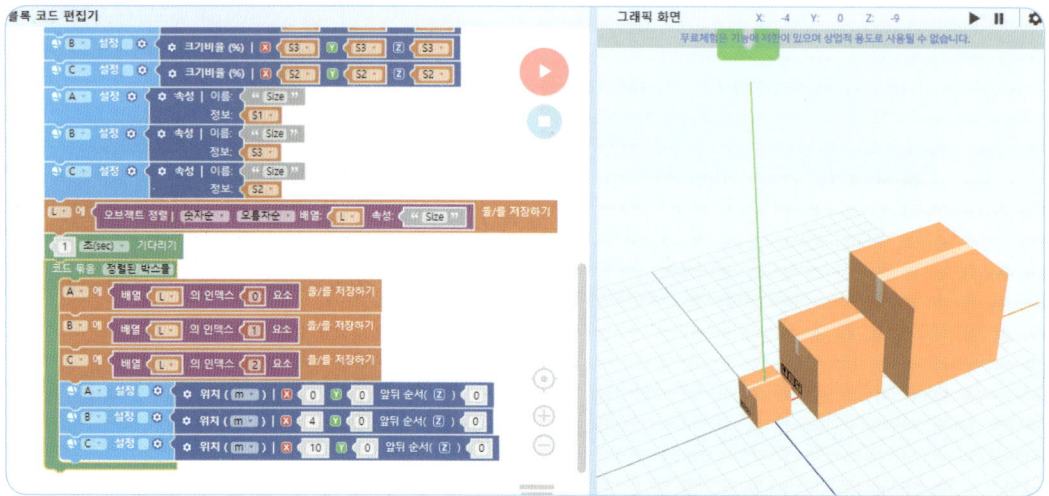

09 **지역 변수에 배열 저장하기**: 지역변수 안에서 작성한 변수 관련해서는 안에서 어떤 일이 있더라도 상관하지 않습니다. 함수 내부에서 선언된 변수로, 함수가 실행되면 만들어지고 함수가 종료되면 소멸하는 변수입니다.

# 생각해보기

남자1 오브젝트의 Z좌표를 설정하면 직사각기둥 블록들을 다양하게 쌓을 수 있습니다. 키 이벤트 블록을 추가해 여러 가지 색깔의 직사각기둥 블록을 쌓아봅시다.

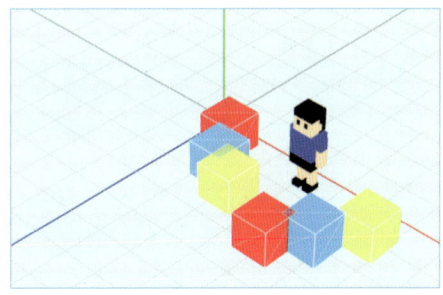

키 이벤트
다음 키를 누름 "2"
오브젝트 여러 개 만들기 배열: L0 직...
　L0 설정 표면 색: ■ | 지정 번호: 빈 값
　I 에 0 을/를 저장하기
　배열 L0 의 요소 개수 회 반복하기
　　L 에 배열 L0 의 인덱스 I 요소 을/를 저장하기
　　L 설정 위치(m) | X A 의 X 위치(m)
　　I 을/를 주어진 값만큼 바꾸기 1   Y 0 앞뒤 순서(Z)
　　 A 의 Z 위치(m)

키 이벤트
다음 키를 누름 "s"
　A 앞으로 이동(m) | 거리: 1 속도: 10

키 이벤트
다음 키를 누름 "w"
　A 뒤로 이동(m) | 거리: 1 속도: 10

키 이벤트
다음 키를 누름 "3"
오브젝트 여러 개 만들기 배열: L0 직...
　L0 설정 표면 색: ■ | 지정 번호: 빈 값
　I 에 0 을/를 저장하기
　배열 L0 의 요소 개수 회 반복하기
　　L 에 배열 L0 의 인덱스 I 요소 을/를 저장하기
　　L 설정 위치(m) | X A 의 X 위치(m)
　　I 을/를 주어진 값만큼 바꾸기 1   Y 0 앞뒤 순서(Z)
　　 A 의 Z 위치(m)

▶ 위 프로젝트는 폴리곤에이드 사이트의 갤러리 또는 https://www.polyade.com/Gallery/Content/3830에서 확인할 수 있습니다.

배열 만들기 문자열에 있는 "첫번째"라는 문자열을 출력하려고 합니다. 첫 번째 문자열을 출력하기 팝업창으로 출력하기 위해 배열 A의 인덱스 1요소를 블록으로 조립하였습니다. 시작버튼을 누르면 왜 "두번째"라는 문자열이 출력될까요?

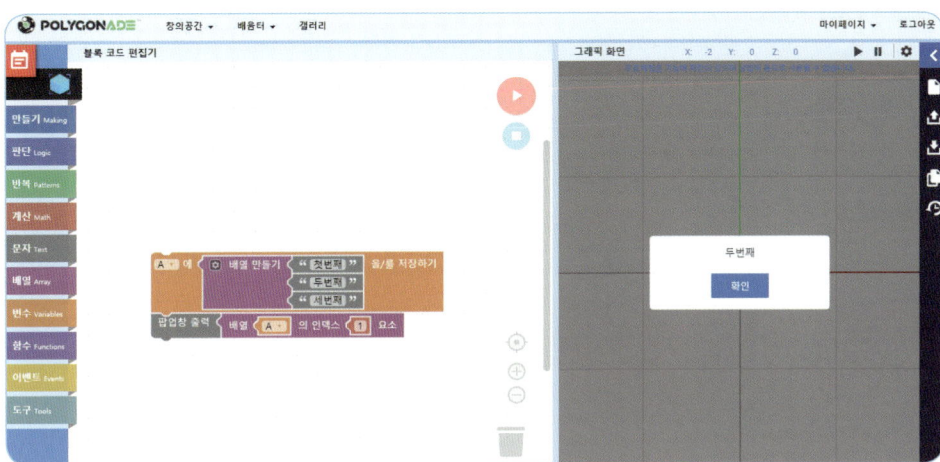

CHAPTER 04 짝수의 합 그림으로 표현하기 `배열`

배열을 이용해 입력된 숫자의 짝수 합을 오브젝트로 표현해봅시다. 프로그램을 실행하고, 특정 숫자를 입력하면, 그 숫자까지의 짝수 합을 콘솔 창으로 출력하고, 짝수 개수만큼 크로니 오브젝트를 만들 수 있습니다.

사용할 블록

- `L`에 `빈 배열 만들기` 을/를 저장하기
- `배열 만들기`
- `L`에 `배열 만들기 | 요소 개수: 5 값: 빈 값` 을/를 저장하기
- 배열 `L`의 인덱스 `0` 요소
- 배열 `L`의 인덱스 `0` 위치에 `ㅤ` 저장하기
- 배열 `L`에 `ㅤ` 추가 저장하기
- 배열 `L`의 요소 개수
- `L`에 `정렬 | 숫자순 오름차순 배열: 배열 만들기 2 3 1` 을/를 저장하기
- `L`에 `오브젝트 정렬 | 숫자순 오름차순 배열: L 속성: "P"` 을/를 저장하기
- 지역 변수 `B`에 `ㅤ` 저장하기

1 짝수의 합 그림으로 표현하기

01 먼저 배열 만들기 블록을 이용해 짝수의 합을 저장할 배열을 만들어 봅시다. MyArr이라는 배열을 만들고, 요소 개소를 다음과 같이 정의합니다. 다음 값에는 2를 저장하고, 합에는 0을 저장합니다.

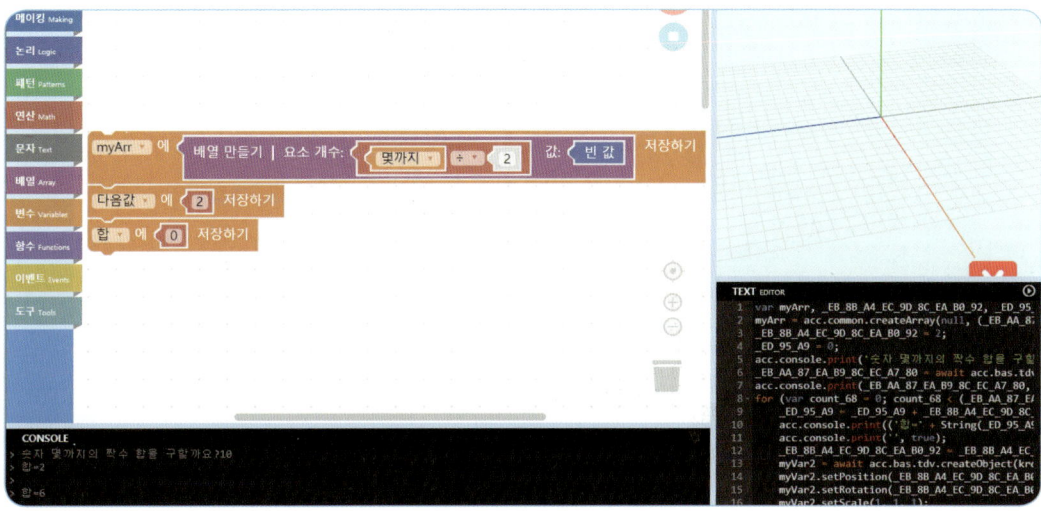

02 창의공간 커뮤니티 레벨3에서는 콘솔창과 텍스트 에디터 기능을 활용할 수 있습니다. 문자 툴박스에 있는 콘솔 출력 (새 줄) ✓ " " 블록을 조립해, "숫자 몇까지의 짝수 합을 구할까요?"라는 문자를 콘솔 창에 출력합니다.

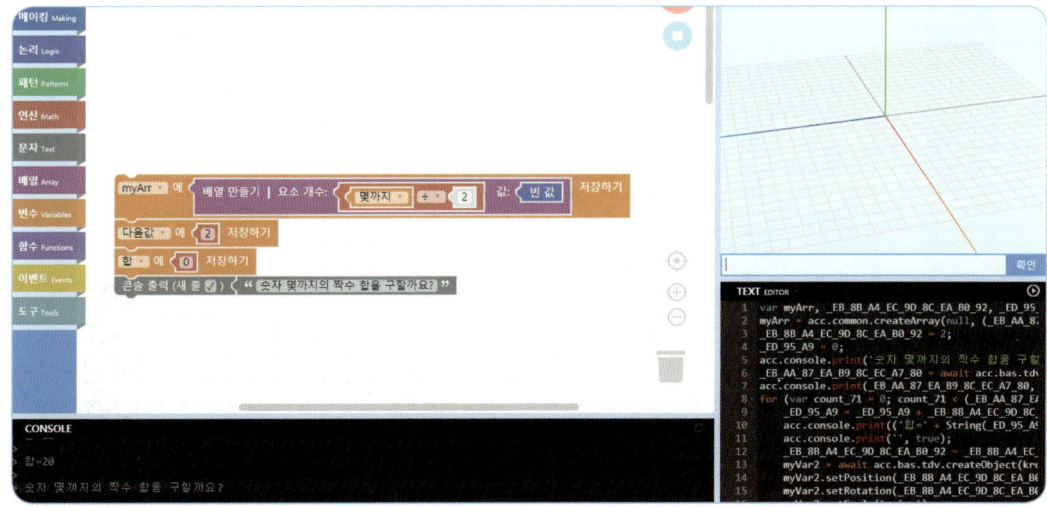

03 `몇까지` 블록과 `텍스트 입력하기` 블록을 조립하여 입력받은 텍스트 값을 "몇까지"라는 변수에 저장합니다. `콘솔 출력 (새 줄 ✓)` `" "` 옆에 `몇까지` 블록을 붙여 짝수의 합을 더한 값을 콘솔 창에 출력할 수 있도록 합니다.

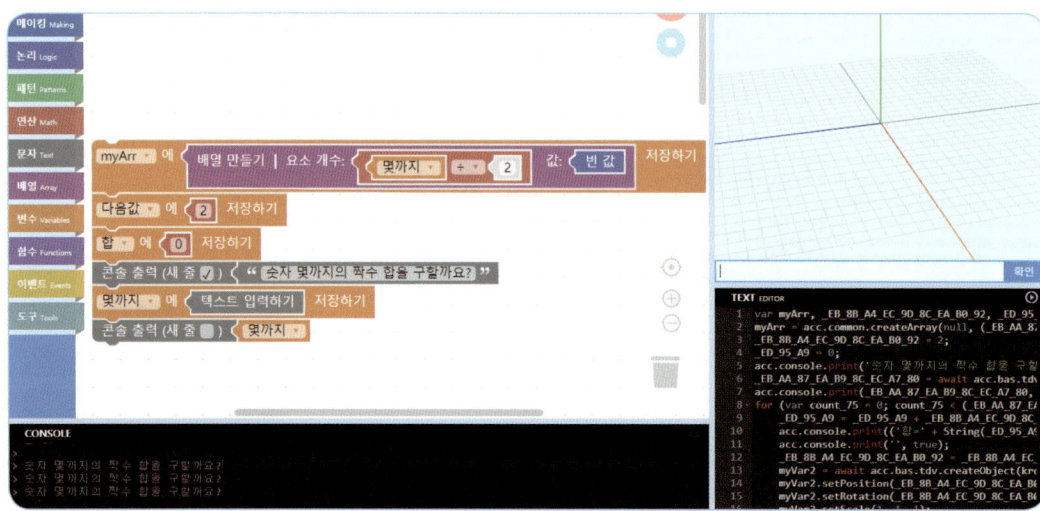

04 입력한 숫자까지의 짝수들의 값을 더하는 블록을 조립합니다. 반복 툴박스에 있는 `10 회 반복하기` 안에 `몇까지 ÷ 2`을 넣습니다. 이제 입력한 숫자까지의 짝수 횟수만큼 반복하여 반복하기 안의 블록들을 실행합니다.

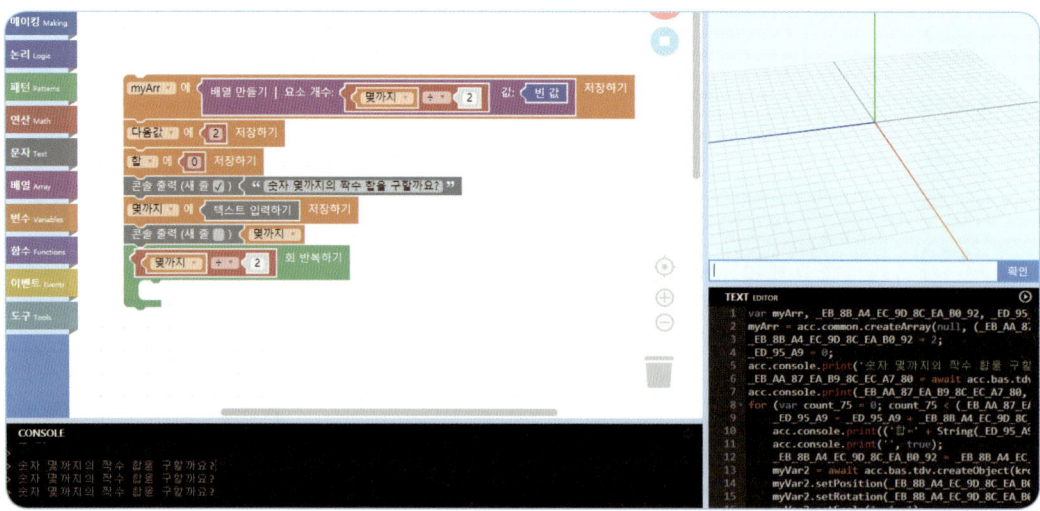

05 숫자 8을 입력하면 8까지의 짝수 2,4,6,8들을 더하도록 블록들을 조립합니다. 변수 합 과 변수 다음값 에 저장할 값을 정해줍니다. 짝수가 반복되며 더해지므로 다음값 에는 2를 더하도록 합니다.

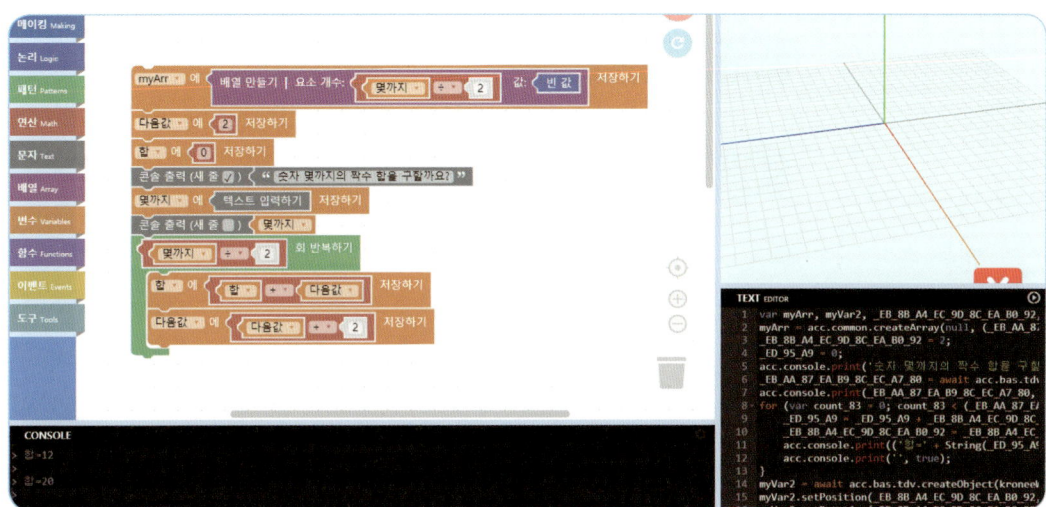

06 콘솔 출력 (새 줄 ✓) " " 과 합 을 조립하여 짝수의 합을 콘솔 창에 출력합니다. 메이킹 툴박스 안에 있는 오브젝트 만들기 와 위치를 설정하는 위치 (m) | x 0 y: 0 z: 0 을 조립하여 짝수 개수만큼 크로니가 나란히 나타나도록 합니다.

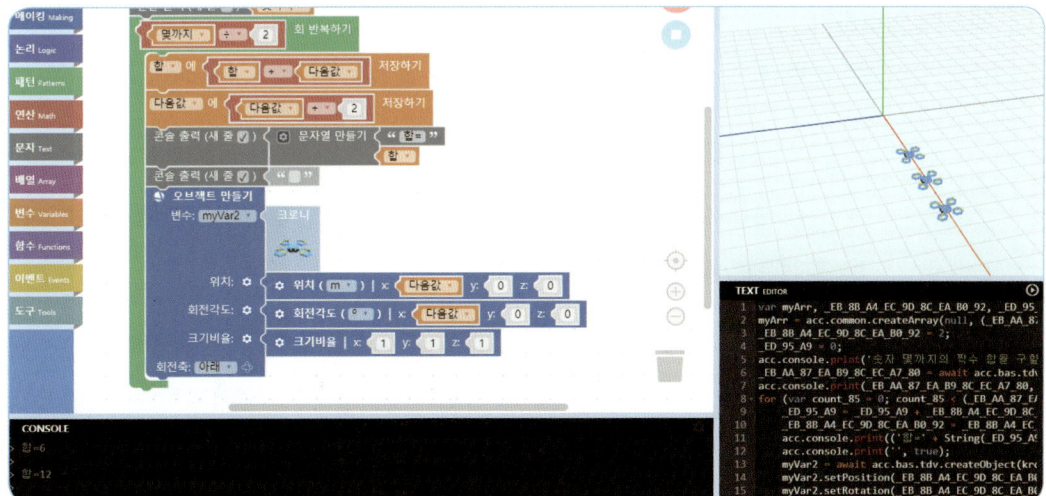

CHAPTER 04 짝수의 합 그림으로 표현하기

2 콘솔 출력 블록의 활용법

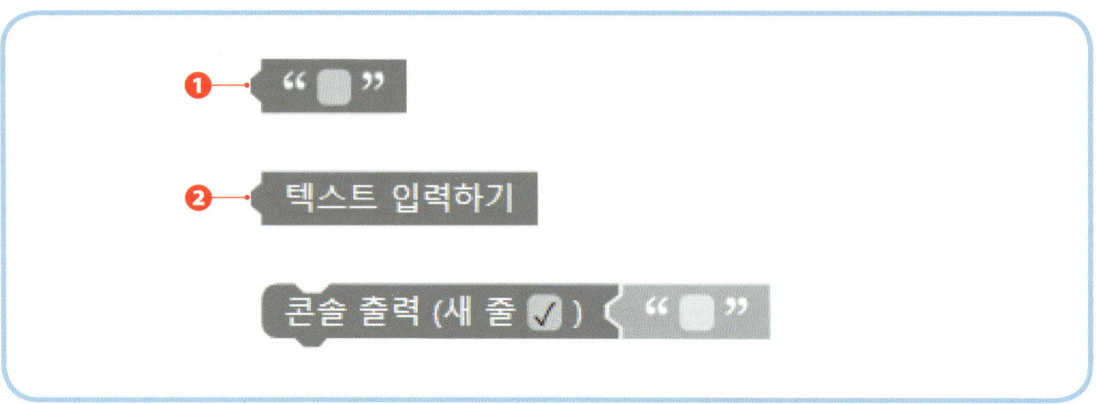

01 문자열: 문자열 블록을 콘솔 출력 블록 옆에 붙여 문자열 블록 안에 있는 문자 혹은 숫자를 콘솔 창에 출력할 수 있습니다.

02 텍스트 입력하기: 시작 버튼을 누르면 그래픽 화면 창에 글자를 입력할 수 있는 공간을 만듭니다. 콘솔 출력 옆에 텍스트 입력하기 블록을 붙이면 입력한 내용을 콘솔 창에 출력할 수 있습니다.

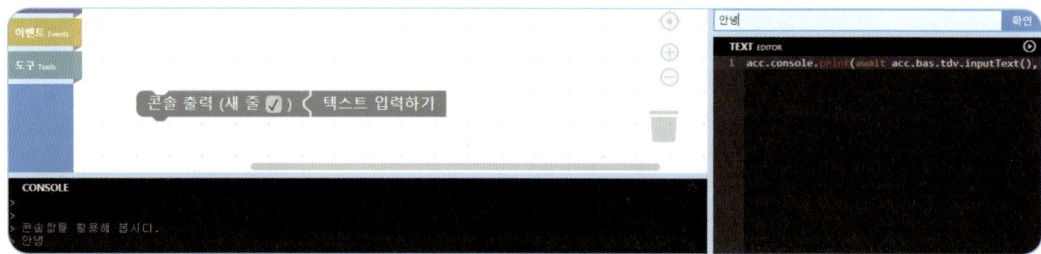

생각해보기

창의레벨3에서는 콘솔창과 텍스트 에디터 창을 활용할 수 있습니다. 문자 툴박스에 있는 콘솔출력 블록을 이용해 짝수의 합을 콘솔 창에 출력해봅시다.

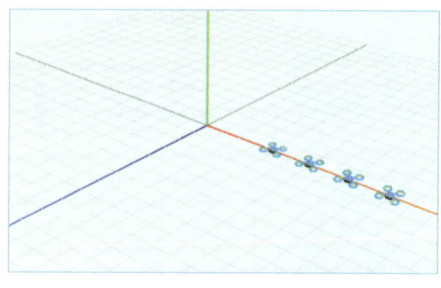

위 프로젝트는 폴리곤에이드 사이트의 갤러리 또는 https://www.polyade.com/Gallery/Content/3831에서 확인할 수 있습니다.

CHAPTER 04 짝수의 합 그림으로 표현하기

CHAPTER 05
두 수의 교환, 크로니의 교환 `변수`

변하는 수 또는 변하는 값을 넣는 공간을 '변수'라고 부릅니다. 변수를 이용해 두 수를 교환할 수 있는 작품, 크로니가 서로 교환되는 작품을 만들어 봅시다.

사용할 블록

- 변수 만들기
- BY_ 에 ⬚ 을/를 저장하기
- BY_ 을/를 주어진 값만큼 바꾸기 1
- BY_
- camera
- ID_
- MSG_
- ON_
- RECV_
- SEND_
- TO_

1 두 수의 교환

01 변수 툴박스에서 변수 만들기 를 눌러 두 수를 저장할 변수A와 변수B를 만듭니다. A에 을
/를 저장하기 안에 0 을 이용해 변수A와 변수B에 숫자를 저장합니다.

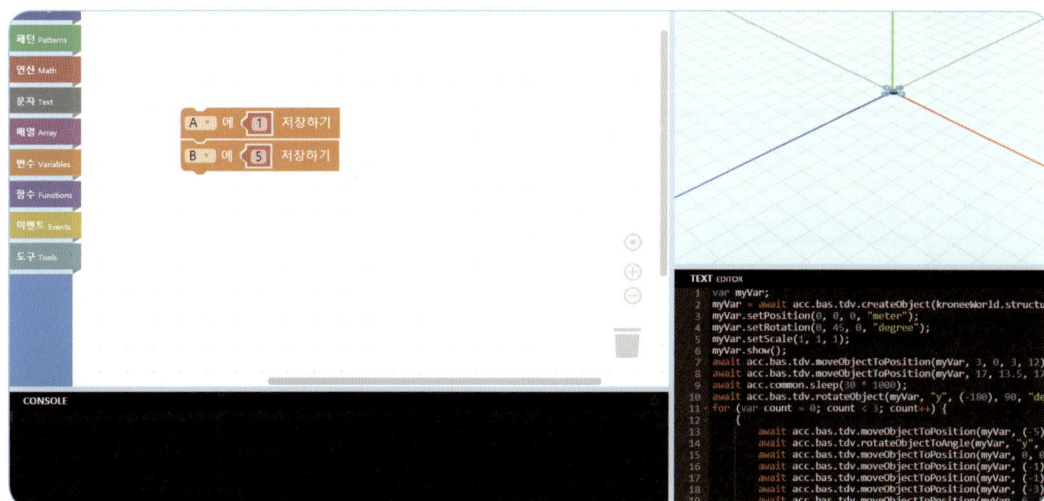

02 변수 안에 저장된 두 수를 콘솔 창에 출력해봅시다. 문자 툴박스에 있는 콘솔 출력 (새 줄 ✓)
" " 블록을 조립해, "현재 A=1, B=5가 저장되어 있습니다."와 같이 안내문을 콘솔
창에 출력합니다.

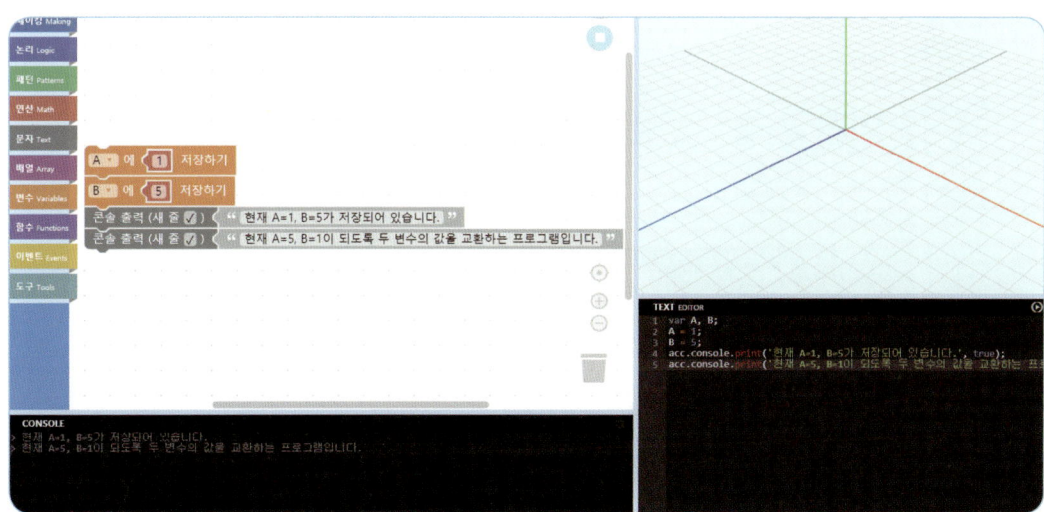

CHAPTER 05 두 수의 교환, 크로니의 교환   189

03 이제 변수A와 변수B에 저장된 숫자 값을 바꾸어 봅시다. 변수 툴박스에 있는 변수 만들기 과 A에 을/를 저장하기 을 이용해 아래와 같이 변수 A, B, C안에 변수 값을 저장합니다.

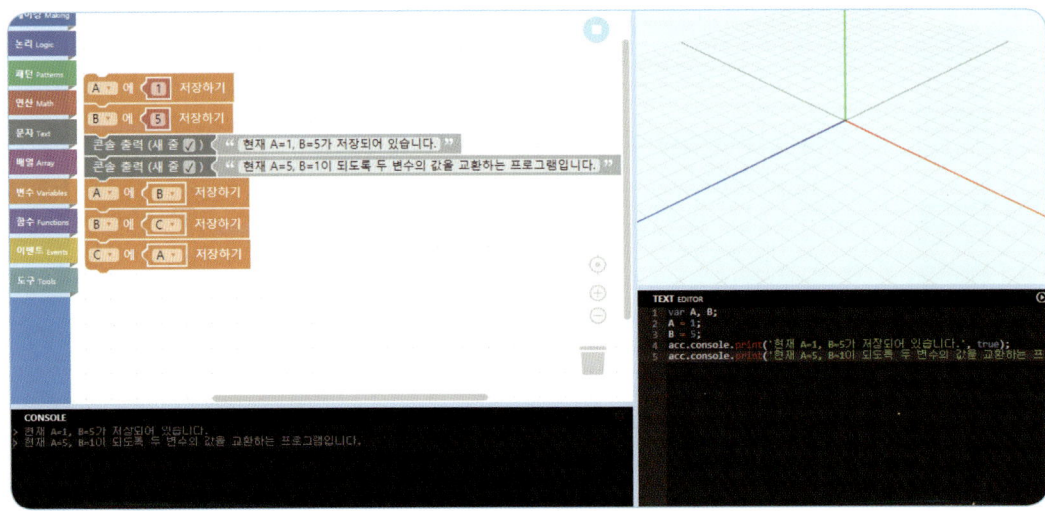

04 변수 안에 저장된 숫자 값을 바꾸었습니다. 이제 바뀐 값을 다시 콘솔 창에 출력해봅시다. 콘솔 출력(새 줄 ✓) " " 에 있는 새 줄을 체크하면 입력된 값이 새 줄로 콘솔 창에 출력됩니다.

2 크로니의 교환

01 이번에는 변수 툴박스에 있는 블록들을 이용해 블루 크로니와 레드 크로니의 위치를 바꾸어 봅시다. `오브젝트 만들기` 과 `1 초(sec) 기다리기` 으로 블루 크로니와 레드 크로니가 그래픽 출력 창에 차례대로 등장하도록 합니다.

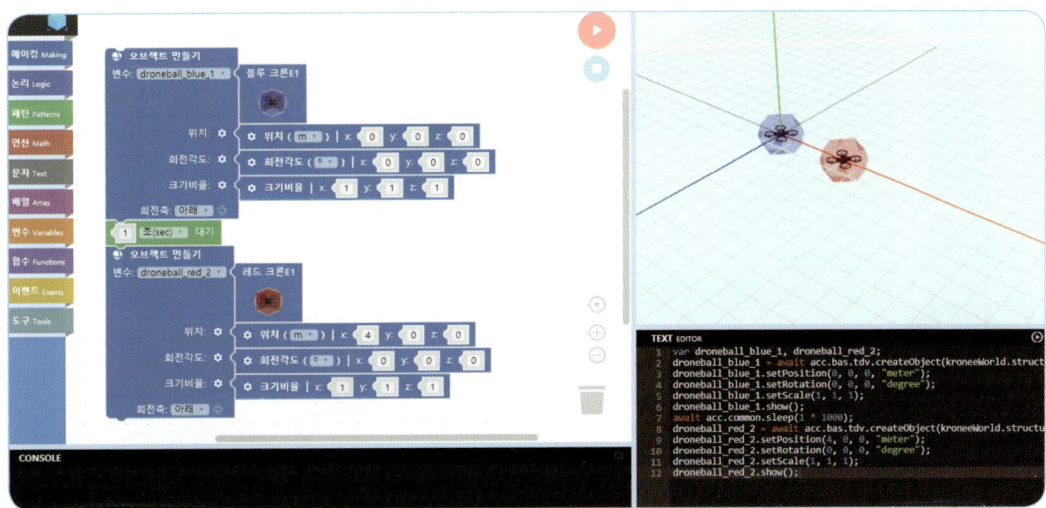

02 `변수 만들기`로 `위치이동` 이라는 변수를 만듭니다. 두 수의 교환에서 변수 값을 차례대로 바꾼 것처럼 `A 에 을/를 저장하기`를 이용해 변수 값을 바꾸어 줍니다.

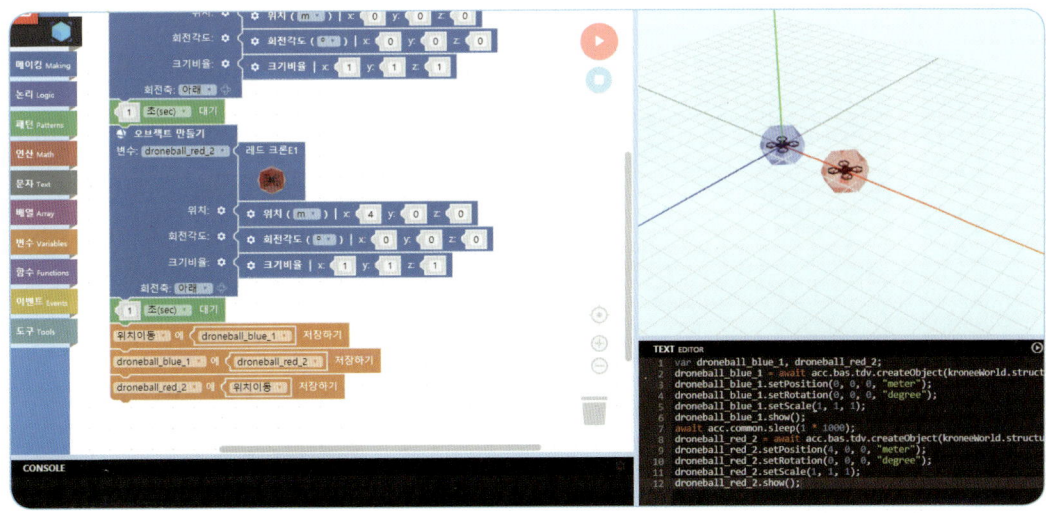

CHAPTER 05 두 수의 교환, 크로니의 교환

03 이제 `1 초(sec) 기다리기`를 밑에 붙이고, 메이킹 툴박스에서 오브젝트들의 위치를 설정할 수 있는 `myVar 설정` `위치(m) x 0 y 0 z 0`를 불러옵니다. 블록 안에 있는 변수의 이름을 블루 크로니의 이름과 똑같이 바꾸어주고, X값의 위치를 설정합니다.

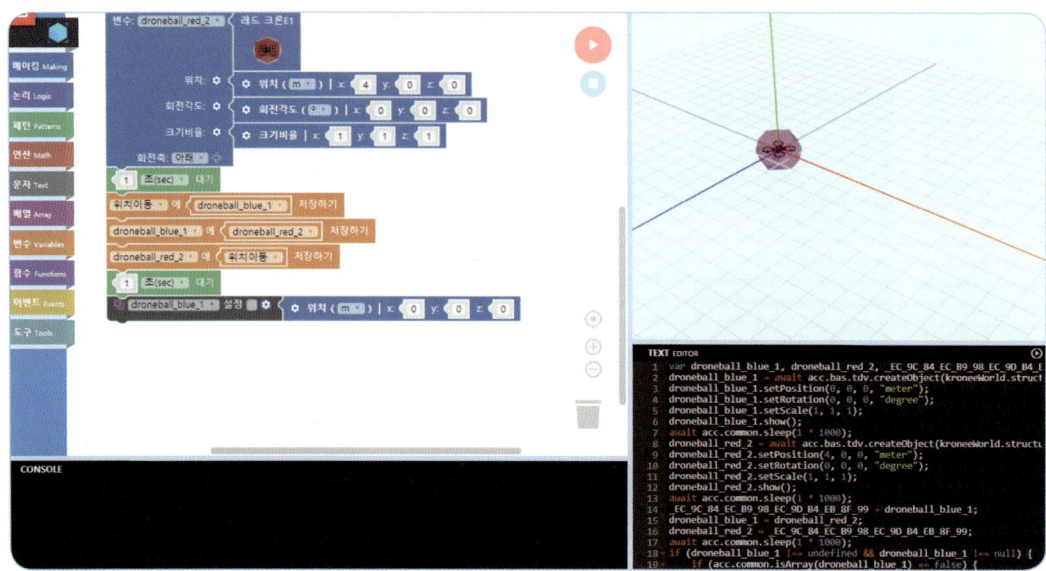

04 레드 크로니의 위치도 `myVar 설정` `위치(m) x 0 y 0 z 0`를 이용해 바꾸어줍니다.

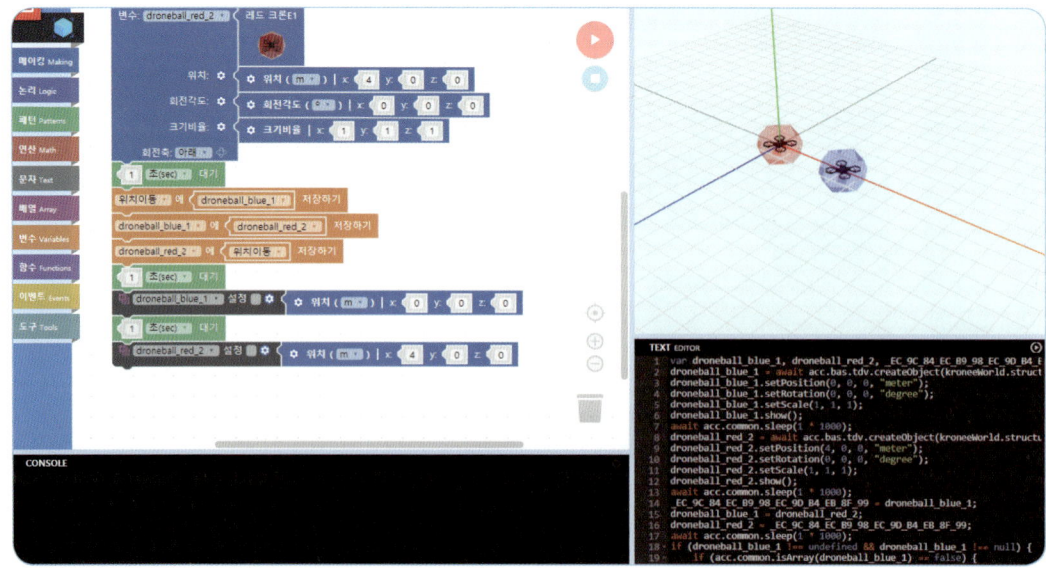

192 PART III 폴리곤에이드 한발 더 나아가기

변수에 오브젝트 값을 저장하면 오브젝트의 위치를 서로 바꿀 수 있습니다. 이번에는 크로니의 값을 변수에 저장하여 크로니의 X좌표 위치를 바꿔봅시다.

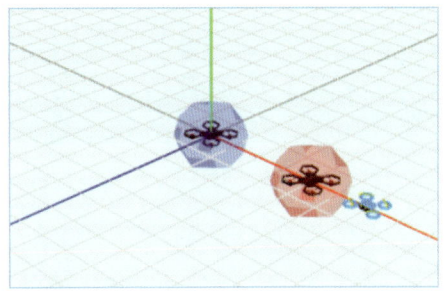

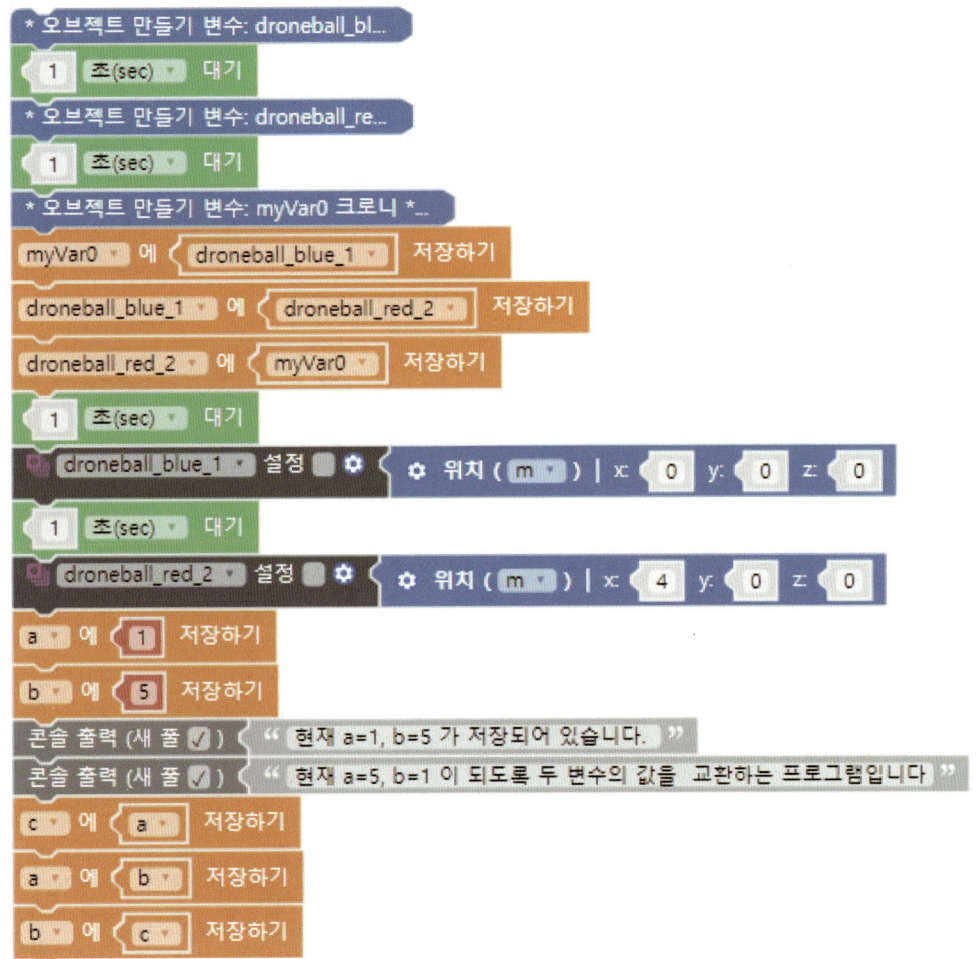

CHAPTER 05 두 수의 교환, 크로니의 교환

 위 프로젝트는 폴리곤에이드 사이트의 갤러리 또는 https://www.polyade.com/Gallery/Content/3832에서 확인할 수 있습니다.

CHAPTER 06 세 수 가운데 제일 큰 수 찾기 〔논리〕

논리 툴박스에 있는 조건문을 변수, 연산 블록들과 조립하면, 컴퓨터가 논리대로 판단할 수 있는 프로그램을 만들 수 있습니다. 세 수 가운데 가장 큰 수를 찾는 프로그램을 만들어 봅시다.

사용할 블록

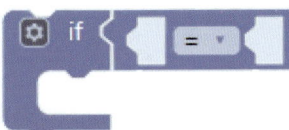

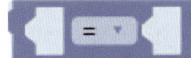

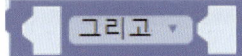

빈 값

다음 조건을 판별
'참'이면 반환
'거짓'이면 반환

1 세 수 중 가장 큰 수 찾기

01 변수 툴박스에서 `변수 만들기`를 눌러 세 수를 저장할 변수 A, B, C를 만듭니다. `A▼ 에 　 을/를 저장하기` 안에 연산 툴박스에 있는 `랜덤 정수▼ ( 0 ≤ n ≤ 100 )`를 넣습니다. 이제 실행 버튼을 누르면 변수 A안에 0~100중 무작위 정수가 저장됩니다.

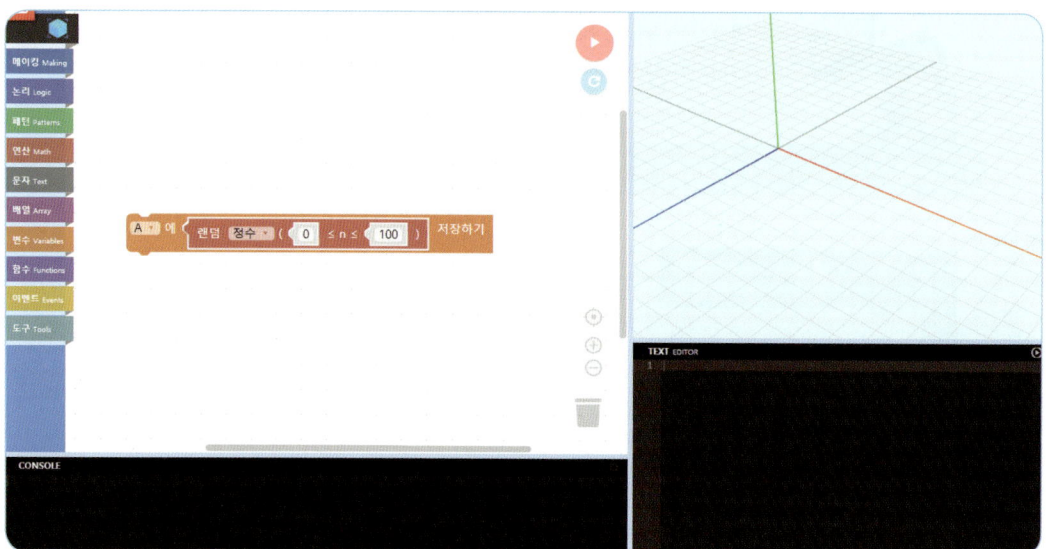

02 마찬가지로 변수 B와 변수 C에도 0~100중 무작위 정수가 저장되도록 블록들을 조립합니다.

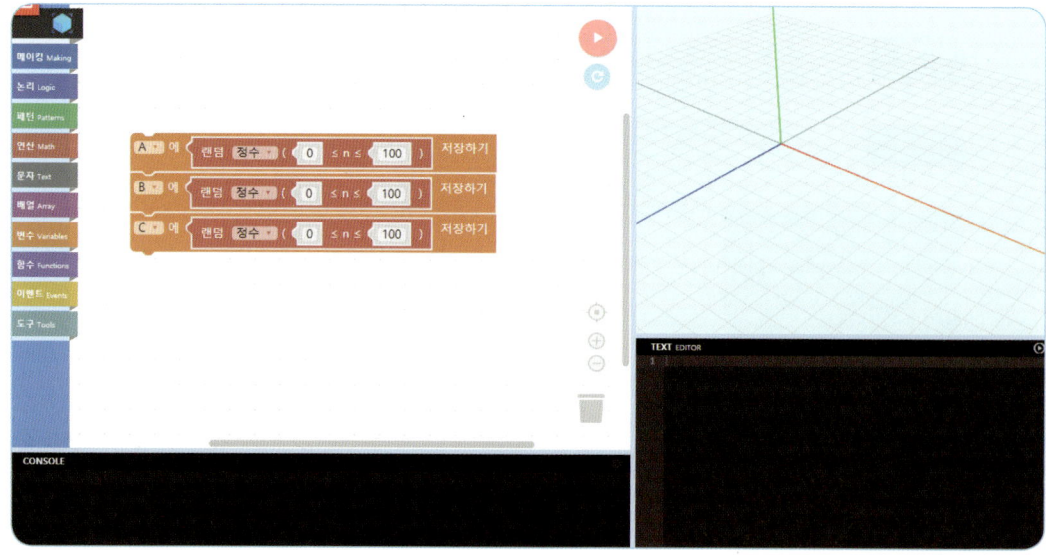

03 변수 만들기를 눌러 `제일큰수` 를 만듭니다. `제일큰수` 에는 콘솔 창에 출력될 문자열을 표현하기 위해 문자 툴박스에 있는 `" ▫ "` 을 `제일큰수 에 ▫ 저장하기` 에 넣습니다.

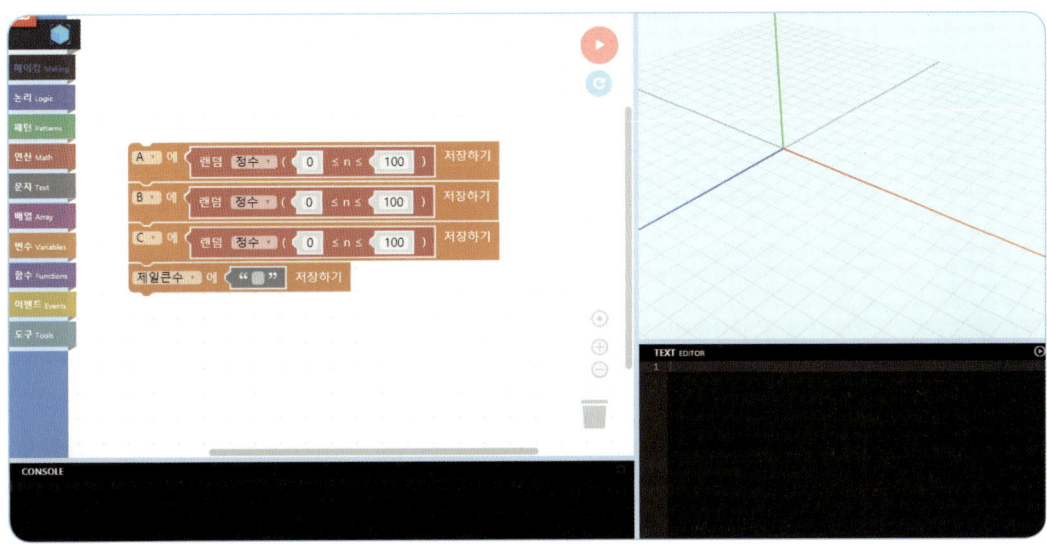

04 먼저 `제일큰수` 안에 변수 A를 저장합니다. 그 다음 논리 툴박스에 있는 `if` `=` 을 이용해 변수 A와 변수 B의 숫자 값을 비교합니다. 만약 변수B의 숫자 값이 크면, `제일큰수` 안에는 변수 B가 저장됩니다.

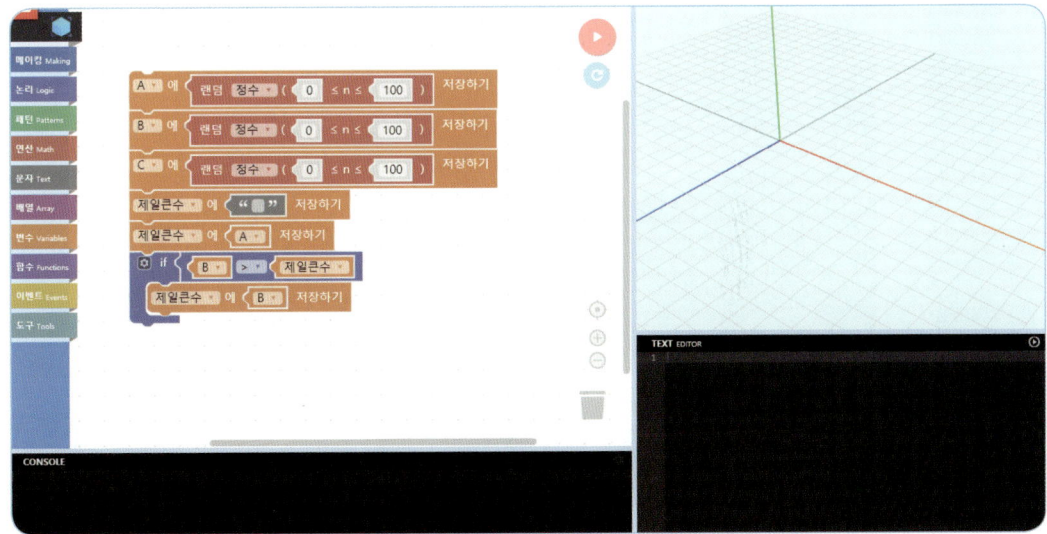

05 바로 밑에 변수 C의 값을 비교하는 블록을 붙입니다.

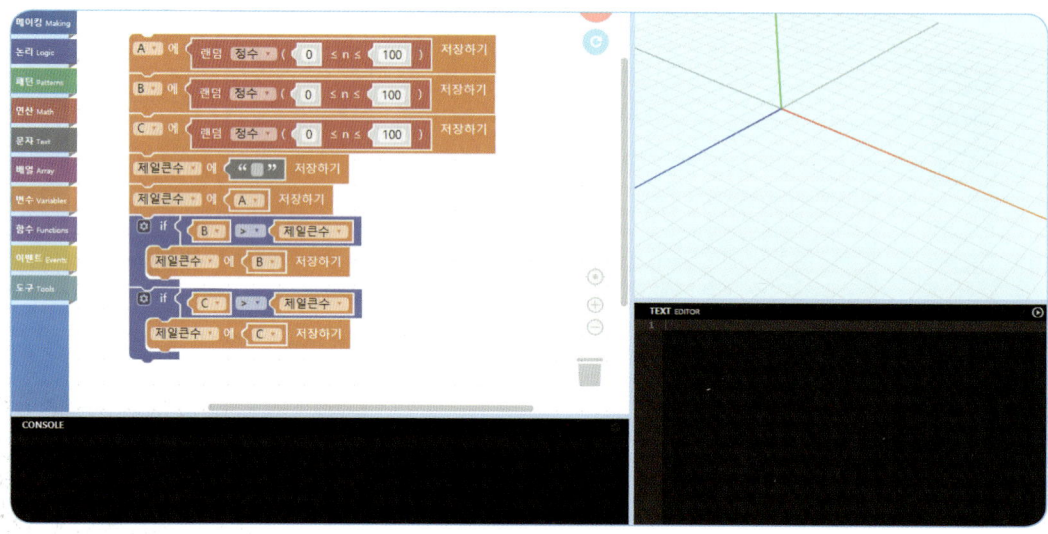

06 세 수를 비교한 후, 가장 큰 수를 콘솔 창에 출력합니다. 문자 툴박스에 있는 콘솔 출력(새 줄 ☑)) 과 " " 와 문자열 만들기 을 조립해 변수 A, B, C와 제일 큰 수를 콘솔 창에 출력합니다.

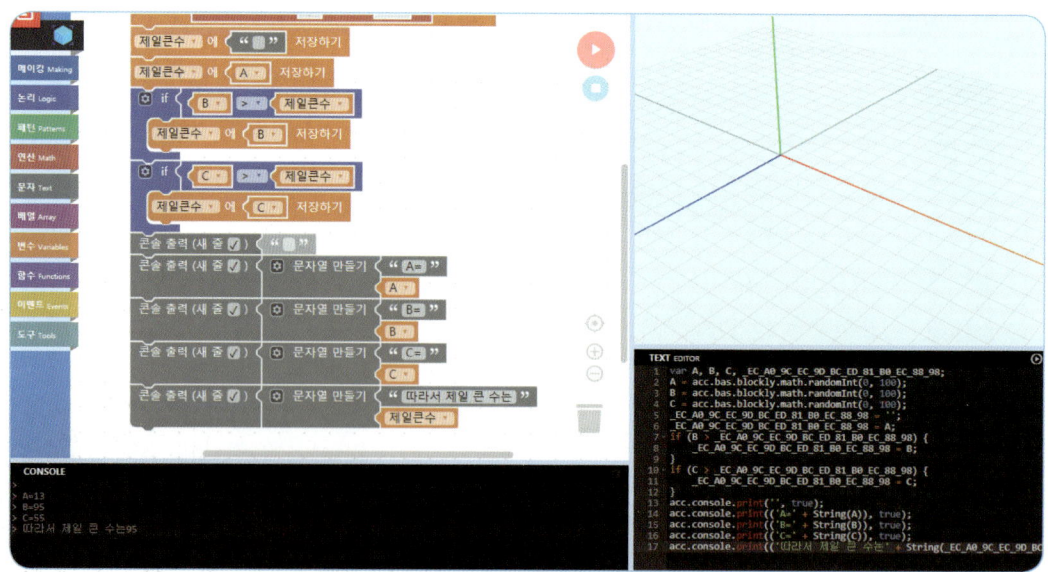

2 3개의 크로니 중 가장 큰 크로니 움직이기

01 변수 툴박스에서 `변수 만들기`를 눌러 세 수를 저장할 변수 A, B, C와 `제일큰수`를 만듭니다. `A 에 을/를 저장하기` 안에 `랜덤 정수 ( 0 ≤ n ≤ 100 )`를 넣습니다. `제일큰수`에는 `" "`을 넣습니다.

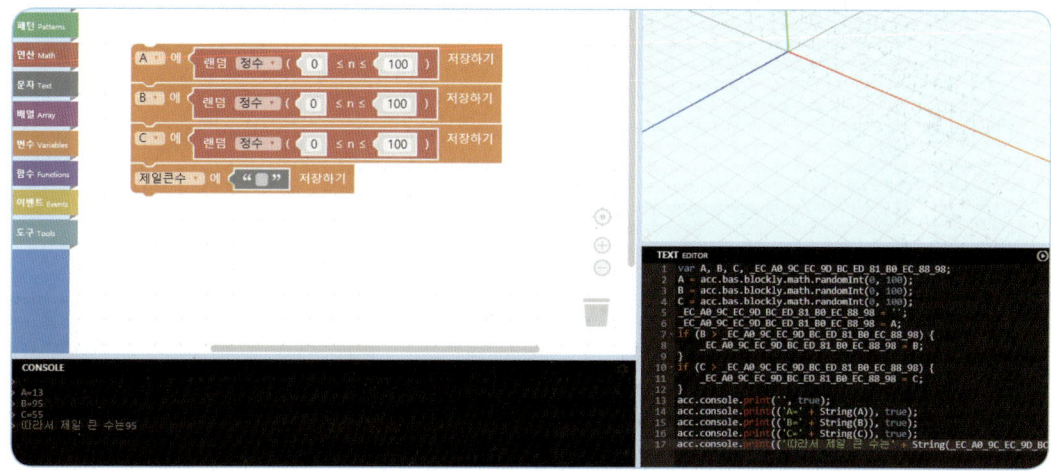

02 변수가 적용될 크로니를 만듭니다. 이 때, 크로니를 구분하기 위해 메이킹 툴박스에서 `myVar 설정 표면색: 불투명도: 1 지정 번호: 빈 값`을 이용해 크로니들의 표면색을 바꾸어 줍니다.

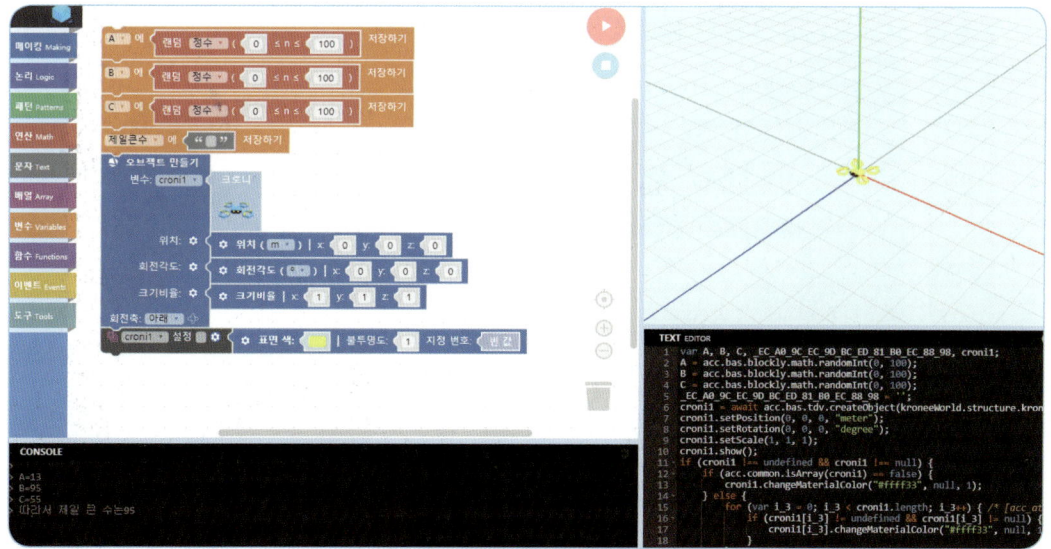

CHAPTER 06 세 수 가운데 제일 큰 수 찾기

03 크로니의 크기 비율 안에 `A`를 넣어 무작위로 생성된 정수 값만큼 크로니의 크기가 바뀌도록 합니다. `랜덤 정수 ( 0 ≤ n ≤ 100 )`에서 최대값을 10으로 바꾸어 크로니가 너무 커지지 않도록 합니다.

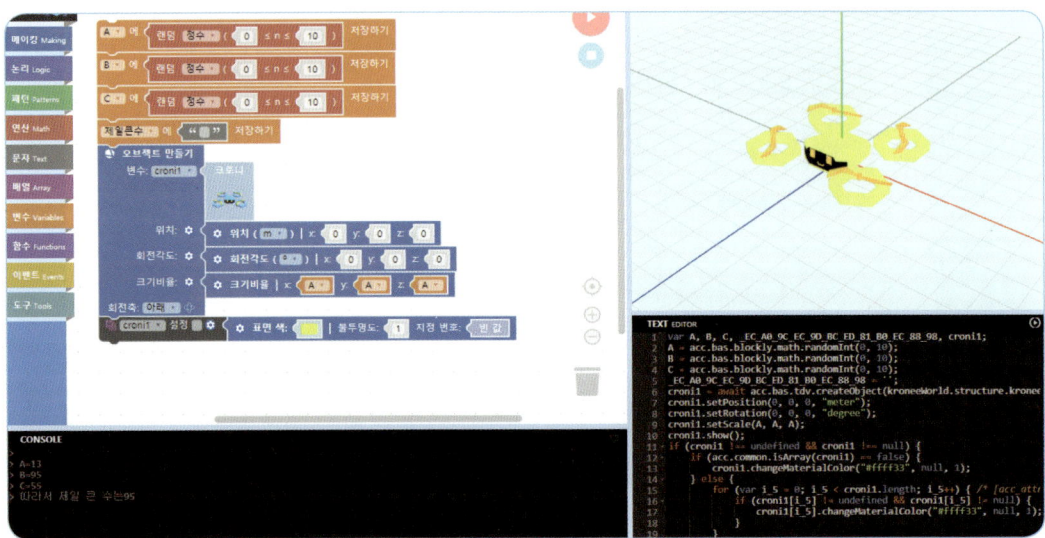

04 나머지 크로니들도 표면색과 크기비율을 설정해줍니다. 이 때, 크로니들의 변수 이름이 서로 겹치지 않도록 주의합니다.

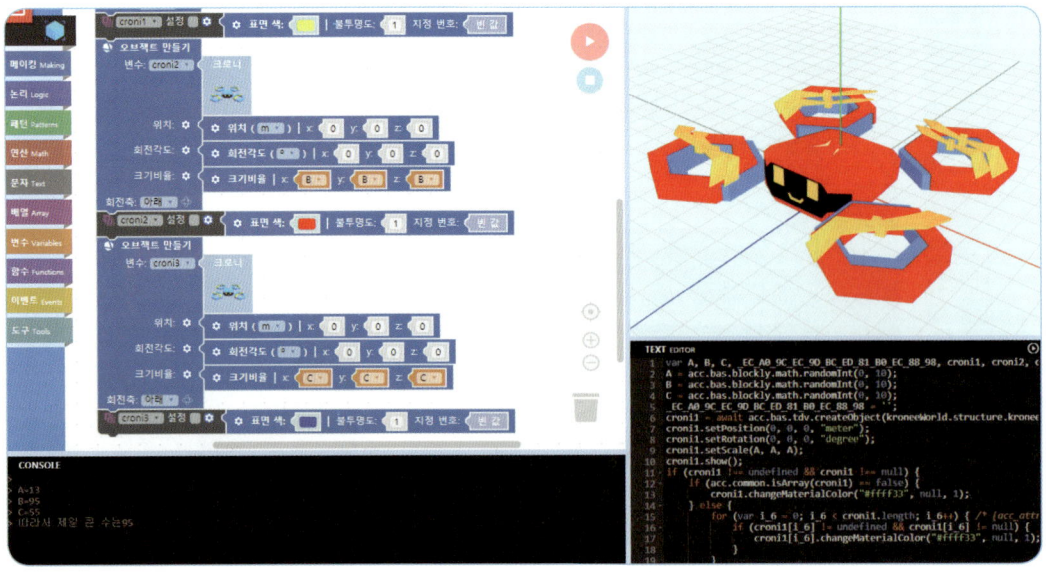

05 크로니들의 시작 위치가 똑같아 크로니의 크기를 비교할 수 없습니다. 메이킹 툴박스에서 을 조립합니다. 위치 안에 변수 A, B, C를 넣어 크로니들의 시작 위치를 무작위로 생성된 정수 값으로 바꾸어 줍니다.

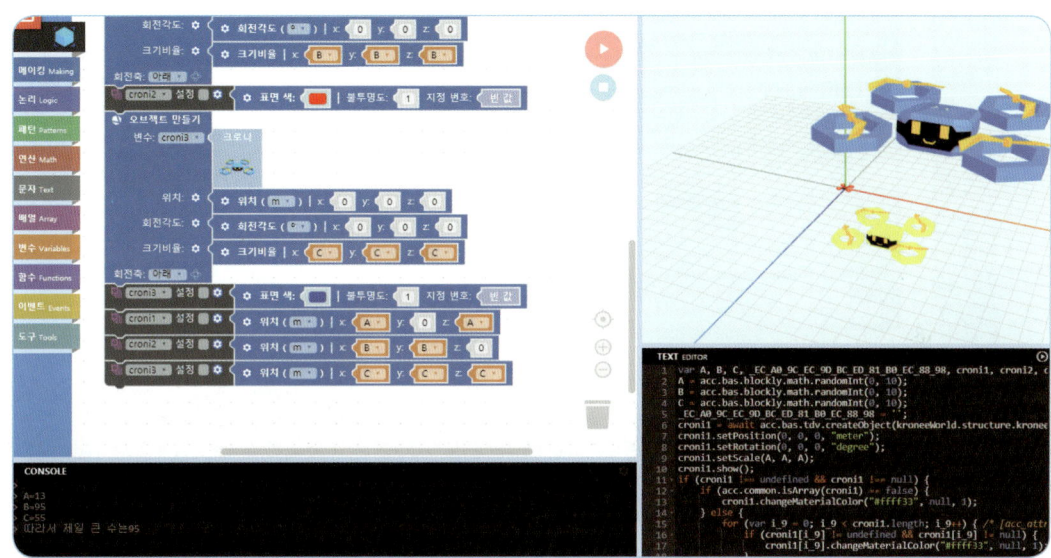

06 이제 변수 A, B, C를 비교해 봅시다. 제일큰수 안에 A 를 저장합니다. if 을 조립합니다. 만약 변수 B가 변수 A보다 크다면 제일 큰 수안에 변수 B를 저장합니다. 그리고 2번 크로니를 이동시킵니다.

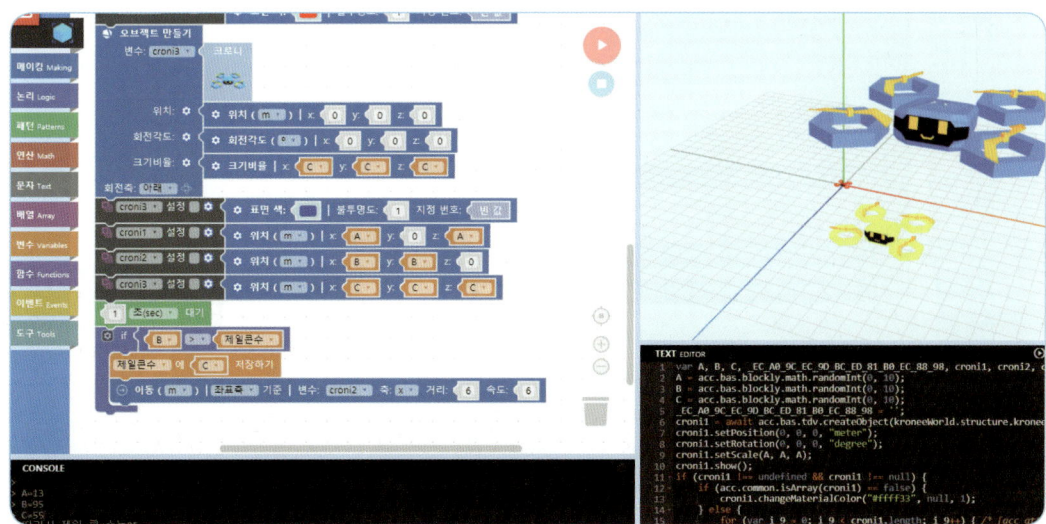

CHAPTER 06 세 수 가운데 제일 큰 수 찾기 201

07 변수 C를 비교해봅시다. 에 있는 을 누르면 else if 또는 else를 고를 수 있는 창이 나타납니다. else if 블록을 마우스로 선택하여 if 아래에 붙입니다.

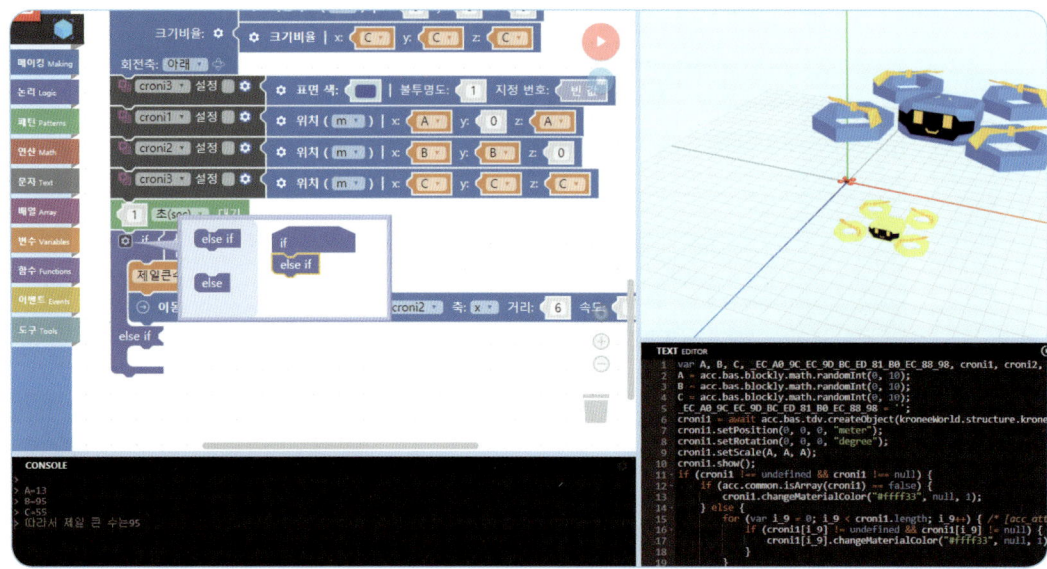

08 아래와 같이 논리블록을 설정하고 나머지 블록들을 조립합니다. 이제 실행 버튼을 누르면 크로니 3대 가운데 가장 큰 크로니만 움직이는 걸 볼 수 있습니다.

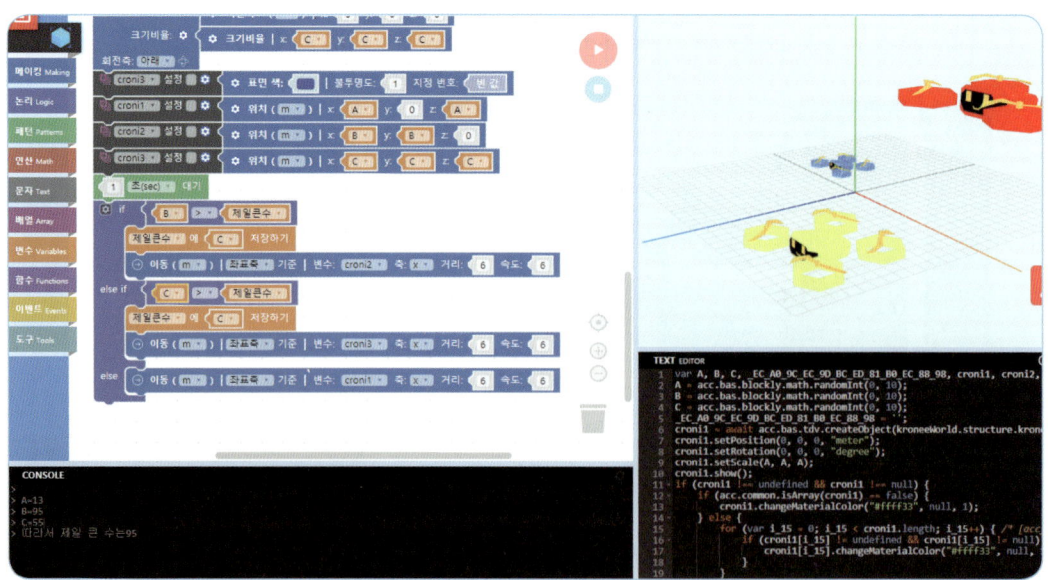

 **생각해보기**

크기가 다른 세 대의 크로니를 무작위로 생성합니다. 이제 컴퓨터는 무작위로 생성된 크로니를 크기 순서대로 정렬하기 시작합니다. 정렬한 후에는 가장 큰 크로니가 자동으로 움직입니다.

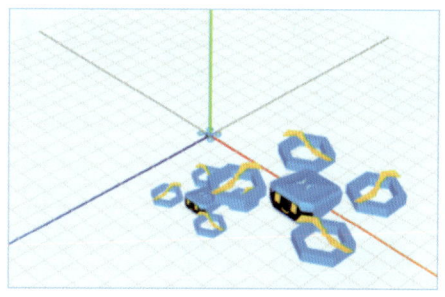

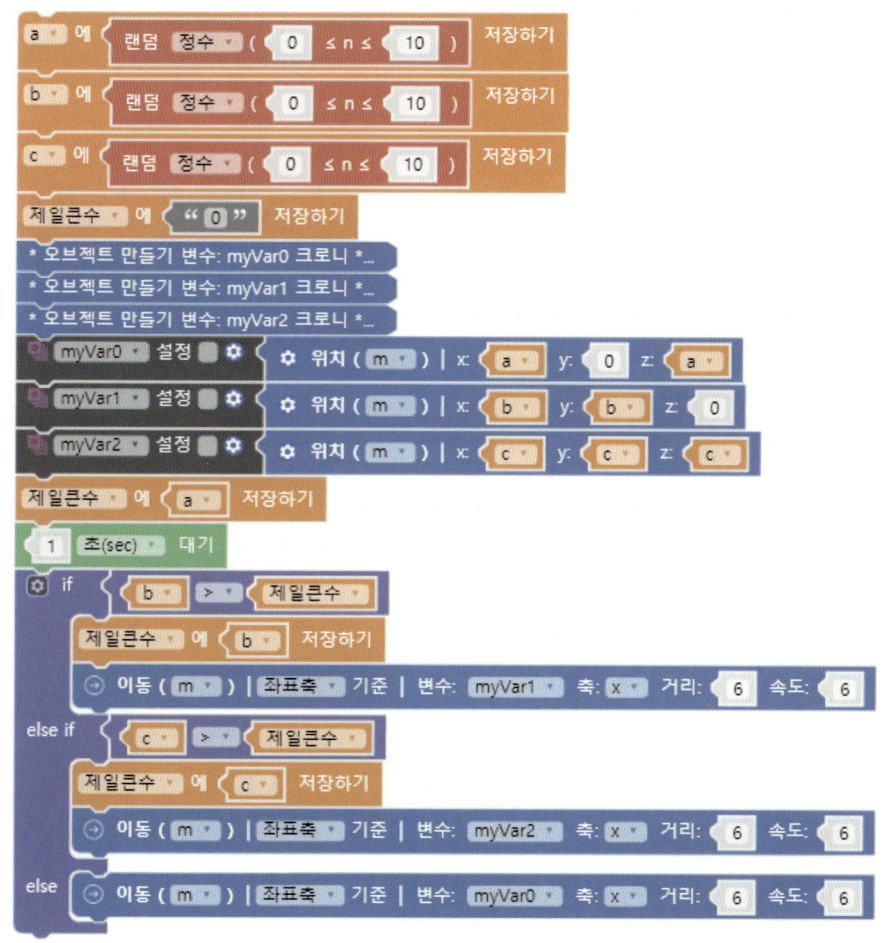

 위 프로젝트는 폴리곤에이드 사이트의 갤러리 또는 https://www.polyade.com/Gallery/Content/3833에서 확인할 수 있습니다.

CHAPTER 07 크로니 개수 맞추기

컴퓨터는 무작위로 만들어진 크로니 개수를 알고 있습니다. 크로니가 몇 대가 만들어졌는지 맞추어 봅시다!

사용할 블록

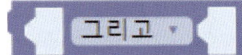

1 크로니 개수 맞추기

01 1부터 10 사이의 정수 가운데 하나를 골라 그 숫자만큼 크로니를 만들어 봅시다. 변수 툴박스에서 변수 만들기 를 눌러 크로니수 라는 변수를 만들어 줍니다.

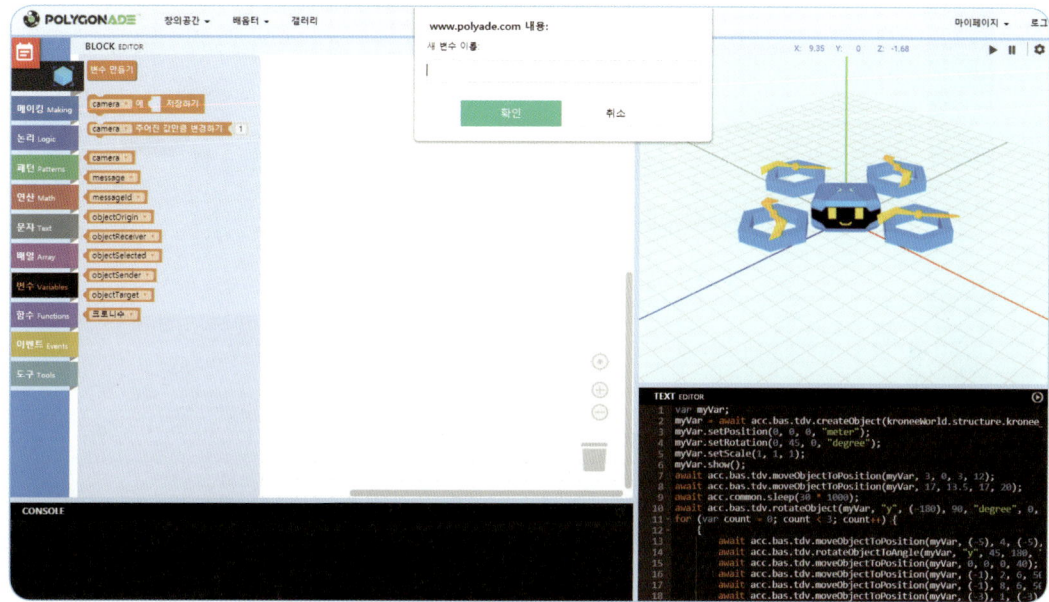

02 크로니수 안에 랜덤 정수 (0 ≤ n ≤ 100) 를 넣습니다. 숫자는 1부터 10까지로 바꿔줍시다.

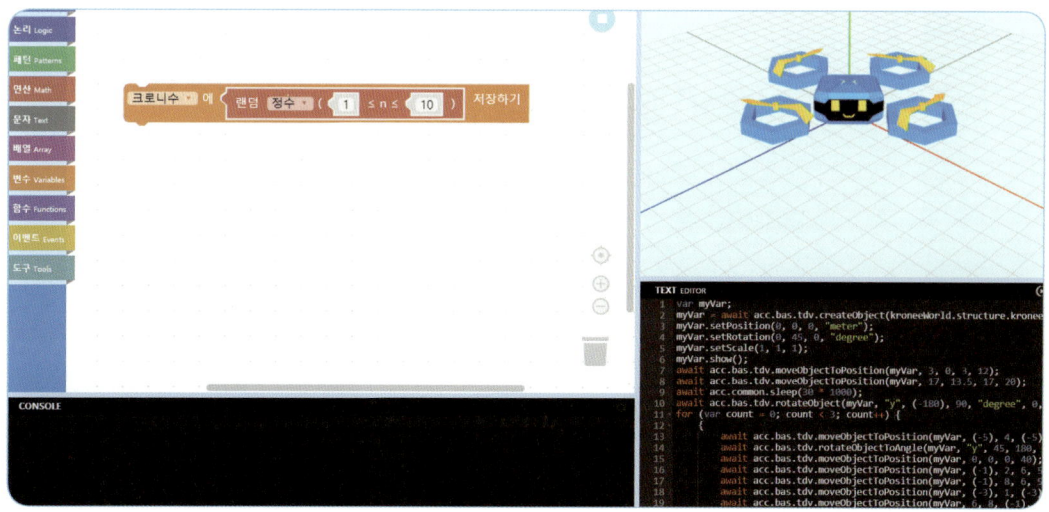

CHAPTER 07 크로니 개수 맞추기 **205**

03 콘솔 출력(새 줄 ✓) " " 을 이용해 콘솔 창에 띄울 메시지를 작성합니다. 1부터 10까지 수 중 크로니의 수를 입력하도록 안내합니다.

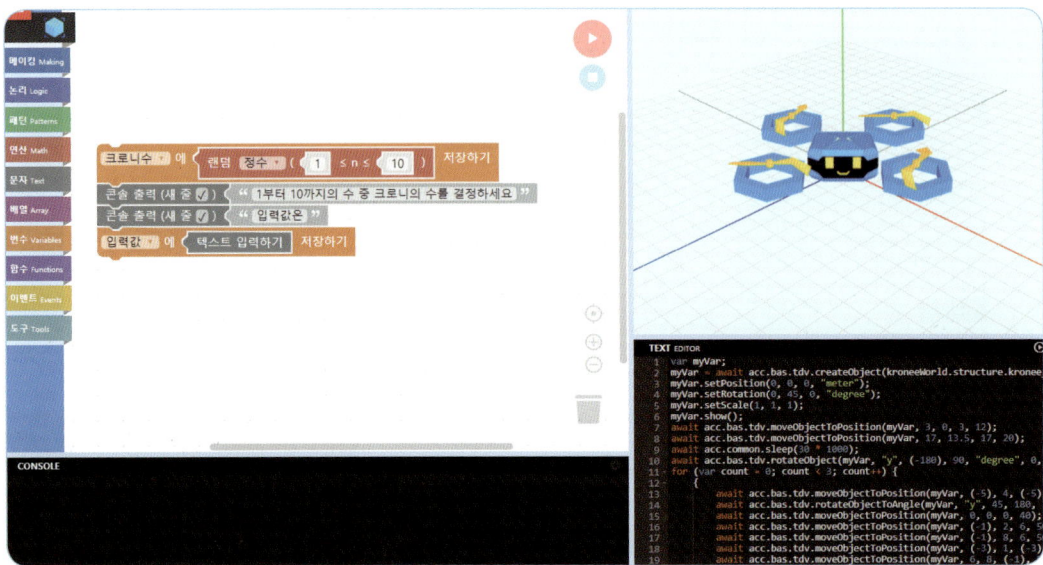

04 '정답크로니갯수'라는 변수를 만들어 줍시다. 이 변수에는 사용자가 얼마나 크로니 개수를 맞췄는지 알려주는 숫자가 저장됩니다. 콘솔 창을 통해 '정답크로니갯수'가 출력됩니다.

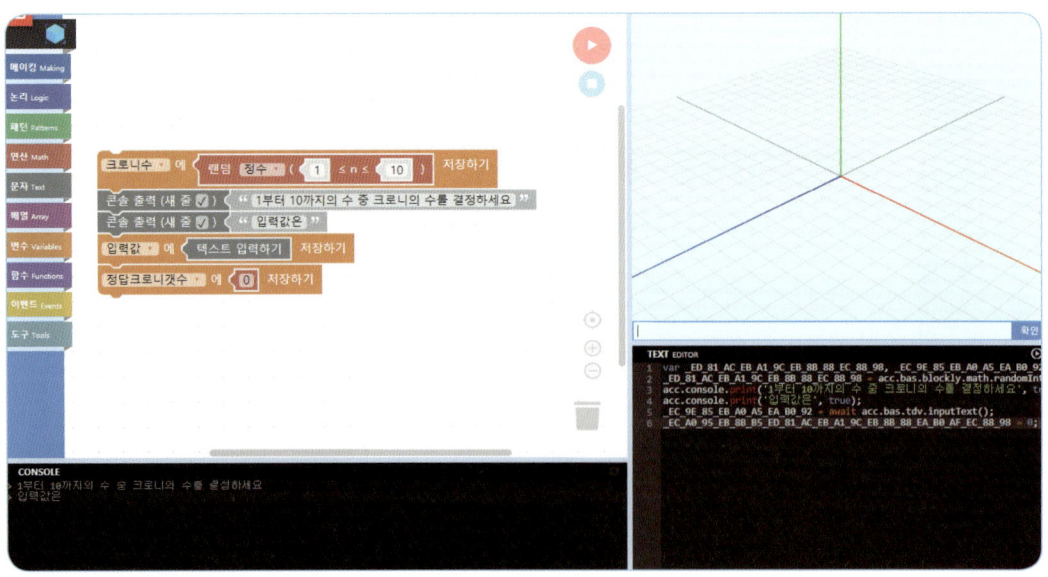

05 ![무한 반복하기] [동시 실행: ✓] 안에 크로니 개수를 맞추는 블록들을 조립해 봅시다. 동시 실행에 체크를 해야 안에 있는 블록들이 차례대로 실행되지 않고, 동시에 실행됩니다. 이제 '대답횟수'라는 변수를 만들고 1로 설정합니다.

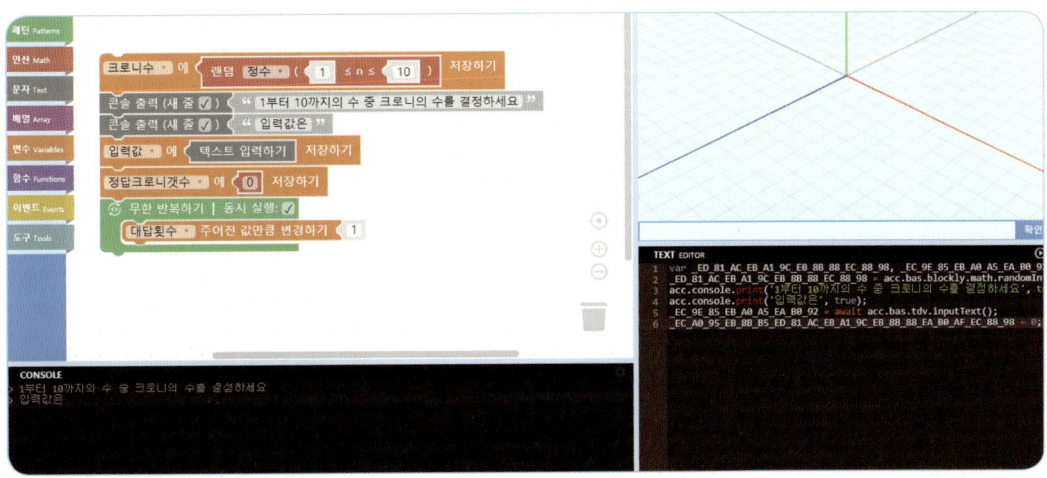

06 만약 사용자가 입력한 크로니수가 정답이라면, 몇 번 만에 맞추었는지를 콘솔 창에 출력해 봅시다. [if { = }] 안에 크로니수와 입력 값을 각각 넣고, [콘솔 출력 (새 줄) ✓] [" "]으로 콘솔 창에 메시지를 출력합니다.

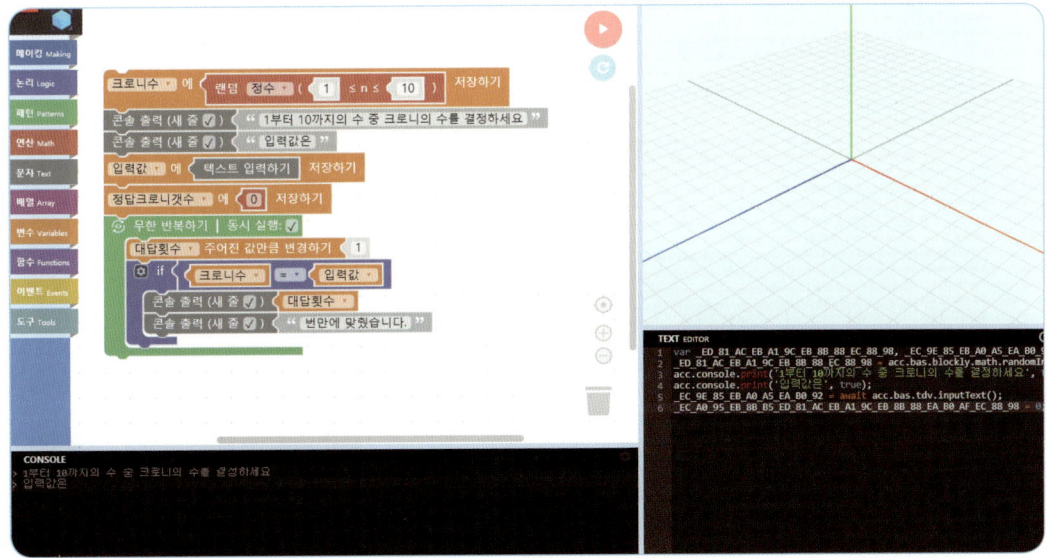

CHAPTER 07 크로니 개수 맞추기 207

07 정답을 맞힌 횟수만큼 크로니를 비행시켜봅시다. 맞춘 횟수가 '크로니수'라는 변수 안에 저장이 됩니다. 크로니가 무작위로 날아갈 수 있도록 랜덤이라는 변수를 만들어줍니다. 이 때 변수에는 1부터 10까지 무작위 숫자가 저장됩니다.

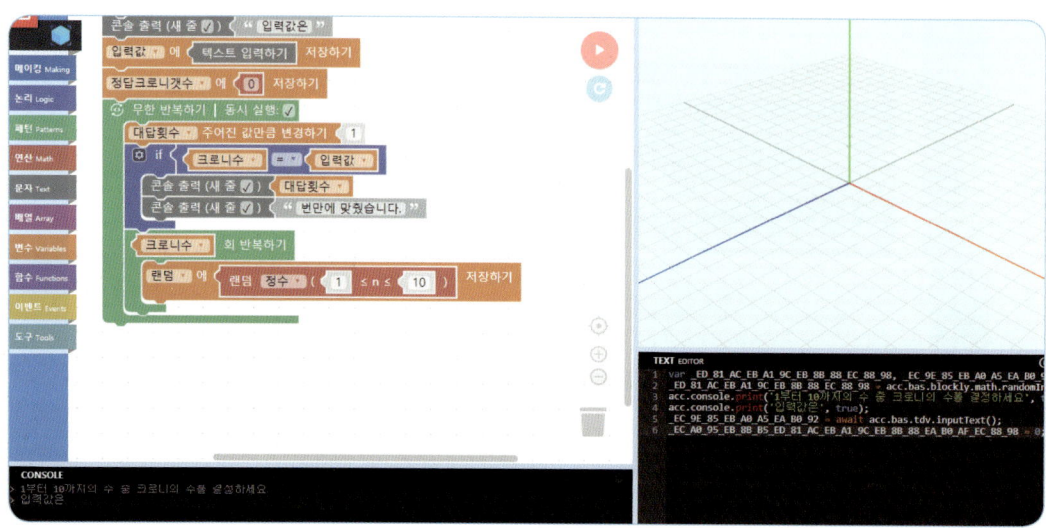

08 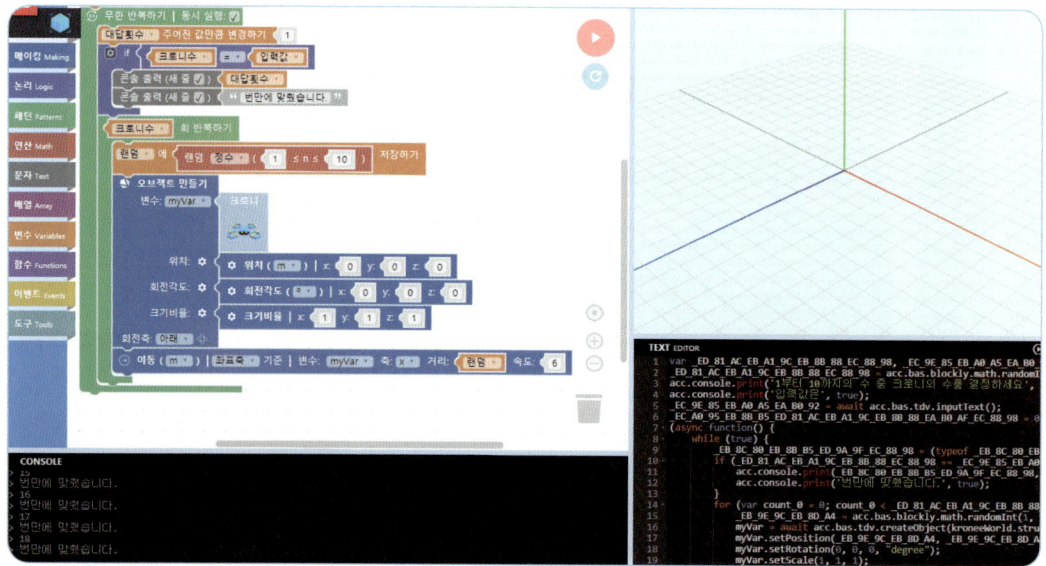 를 이용해 크로니를 움직여 봅시다. 정답을 맞히면 크로니가 무작위로 x좌표축을 기준으로 비행합니다.

09 `콘솔 출력 (새 줄 ✓)` `" "` 으로 '정답크로니개수'를 콘솔 창에 출력해줍니다.

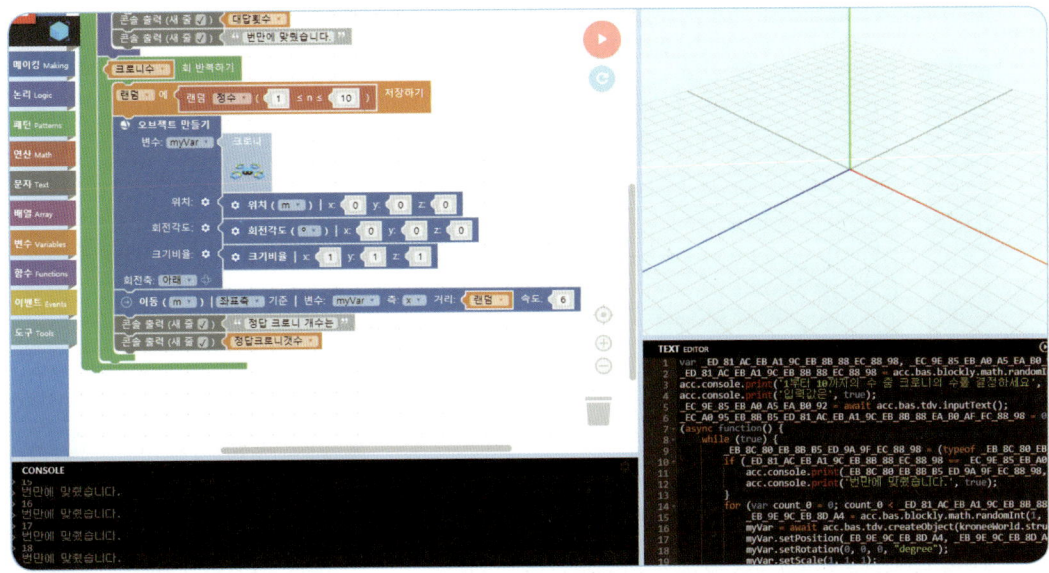

10 `if ⬚ = ⬚` 에 있는 ⚙을 눌러 조건문을 추가해줍니다. 만약 크로니수가 사용자가 입력한 값보다 많을 때와 적을 때, 콘솔 창으로 메시지를 출력해 줍니다.

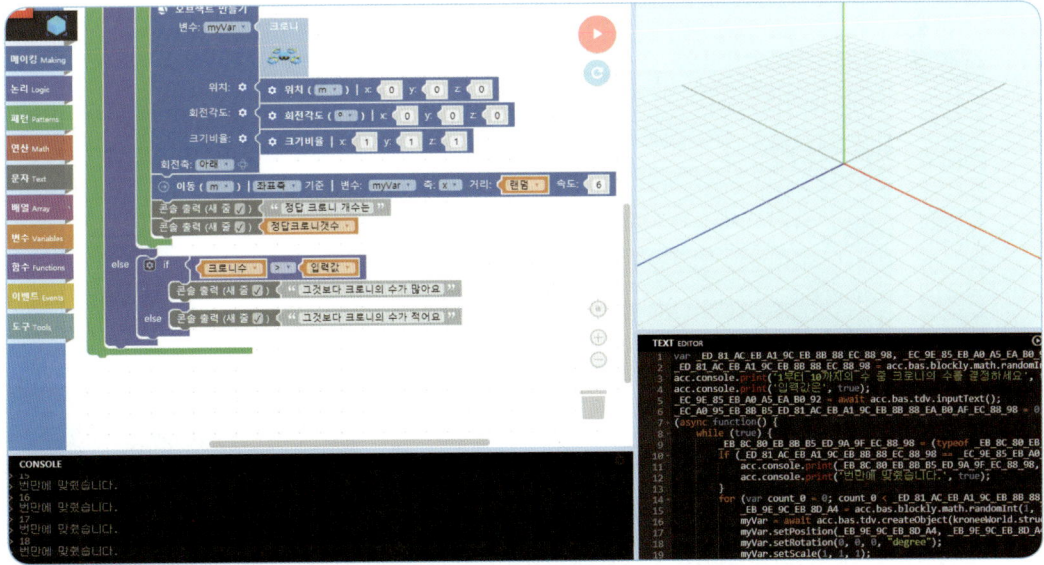

CHAPTER 07 크로니 개수 맞추기 **209**

11 실행 버튼을 누르면 프로그램이 계속 반복될 수 있도록 합니다. 문자 툴박스에 있는 `콘솔 출력 (새 줄 ✓)` `" "` 과 `입력값` 에 `텍스트 입력하기` `저장하기` 을 블록 아래에 붙여줍니다.

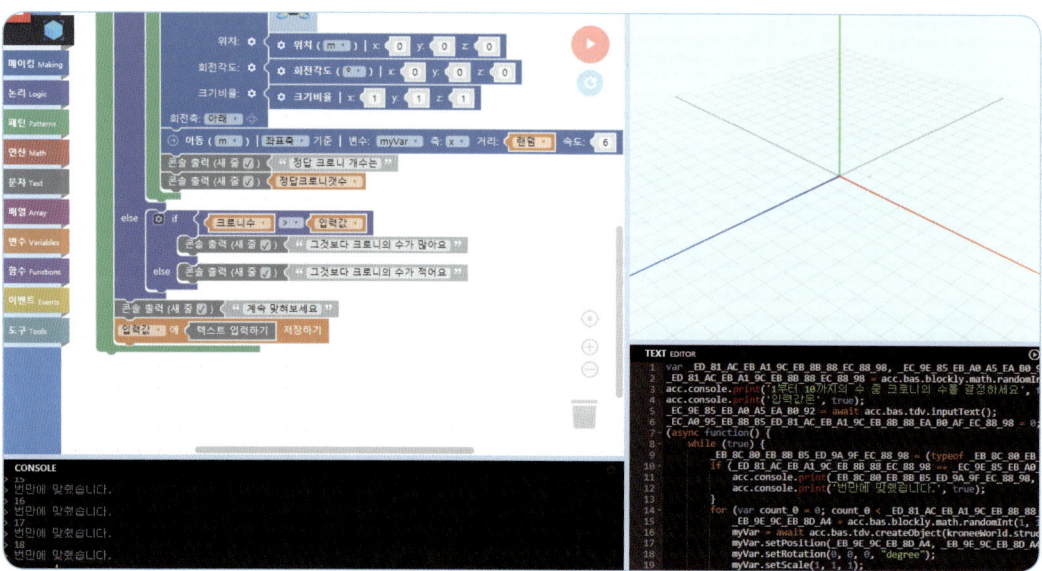

12 이제 크로니 개수를 맞출 때마다 맞춘 횟수만큼 크로니가 무작위로 비행하는 것을 볼 수 있습니다. 크로니의 색깔과 크기도 자유롭게 바꾸어 봅시다.

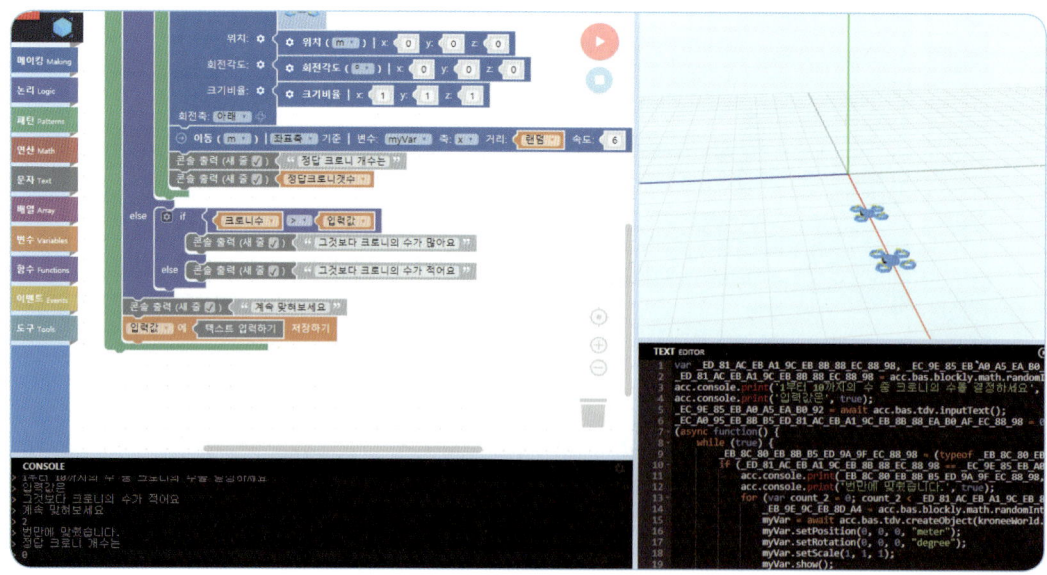

2 조건문 블록의 활용법

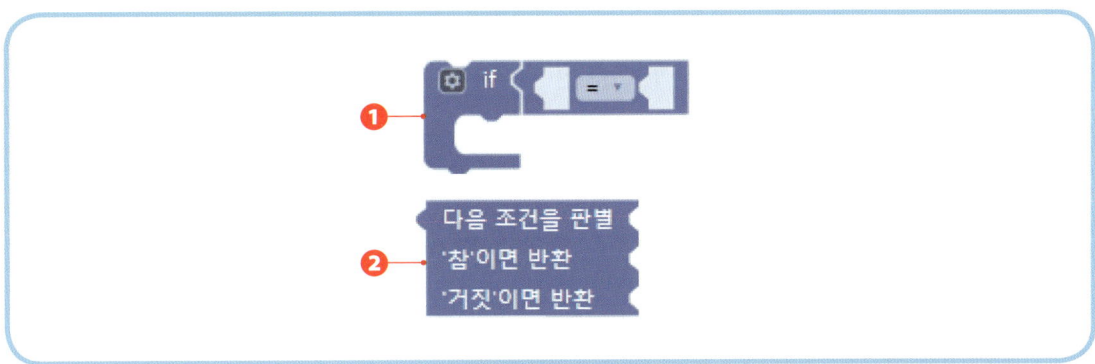

01 If-Else문: 만약에 주어진 조건이 '참'이라면 실행하고 '거짓'이라면 실행하지 않습니다. ⚙ 블록을 누르면 'else if'와 'else'를 추가할 수 있습니다.

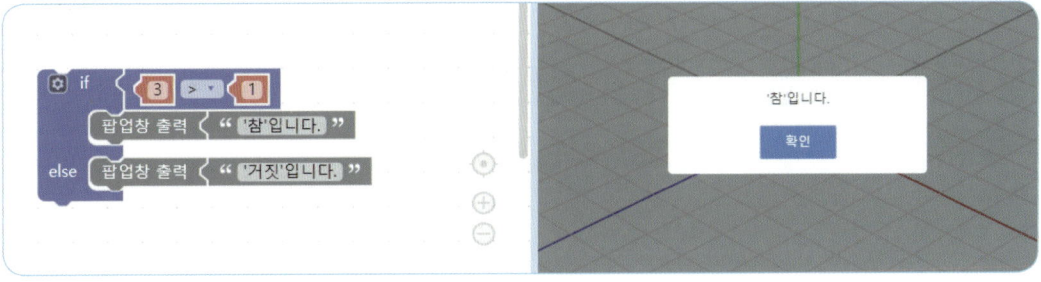

02 삼항연산자: 조건문을 만들어 '참'일 경우와 '거짓'일 경우를 비교한 다음 출력합니다.

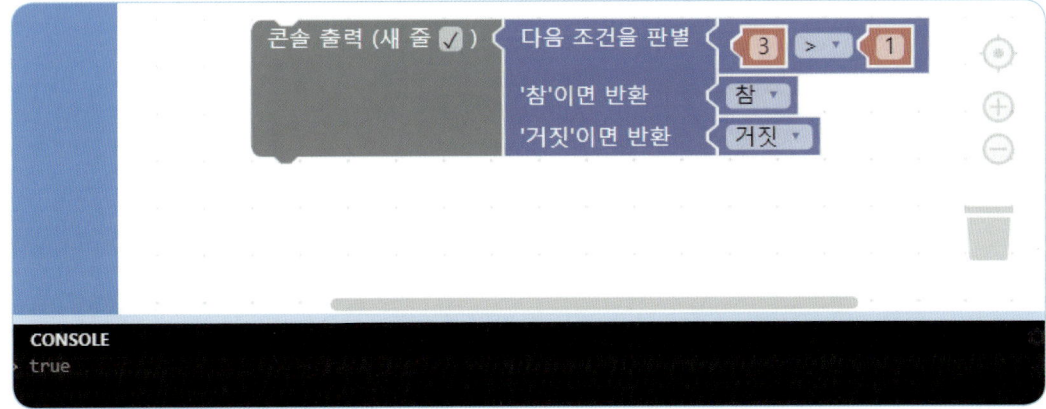

 **생각해보기**

무작위로 생성한 크로니를 입력창에 숫자를 입력하여 맞춰봅시다. 숫자를 입력하면 컴퓨터는 크로니의 수가 많은지, 적은지 콘솔창의 메시지로 알려줍니다.

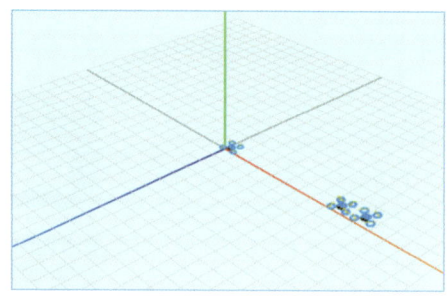

 위 프로젝트는 폴리곤에이드 사이트의 갤러리 또는 https://www.polyade.com/Gallery/Content/3834에서 확인할 수 있습니다.

MEMO

PART IV

코딩으로 제작하는 가상현실(VR) 게임

Chapter 01 볼링게임 만들기
Chapter 02 드론 비행 시뮬레이터 만들기

CHAPTER 01 볼링게임 만들기

사람 오브젝트를 좌, 우 방향키(키 이벤트 블록)로 움직여서 볼링공을 굴릴 위치를 조정한 후 스페이스바(키 이벤트 블록)로 공을 굴려 볼링핀을 쓰러뜨려 봅시다.

01 시작버튼의 그리드 숨기기 블록과 오브젝트 만들기 블록으로 볼링장 맵을 만들어 줍니다. 시멘트2의 오브젝트 변수이름을 "map"으로 바꾸어 줍니다.

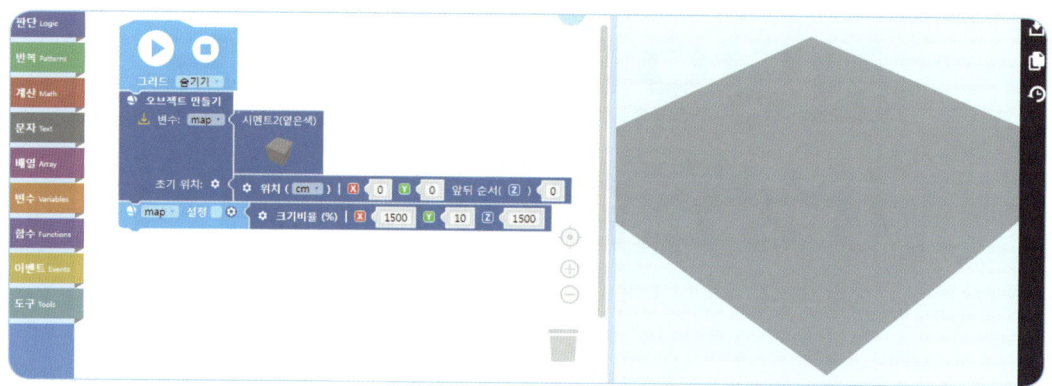

02 볼링핀 오브젝트를 만들어 줍니다. 볼링핀 오브젝트의 위치를 정할 때에는 마우스로 ⚙를 클릭하면 쉽게 정할 수 있습니다.

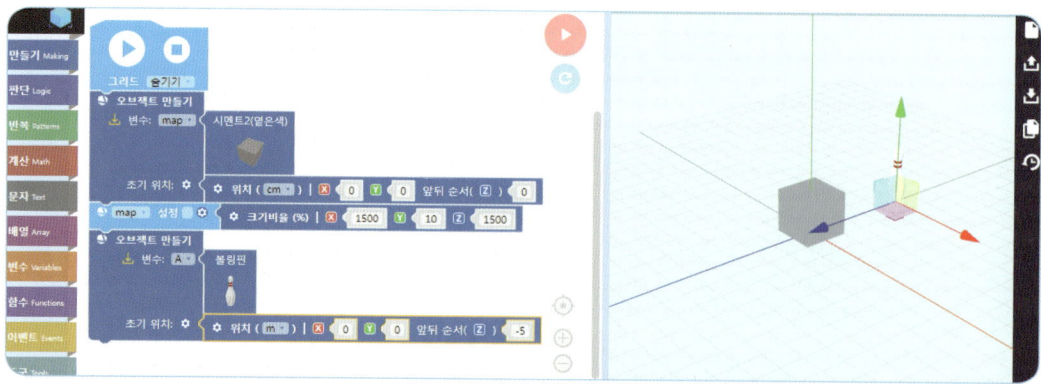

03 볼링핀 오브젝트를 10개 만들어 줍니다. 볼링핀 오브젝트의 변수이름을 A~A9로 바꾸어 줍니다. 오브젝트 만들기 블록의 개수가 너무 많으면 마우스 오른쪽 버튼을 눌러 블록 축소 기능을 이용합니다.

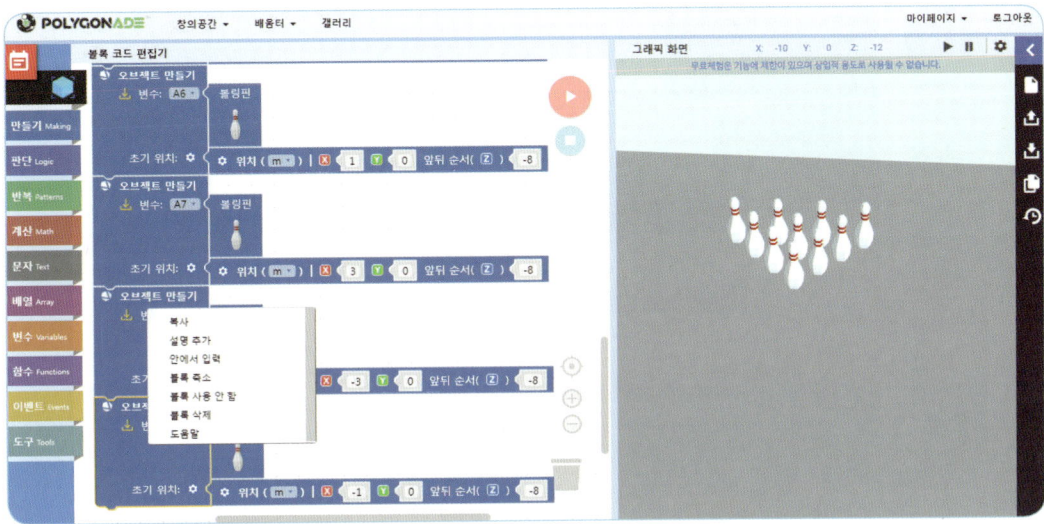

04 오브젝트 만들기 블록으로 남자1 오브젝트를 만듭니다. 오브젝트의 초기 위치를 설정하고, `player 회전 (°) | 방향: 화면 왼쪽으로 | 각도: 180 속도: 90` 으로 남자1 오브젝트가 볼링핀을 바라볼 수 있도록 합니다.

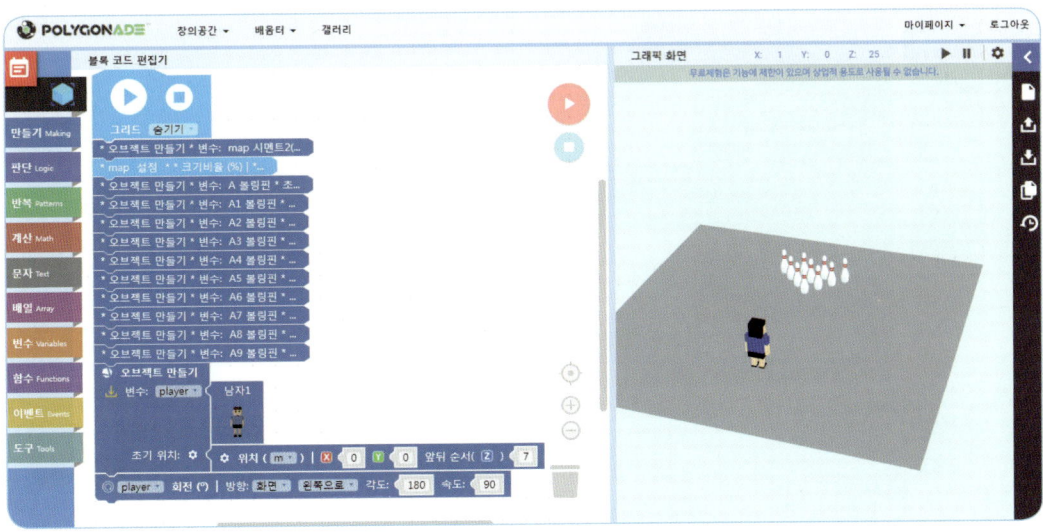

CHAPTER 01 볼링게임 만들기 **217**

05 키보드 "a"와 "d"키를 누르면 남자1 오브젝트가 좌우로 움직이도록 합니다. 변화 | 위치 (m) | 오른쪽 1 을 키 이벤트 블록 안에 넣습니다.

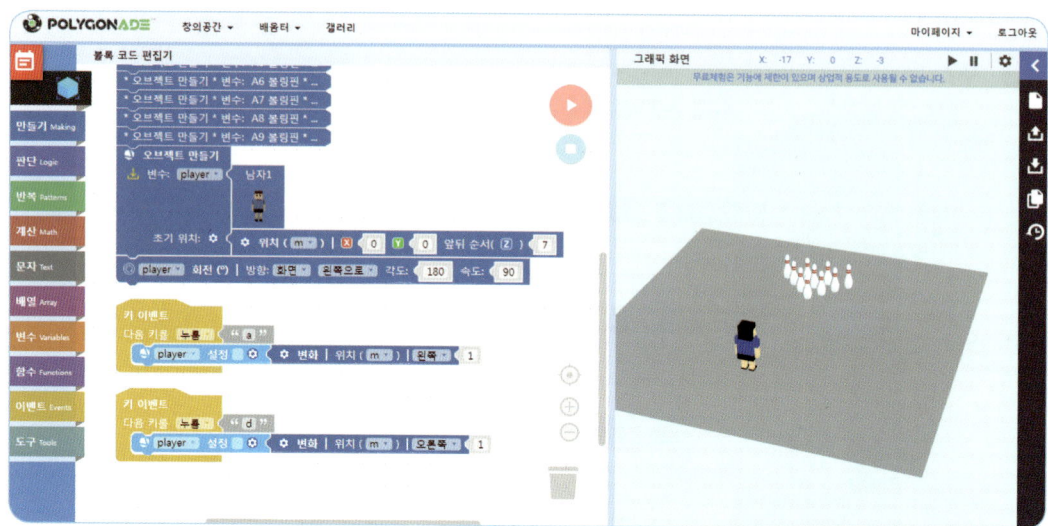

06 볼링공 오브젝트를 만들고, 초기 위치를 남자1 오브젝트의 위치로 바꿔줍니다. 특정키(스페이스바)를 입력하기 전에는 볼링공이 나타나지 않도록 A 설정 사라짐 을 붙여줍니다.

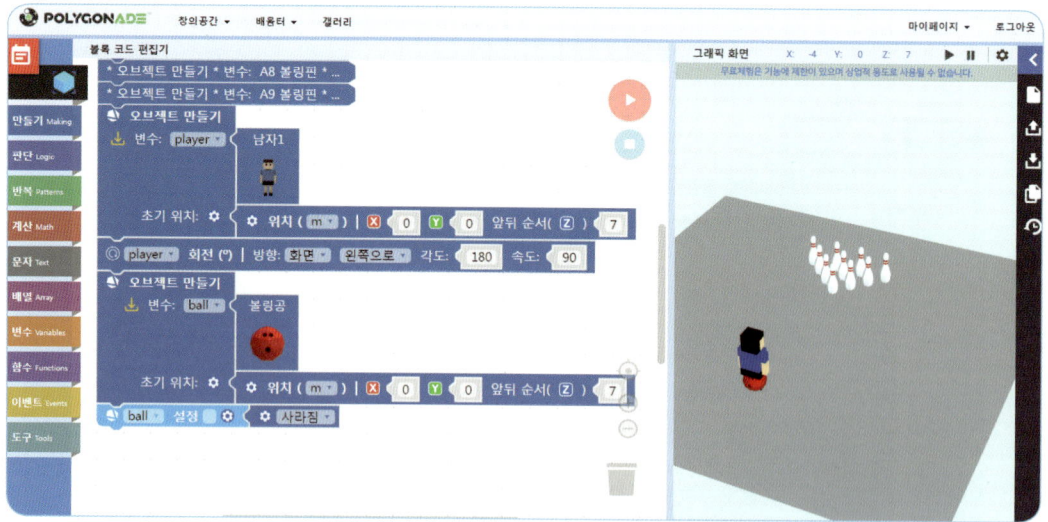

07 키보드 스페이스 바를 누르면 볼링공 오브젝트가 남자1 오브젝트에서 나타나도록 합니다. A 설정 사라짐 을 나타남 으로 바꾸어 키 이벤트 안에 넣습니다.

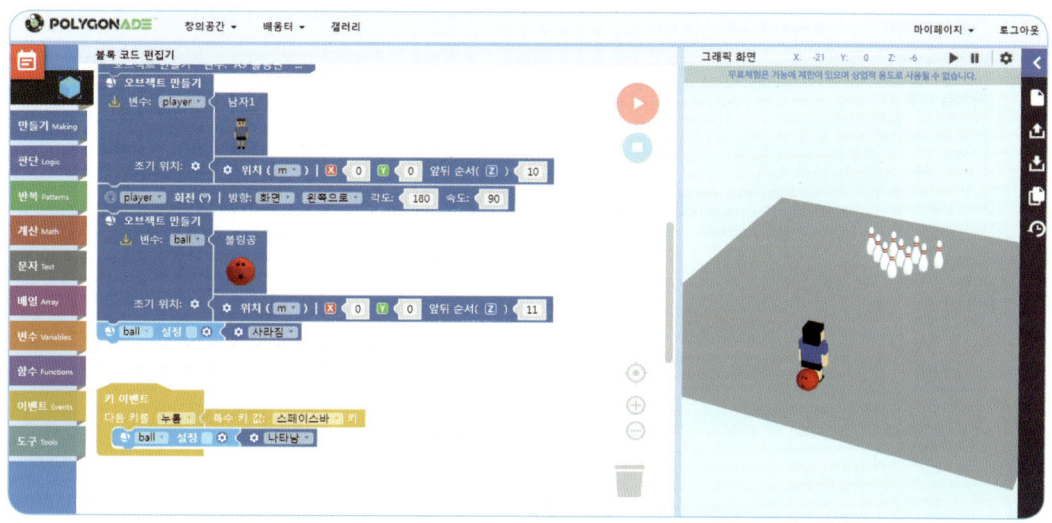

08 ball 회전 (°) 방향: 오브젝트 왼쪽으로 각도: 720 속도: 200 으로 볼링공이 회전하도록 만들고, ball + Z 축 이동 (m) 거리: -25 속도: 15 으로 볼링공이 볼링핀 쪽으로 움직이도록 합니다.

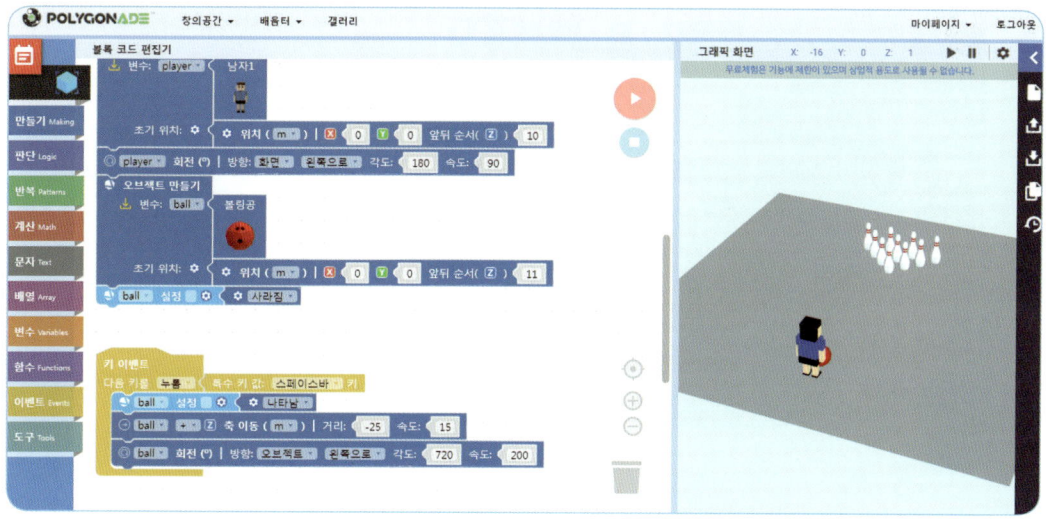

09 키 이벤트 안에 회전 블록과 축 이동블록을 넣고 스페이스 바를 누르면 볼링공이 이동한 후, 제 자리에서 회전을 합니다. 반복 툴박스에서 다음 블록과 동시 실행 을 이용해 블록이 동시에 실행되도록 합니다.

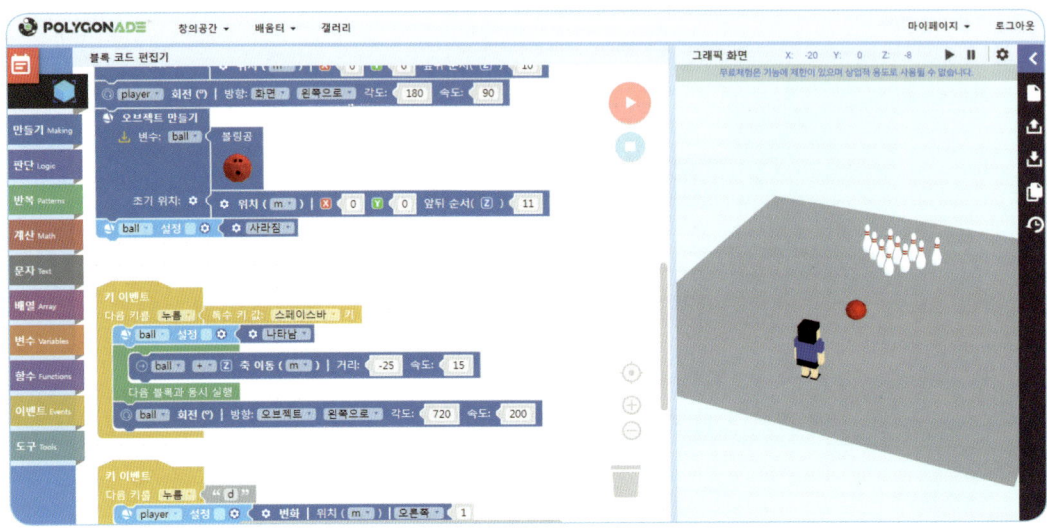

10 볼링공(변수 ball)은 충돌 | 감지하는 | 대상 | 적용 으로, 볼링핀(변수A~A9)은 충돌 | 감지받는 | 대상 | 적용 으로 블록을 조립해 붙여줍니다.

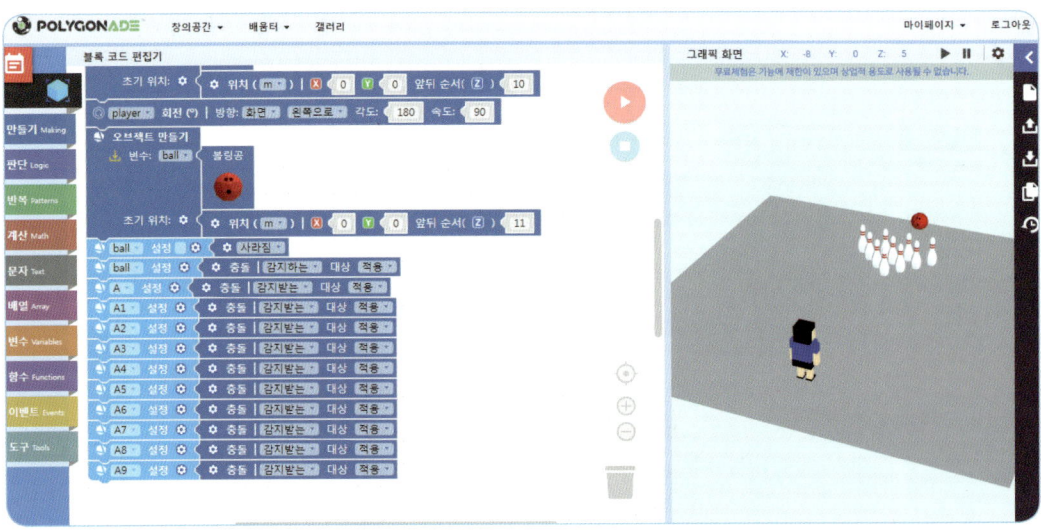

11 충돌 이벤트 안에 TO_ 회전 (°) | 방향: 오브젝트 뒤쪽으로 각도: 180 속도: 200 을 넣어 볼링핀이 뒤쪽으로 넘어지도록 하고, TO_ 설정 사라짐 으로 볼링핀이 사라지도록 합니다.

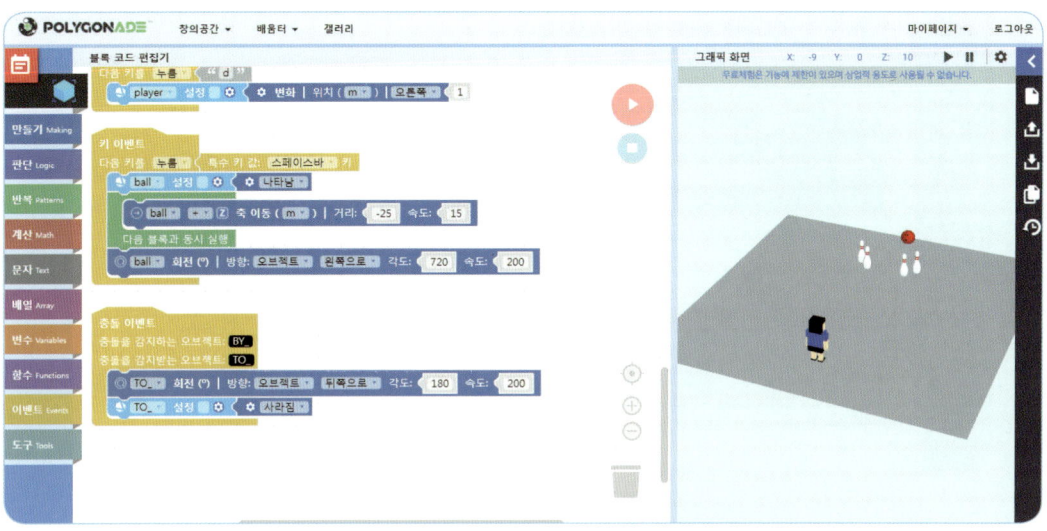

12 이제 볼링핀이 쓰러질 때마다 점수가 올라가도록 T 그래픽 출력 "점수" 으로 점수를 표시합니다. T 설정 크기비율 (%) X 120 Y 120 Z 120 T 설정 위치 (m) X 0 Y 5 앞뒤 순서(Z) 0 로 크기와 위치를 조절합니다.

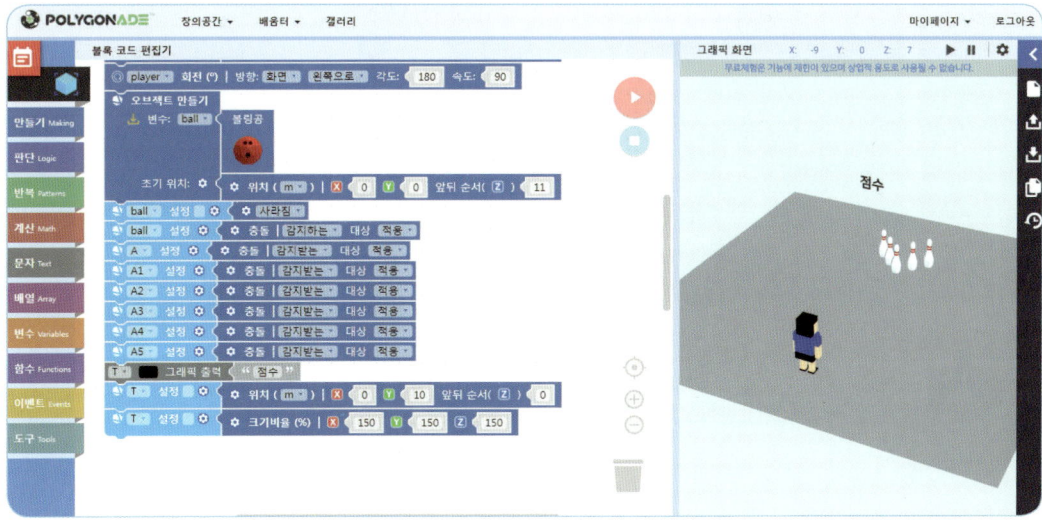

CHAPTER 01 볼링게임 만들기 221

13 충돌 이벤트 안에 만약 이/가 '참'이면 을 넣습니다. 변수 블록과 판단 블록을 이용해 다음과 같이 블록들을 조립합니다.

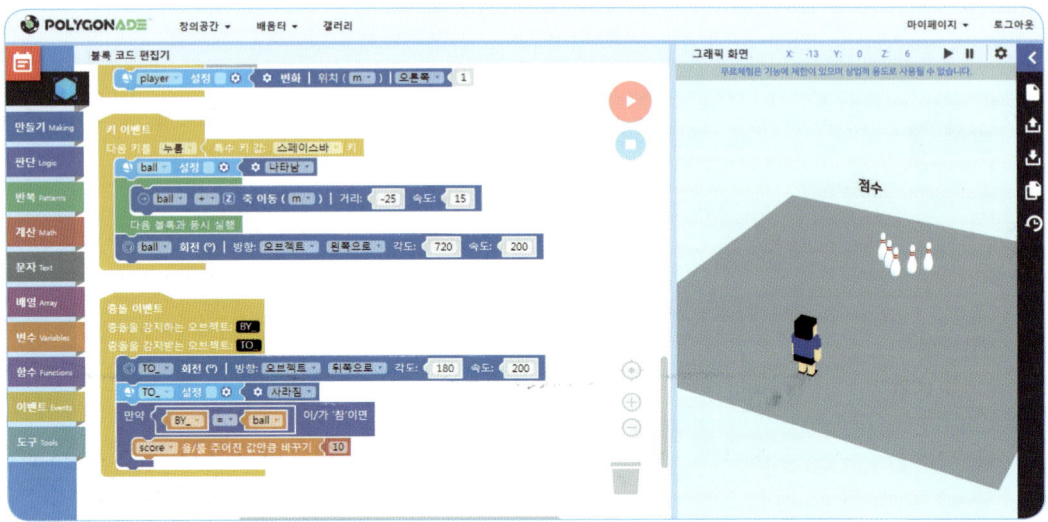

14 A 에 을/를 저장하기 에서 변수 이름을 바꾸고, 계산 툴박스에서 0 을 넣어 크기 블록 밑에 붙여줍니다.

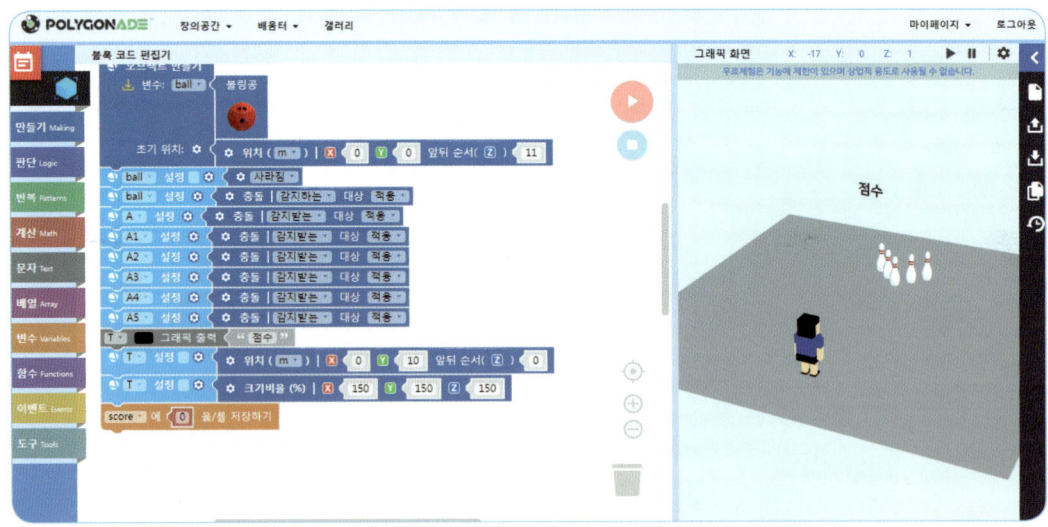

15 볼링핀이 쓰러질 때마다 점수가 10점씩 올라갑니다. 올라간 점수를 3D 그래픽으로 출력해 봅시다. `T2` `그래픽 출력` `" "` 안에 점수를 나타내는 변수 `score` 를 넣고, 위치와 크기비율을 조절해줍니다.

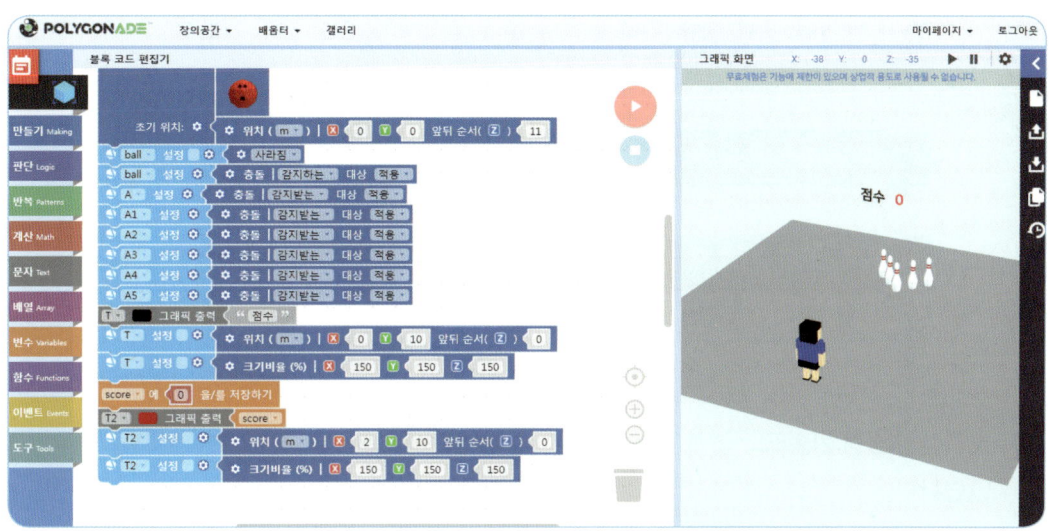

16 `충돌 이벤트` 안에 점수를 나타내는 그래픽 출력 블록을 넣고, 위치를 조절해 줍니다. 이제 스페이스 바를 눌러 볼링공을 움직여 볼링핀을 쓰러뜨릴 때마다, `A 을/를 주어진 값만큼 바꾸기 1` 에 넣은 점수가 올라갑니다.

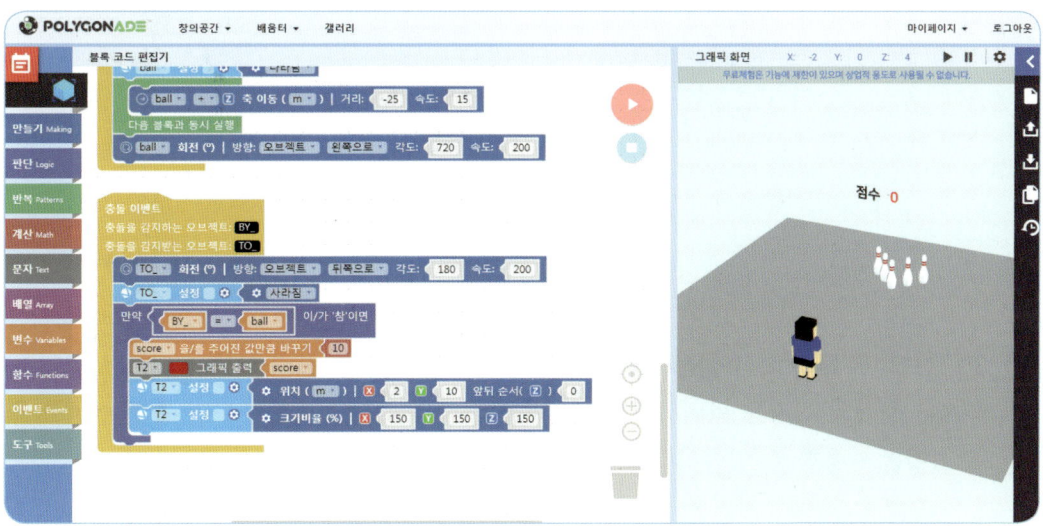

① [LEVEL 3] 물리설정 블록의 활용법

01 물리설정(중력 가속도): 중력 가속도를 설정해 오브젝트가 중력을 받아 밑으로 떨어뜨릴 수 있습니다.

02 물리 설정: 차원과 중력가속도를 설정할 수 있습니다.

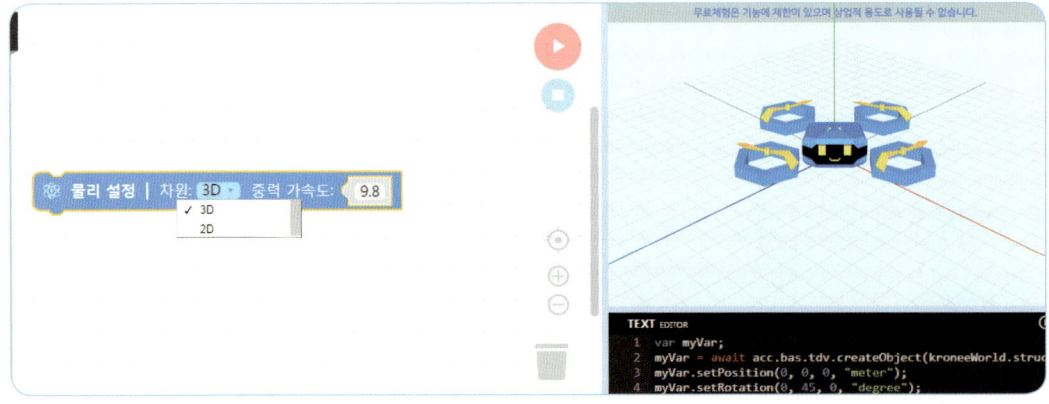

03 3D 오브젝트 물리 속성 설정: 변수에 해당하는 오브젝트가 중력을 받아 밑으로 떨어집니다. 무게는 물체의 질량을 의미하고, 충돌 반응에 참을 설정해놓으면 물리 충돌 이벤트에서 충돌 설정을 사용할 수 있습니다.

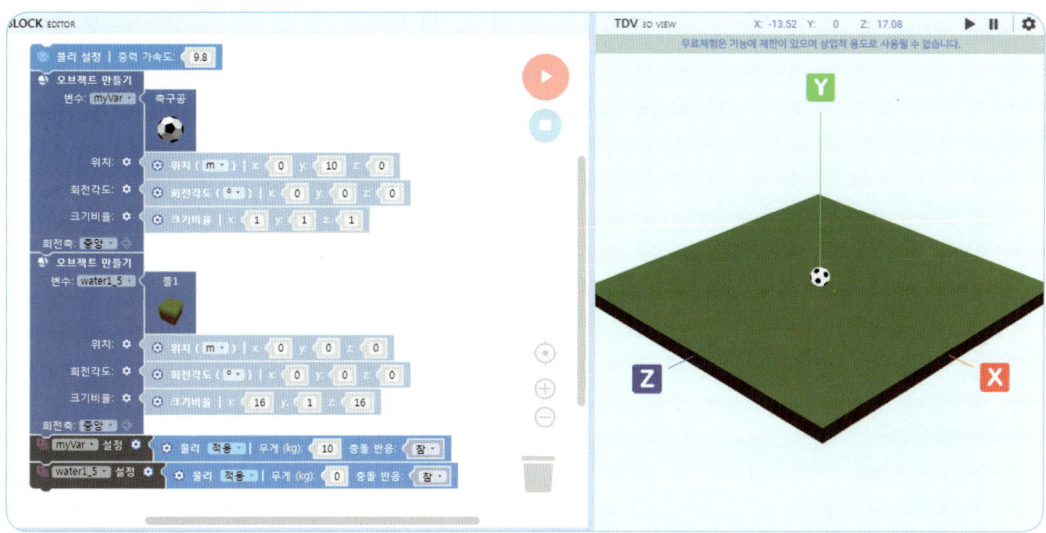

04 ❶ **물리속성 추가**: 마찰은 0~1까지 설정할 수 있으며 0에 가까울수록 마찰이 일어나지 않습니다. 반발은 물리에서의 반발계수라고 생각하면 쉽고, 0~1까지 설정할 수 있으며 1에 가까울수록 공처럼 튀깁니다.

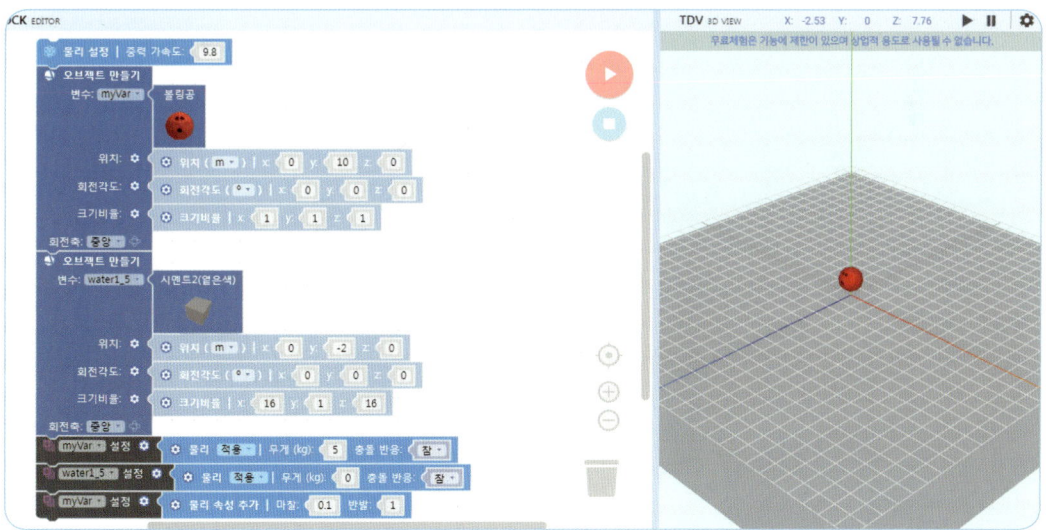

CHAPTER 01 볼링게임 만들기   225

❷ **물리속성 추가**: 물리 설정 블록을 추가하고, 볼링공은 충돌을 감지하는 블록을, 볼링핀은 충돌을 감지 받는 블록을 붙여 넣습니다. 이제 볼링공이 볼링핀쪽으로 이동하여 부딪히면 볼링핀이 넘어지는 것을 확인할 수 있습니다.

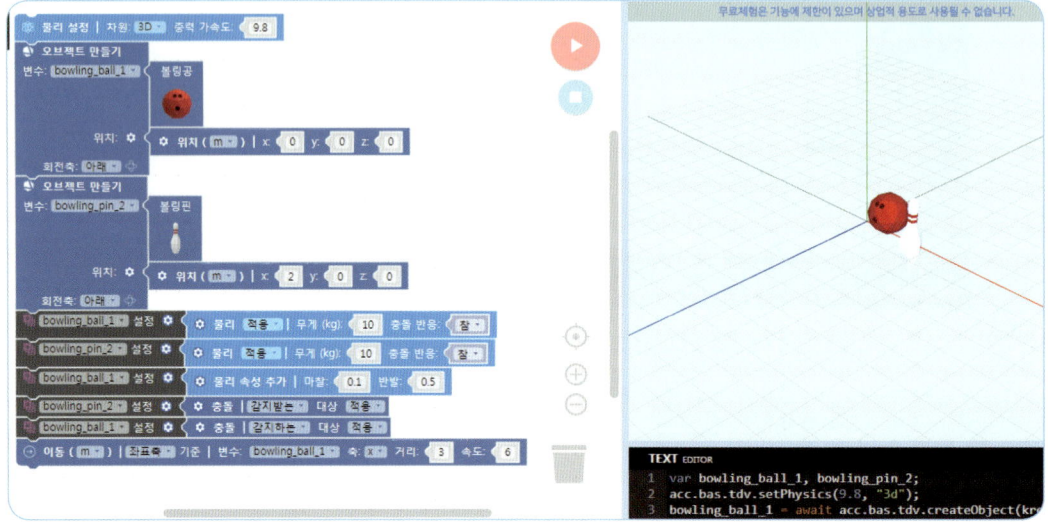

창의공간 레벨3 중급에 있는 물리속성 블록을 이용하면 볼링핀이 쓰러지면서 다른 볼링핀을 쓰러뜨릴 수도 있습니다. 아래 블록모음에 물리속성 블록을 추가해 봅시다.

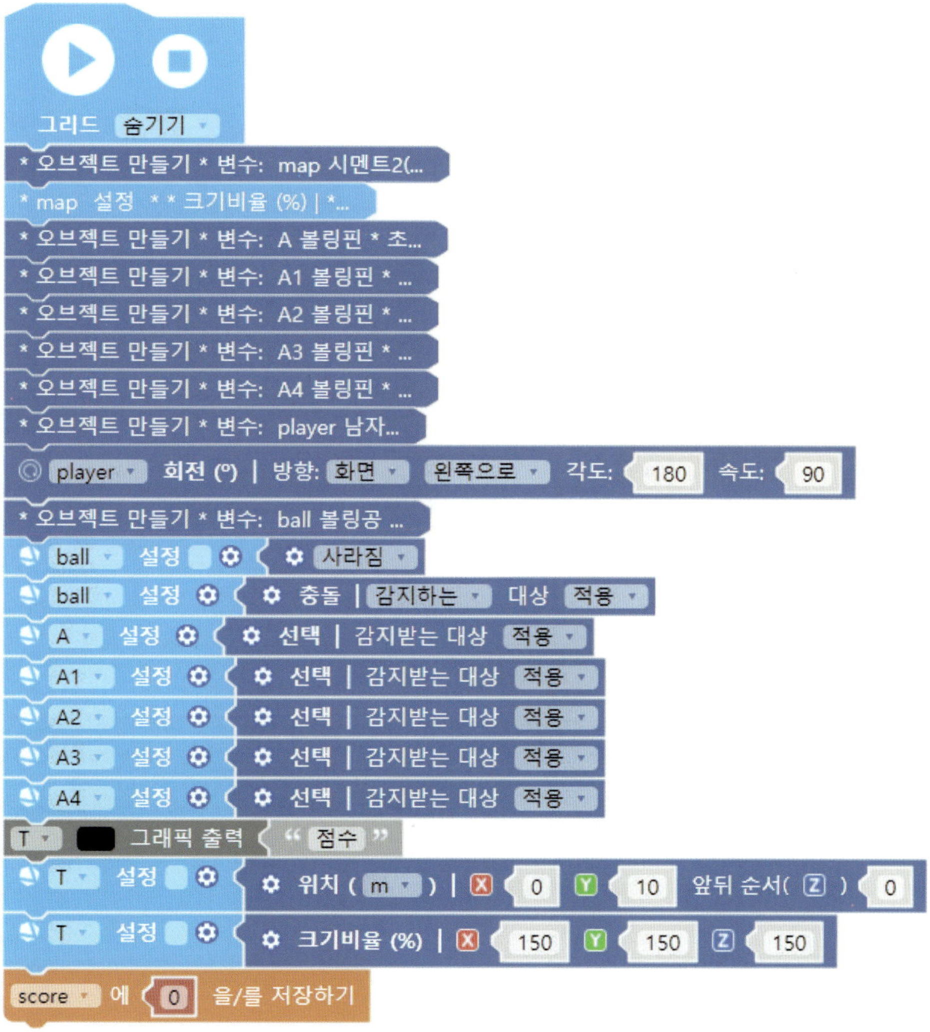

CHAPTER 01 볼링게임 만들기

키 이벤트
다음 키를 [누름] ["D"]
　[player] 설정 ⚙ | ⚙ 변화 | 위치 (m) | 오른쪽 | 1

키 이벤트
다음 키를 [누름] ["A"]
　[player] 설정 ⚙ | ⚙ 변화 | 위치 (m) | 왼쪽 | 1

키 이벤트
다음 키를 [누름] 특수 키 값: [스페이스바] 키
　[ball] 설정 ⚙ | ⚙ 나타남
　　[ball] + [Z] 축 이동 (m) | 거리: 25　속도: 15
　다음 블록과 동시 실행
　　[ball] 회전 (°) | 방향: 오브젝트 | 왼쪽으로　각도: 720　속도: 200

충돌 이벤트
충돌을 감지하는 오브젝트: [BY_]
충돌을 감지받는 오브젝트: [TO_]
　[TO_] 회전 (°) | 방향: 오브젝트 | 뒤쪽으로　각도: 180　속도: 200
　[TO_] 설정 ⚙ | ⚙ 사라짐
　만약 [BY_] = [ball] 이/가 '참'이면
　　[score] 을/를 주어진 값만큼 바꾸기 [10]
　　[T2] ■ 그래픽 출력 [score]
　　[T2] 설정 ⚙ | ⚙ 위치 (m) | X 2　Y 10　앞뒤 순서(Z) 0
　　[T2] 설정 ⚙ | ⚙ 크기비율 (%) | X 150　Y 150　Z 150

CHAPTER 02
드론 비행 시뮬레이터 만들기

폴리곤 에이드는 3D화면으로 오브젝트의 X, Y, Z축 좌표를 모두 활용할 수 있습니다. 드론을 직접 날리기 전에, 키보드를 이용해 크로니 드론을 조종하며 연습해봅시다.

01 드론을 날리기 위해 경기장 오브젝트를 만들어 줍니다. 만들기 툴박스에서 오브젝트 만들기 블록으로 경기장을 만듭니다. 경기장 오브젝트의 변수 이름을 "map"으로 바꿉니다.

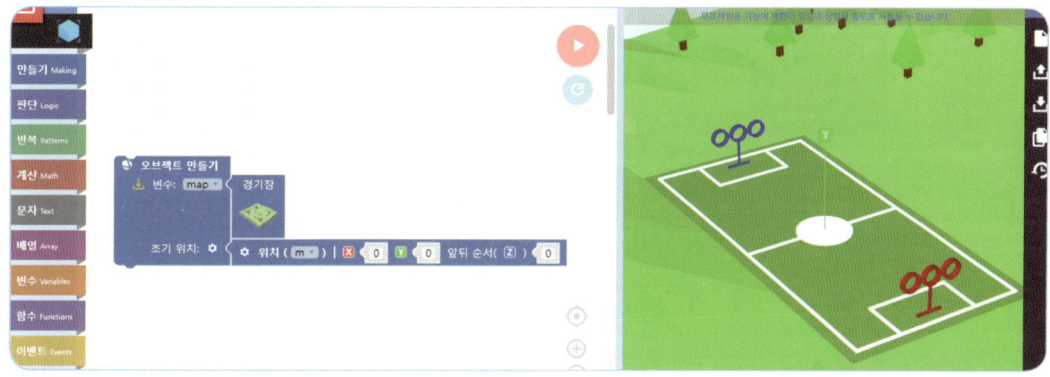

02 크로니 드론과 장애물 역할을 하는 드론 오브젝트를 만들기 전에, 변수 툴박스에서 변수이름을 만들어 줍니다.

03 오브젝트 만들기 블록으로 장애물 역할을 하는 크론E1 오브젝트를 4대, 조종을 할 크로니 드론을 1대 만듭니다. 처음 시작할 때, 드론의 초기 위치를 다양하게 지정해 줄 수도 있습니다.

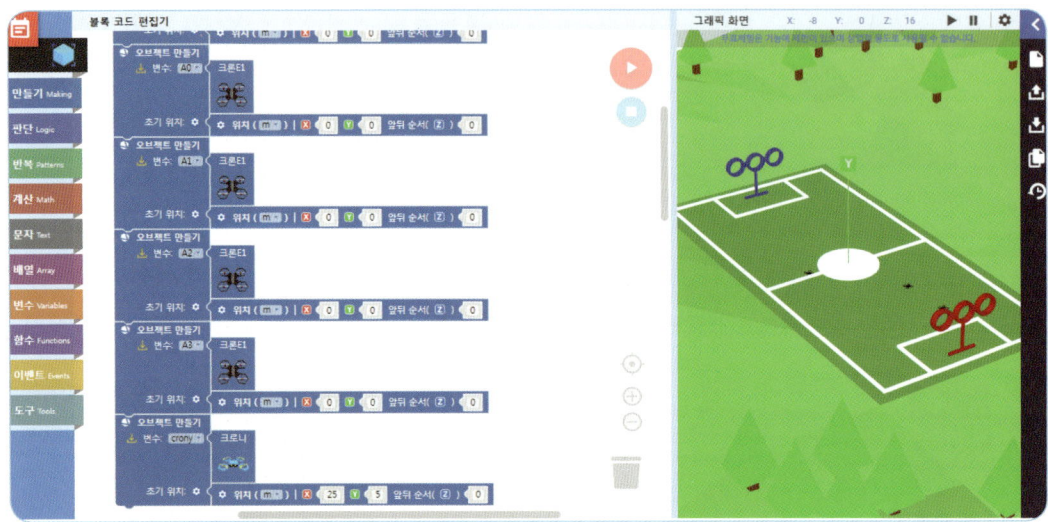

04 오브젝트 만들기 블록의 개수가 너무 많아 편집기 화면 안에 다 보이지 않습니다. 만들기 블록위에 마우스 오른쪽 버튼을 클릭하여 블록 축소 버튼을 누릅니다.

05 오브젝트 만들기 블록 밑에 [충돌 감지하는 대상 적용] 블록을 붙여줍니다. 크로니 오브젝트는 [충돌 감지하는 대상 적용]으로, 크론E1 오브젝트(변수 A0~A3)은 [충돌 감지받는 대상 적용]으로 바꾸어 줍니다.

06 [키 이벤트]과 [A1 앞으로 이동(m) 거리: 1 속도: 7]을 조립해 키보드의 "w", "a", "s", "d"키를 누르면 크로니 드론이 앞, 뒤, 좌, 우로 움직이고, "1"과 "2"를 누르면 위, 아래로 움직일 수 있도록 합니다.

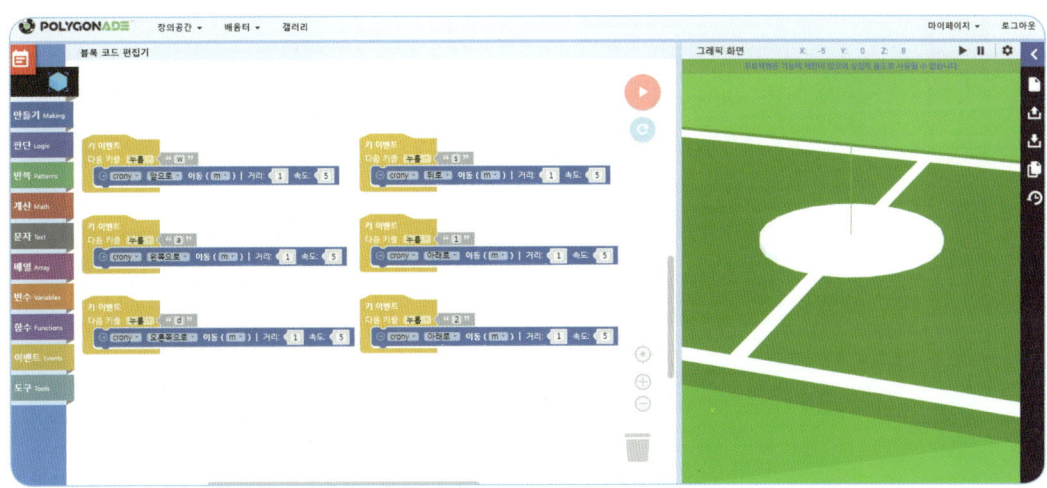

07 크론E1 오브젝트들이 시작 버튼을 누르면 특정 위치를 반복하여 움직이며, 장애물 역할을 하도록 `A ▼ | 3D 이동 | 위치 ( m ▼ ): X 1 Y 1 Z 1 속도: 1` 블록을 `무한 반복하기` 안에 넣습니다.

08 크론E1 오브젝트 4대를 동시에 움직이게 만듭니다. `다음 블록과 동시 실행` 을 `무한 반복하기` 안에 넣습니다. 크론E1 오브젝트(변수 A0~A3)의 변수이름을 넣은 `A ▼ | 3D 이동 | 위치 ( m ▼ ): X 1 Y 1 Z 1 속도: 1` 을 조립해줍니다.

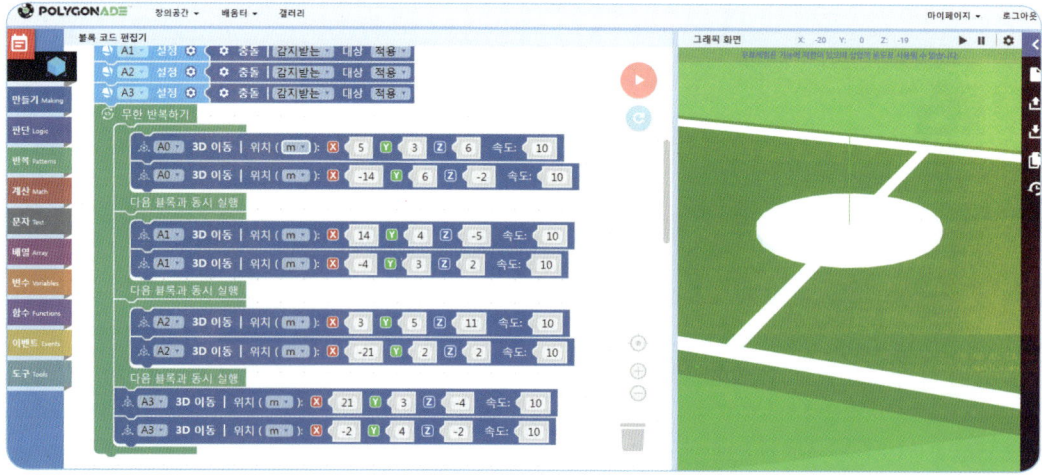

232 PART IV 코딩으로 제작하는 가상현실(VR) 게임

09 크로니 드론이 크론E1 오브젝트에 부딪히면 팝업창을 출력하게 만듭니다. 이벤트 툴박스에 있는 `충돌 이벤트` 안에 `만약` `이/가 '참'이면`을 넣습니다. 판단 툴박스에서 `=`을 빈 칸에 넣어줍니다.

10 변수 `TO_`와 `BY_`를 `=` 안에 넣어줍니다. 문자 툴박스에 있는 `팝업창 출력` `"123"`을 `=` 아래 붙여줍니다. 이제 크로니 드론과 크론E1오브젝트가 부딪히면 "다시해보세요"라는 팝업창이 출력됩니다.

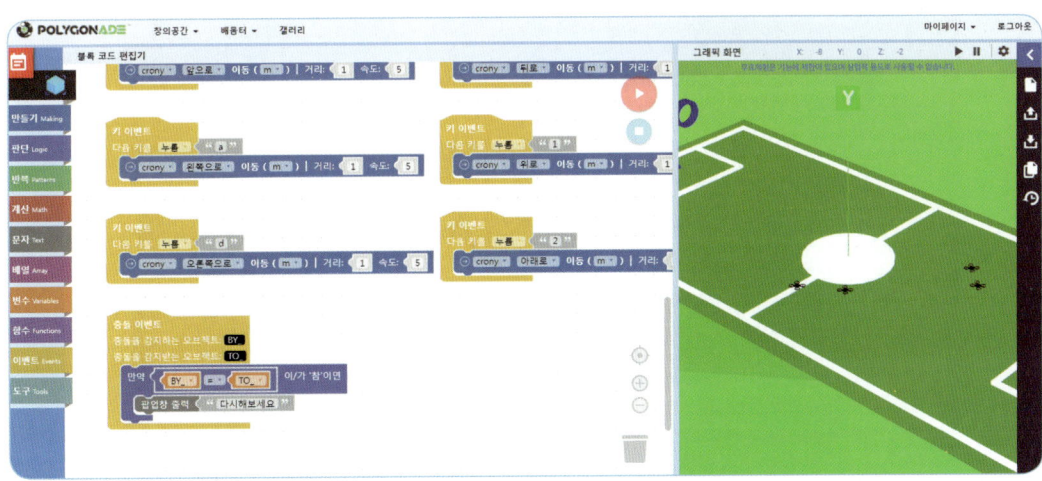

 생각해보기

문자 툴박스 안에 있는 그래픽 출력 블록과 충돌 이벤트 블록, 변수 블록을 이용하면 시간이 지날수록 점수가 올라가는 드론 비행시뮬레이터 게임을 만들 수 있습니다. 아래 블록에 다양한 블록을 추가해 만들어 봅시다.

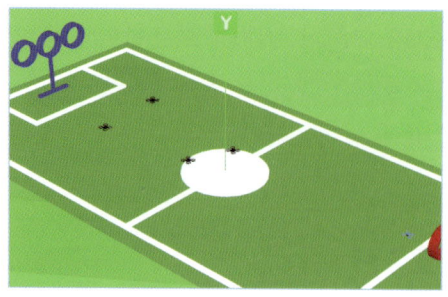

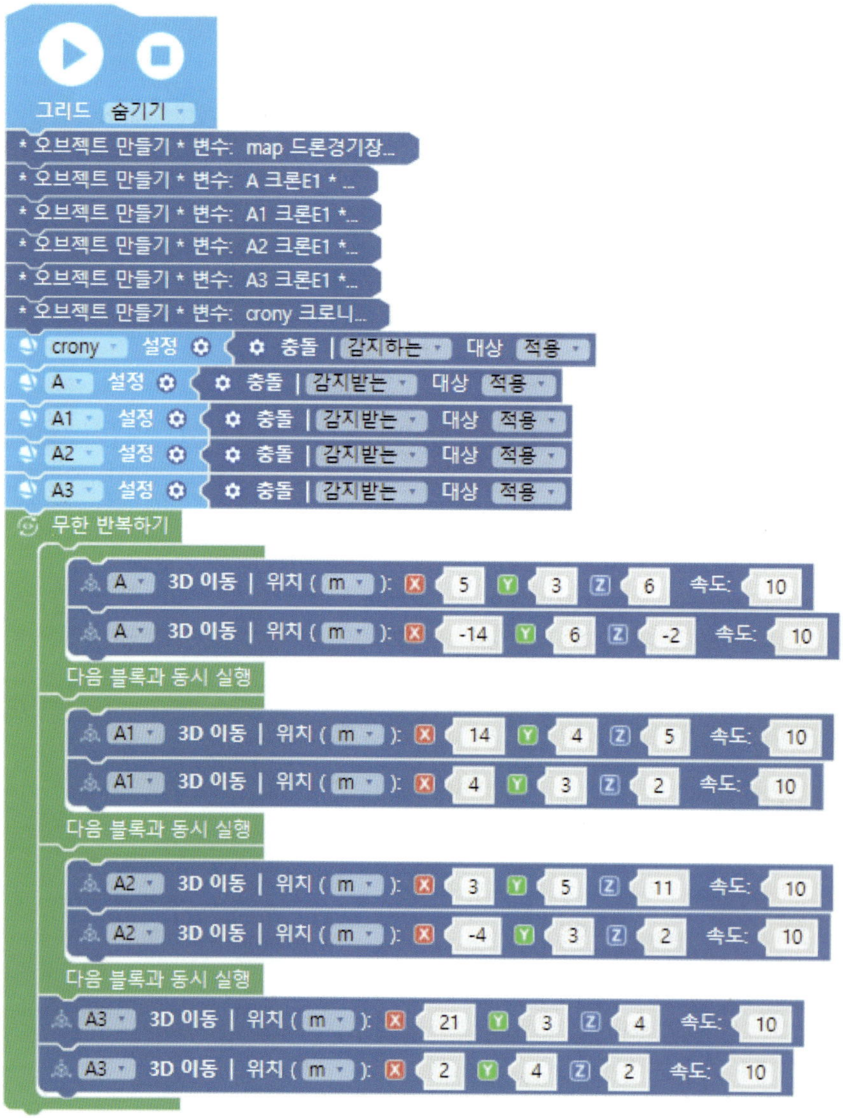

충돌 이벤트
충돌을 감지하는 오브젝트: BY_
충돌을 감지받는 오브젝트: TO_
만약 (BY_ = ball) 이/가 '참'이면
　팝업창 출력 ("다시해보세요")

키 이벤트
다음 키를 누름 "W"
　crony 앞으로 이동 (m) | 거리: 1 속도: 5

키 이벤트
다음 키를 누름 "A"
　crony 왼쪽으로 이동 (m) | 거리: 1 속도: 5

키 이벤트
다음 키를 누름 "1"
　crony 위로 이동 (m) | 거리: 1 속도: 5

키 이벤트
다음 키를 누름 "S"
　crony 뒤로 이동 (m) | 거리: 1 속도: 5

키 이벤트
다음 키를 누름 "D"
　crony 오른쪽으로 이동 (m) | 거리: 1 속도: 5

키 이벤트
다음 키를 누름 "2"
　crony 아래로 이동 (m) | 거리: 1 속도: 5

저자소개

최영철

공주교육대학교 교육대학원 졸업, 충남상곡초등학교 교사, 학생들의 창의성과 핵심역량을 키우기 위해 소프트웨어 교육과 인공지능 교육을 연구하고 있으며, 재미있고 쉽게 소프트웨어 교육을 배울 수 있는 콘텐츠를 개발하고 있다. 그동안 〈충청남도교육청 실과교과서 소프트웨어 교육 관련 선도교원〉, 〈충청남도교육청 디지털교과서 선도교원〉, 〈충청남도교육청 소프트웨어 교육 교수학습 지원단〉, 〈충청남도교육청 초등교사교육과정 선도교원〉, 〈충청남도교육청 교육정책 현장연구원〉 등으로 활동 중이다.

한규정

중앙대 컴퓨터공학과 공학박사(소프트웨어 엔지니어링 전공), 1992년부터 현재 공주교육대학교 컴퓨터교육과 교수로 재직 중, 미국 플로리다 주립대 교수설계과 연구교수, 샌버나디노 캘리포니아 주립대 수학 및 과학과 교환교수, ㈔한국정보교육학회 회장 역임, 현재 국제 청소년로봇연맹 회장, 관심분야는 동기기반 SW교육, 피지컬 컴퓨팅 교육, 인공지능융합교육이며 저서로는 「인공지능 메이커 길라잡이 대장장이 스마트보드(공저)」「인공지능교육개론(공저)」, 「코딩 대장장이 보드(공저)」, 「C언어로 구성한 자료구조(단독)」 등이 있다.

3D/VR 코딩언어
폴리곤에이드

2020년 10월 20일 초판 인쇄
2020년 10월 25일 초판 발행

지 은 이 최영철, 한규정
발 행 인 배영환
발 행 처 도서출판 현우사
등록번호 제10-929호
주   소 서울시 영등포구 영중로 138-1(영등포동 8가 80-2) 드림프라자 B 901호
          Tel 02) 2637-4806, 4863   Fax 02) 2637-4807
홈페이지 www.hyunwoosa.co.kr
E-mail   okpress1208@naver.com
정   가 18,000 원
ISBN   978-89-8081-576-0 93000

불법복사는 지적재산을 훔치는 범죄행위입니다.
저작권법에 의하여 무단전재와 무단복제를 금합니다.
이를 위반할 시에는 처벌을 받게 됩니다.